U0491214

企业合规管理案例评析

QIYE HEGUI GUANLI
ANLI PINGXI

衢州光明电力投资集团有限公司 ◆ 编

图书在版编目（CIP）数据

企业合规管理案例评析 / 衢州光明电力投资集团有限公司编．—北京：企业管理出版社，2023.11

ISBN 978-7-5164-2923-5

Ⅰ．①企…　Ⅱ．①衢…　Ⅲ．①企业法—案例—中国　Ⅳ．① D922.291.915

中国国家版本馆 CIP 数据核字（2023）第 182524 号

书　　名：企业合规管理案例评析
书　　号：ISBN 978-7-5164-2923-5
作　　者：衢州光明电力投资集团有限公司
责任编辑：徐金凤　　黄　爽
出版发行：企业管理出版社
经　　销：新华书店
地　　址：北京市海淀区紫竹院南路 17 号　　**邮　　编：**100048
网　　址：http://www.emph.cn　　**电子信箱：**emph001 @163.com
电　　话：编辑部（010）68701638　　发行部（010）68414644
印　　刷：北京亿友数字印刷有限公司
版　　次：2023 年 11 月第 1 版
印　　次：2024 年 7 月第 2 次印刷
开　　本：710mm × 1000mm　1/16
印　　张：20.75
字　　数：287 千字
定　　价：85.00 元

当前我国市场经济体制不断完善，市场竞争也愈加激烈，企业面临着更加复杂的市场环境。合规作为一种新型的公司治理方式，在完善现代企业制度、提升依法治企能力、增强企业运行效率等方面具有不可替代的作用，逐渐为越来越多的企业所接受。在这种背景下，如何将合规要求嵌入经营管理各领域各环节，贯穿决策、执行、监督全过程，落实到各部门、单位和全体员工，实现多方联动、上下贯通，成为企业亟须深入研究的紧迫课题。鉴于此，我们组织编制了《企业合规管理案例评析》一书，希望在有限的篇幅内为读者提供有效与有益的信息，让广大读者充分、清晰地认识企业管理中防范法律风险的重要性和必要性，并能对今后的经营管理工作有所帮助和借鉴，切实提高风险防控能力，保障企业正常、持续、健康运营，实现企业社会效益和经济效益的最大化。

本书结合企业合规管理工作中经常遇到的法律纠纷问题，归纳整理公司设立纠纷、股东出资纠纷、职工持股和股权转让纠纷、公司运营风险、公司解散与清算、人资管理、公司合同纠纷、招投标管理、刑事法律案例分析与风险防范九个方面的 45 个焦点内容，每个方面内容作为一个章节进行专题剖析，包含了案情简介、审理（处理）过程、法律分析、风险警示、防控要点等。本书所摘取的案例均来自可公开查询的“裁判文书网”。

为便于读者更好地了解案情的来龙去脉，每个案例都标明了案号。读者如果认为案情简介不够到位，可以通过网络查找到有关判决书，详尽了解案件细节。

限于编者水平，本书难免存在疏漏之处，敬请读者批评指正。

刘　慧

2023 年 10 月

目 录
CONTENTS

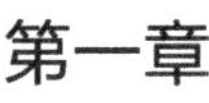

公司设立纠纷

第一节 登记出错应据实判断公司是否成立

一、参考案例

案例 工商登记公司名称与协议设立的公司名称不符，应据实判断是否设立

案号：（2019）最高法民再186号

2001年9月26日，地某公司、前某公司、华某公司签订三方协议书，决定设立府某第二发电有限责任公司，合资建设与经营府某电厂二期扩建工程。三方协议约定注册资本金全部由货币出资。股东各方按其出资比例拥有产权，分享利润，承担风险；电厂合资建设与经营期限为协议生效之日起至电厂机组全部退役之日止。2003年3月28日，该省发展和改革委员会发文停止了府某第二发电有限责任公司火电工程的建设。2004年1月7日，府某第二发电有限责任公司形成决议，由于政策限制，同意地某公司不再继续投入资金启动二期项目。

前某公司在收取地某公司及华某公司的投资后，并未返还地某公司及华某公司相应的投资款。原告地某公司诉至法院请求解除地某公司、前某公司及华某公司于2001年9月26日签订的《扩建协议书》，判令地某公司、前某公司及华某公司共同清理在筹备设立“府某第二发电有限责任公司”的过程中所产生的债权、债务；前某公司向地某公司退还投资款。

一审法院认为，工商登记信息显示公司名称为“某省府某县第二发电有限责任公司”，与三方协议设立的公司名称不符，出资人信息也不相符，

认定府某第二发电有限责任公司未成立。判决解除三方协议，前某公司返还地某公司投资款300万元。前某公司不服上诉。

二审法院认为，三方协议拟设立的公司并未成立，且2003年3月28日该省发展和改革委员会发文停止了府某第二发电有限责任公司火电工程的建设。合同根本目的不能实现，地某公司请求解除该协议并返还投资款的诉讼请求有事实及法律依据。判决驳回上诉，维持原判。

2018年8月8日府某第二发电有限责任公司就网上企业信用信息公示系统中公司名称、股东等信息与注册、颁发营业执照信息不符的情况办理了更正。前某公司申请再审。网上企业信用信息载明的企业注册号信息在更正前后均未变化，与营业执照相同。

本案经最高人民法院（以下简称最高院）提审。最高院再审认为，从形式上而言，网上公示信息记载的公司名称、股东信息最初与三方约定不一致，但在二审期间经过工商管理部门更正，已与工商档案和三方约定一致，本案系公司内部股东之间的纠纷，不涉及善意第三人；当工商登记信息与营业执照或工商档案内容不一致，并且有证据证明该登记信息可能存在错误时，应当进一步审查工商档案材料、相关证照等证据，综合认定公司成立情况。从实质上而言，在两年多的合作期间，府某第二发电有限责任公司所经营从事的内容系案涉项目相关工作，地某公司参与或知晓相关事务，无论其公司名称或工商登记信息如何，均不影响公司成立的事实。三方约定的公司已经成立，地某公司作为股东以解除合作为由要求返还投资款，本案应查明在合作过程中公司为案涉项目所支出的成本、所形成的资产如设备、土地等，以及所产生的债权债务等情况，以确定地某公司是否能得到以及得到多少投资款，方可做出裁判。2019年7月17日最高院裁定发回该省某市中级人民法院重审[①]。

① 本案尚未查询到重审信息。

二、法律分析

（一）关键法条

《中华人民共和国公司法》(以下简称《公司法》)

1993 年 12 月 29 日第八届全国人民代表大会常务委员会第五次会议通过，2018 年 10 月 26 日第十三届全国人民代表大会常务委员会第六次会议第四次修正。

第六条 设立公司，应当依法向公司登记机关申请设立登记。符合本法规定的设立条件的，由公司登记机关分别登记为有限责任公司或者股份有限公司；不符合本法规定的设立条件的，不得登记为有限责任公司或者股份有限公司。

法律、行政法规规定设立公司必须报经批准的，应当在公司登记前依法办理批准手续。

公众可以向公司登记机关申请查询公司登记事项，公司登记机关应当提供查询服务。

第七条 依法设立的公司，由公司登记机关发给公司营业执照。公司营业执照签发日期为公司成立日期。

公司营业执照应当载明公司的名称、住所、注册资本、经营范围、法定代表人姓名等事项。

公司营业执照记载的事项发生变更的，公司应当依法办理变更登记，由公司登记机关换发营业执照。

第十一条 设立公司必须依法制定公司章程。公司章程对公司、股东、董事、监事、高级管理人员具有约束力。

（二）要点简析

1. 公司设立的要点

根据《公司法》第六条、第七条、第十一条，设立公司有四个要点。

一是依法向公司登记机关申请设立登记。二是申领营业执照。公司营业执照签发日期为公司成立日期。三是制定公司章程。公司章程对公司、股东、董事、监事、高级管理人员具有约束力，不得对抗善意第三人。四是特殊类别的公司应事先报批。法律、行政法规规定设立公司必须报经批准的，应当在公司登记前依法办理批准手续。

2. 工商登记公司名称与协议不符，应据实判断

本节案例中，涉案项目因政策原因被叫停之后，公司是否已依法设立，直接影响投资款是否返还。一、二审法院认定府某第二发电有限责任公司未成立的理由有两点：一是工商登记信息显示成立的公司名称为“某省府某县第二发电有限责任公司”，并非《扩建协议书》中欲成立的“府某第二发电有限责任公司”；二是《扩建协议书》明确约定欲成立的“府某第二发电有限责任公司”出资人为地某公司、华某公司与前某公司。但根据工商登记信息显示，某省府某县第二发电有限责任公司的出资人信息主管部门名称为孙某，主管部门类型为自然人股东。出资人信息与《扩建协议书》约定的出资人信息不符。认定公司未成立后，一、二审法院判决被告公司返还投资款。但最高院再审认为，本案系公司内部股东之间的纠纷，不涉及善意第三人，公司是否设立成功应从形式和实质两个方面考量。最高院通过进一步审查工商档案材料、相关证照等证据，结合涉案三方两年多的合作情况，综合认定涉案公司已设立成功。

3. 公司成立后项目被叫停，解除合作后的投资款应清算返还

本案中，三方约定的公司已经成立，地某公司作为股东以解除合作为由要求返还投资款，应查明在合作过程中公司为案涉项目所支出的成本、所形成的资产（如设备、土地等），以及所产生债权债务等情况，才能确定地某公司是否能得到以及得到多少投资款。

三、防范要点

1. 应注意公司设立的细节，避免名称、投资人信息、营业范围等发生错误

公司设立实务中，公司名称与章程、投资合作协议不符的情况常有发生，且在公司正常运营的情况下较少引发矛盾，因此容易被忽视。一旦公司发生解散、清算等情况，则任何瑕疵均有可能成为诉讼的导火索。因此，在公司设立时，具体办事人员应避免类似疏忽，确保网上企业信用信息公示系统中公司名称、股东等信息与注册、颁发营业执照信息相符，以免酿成大错。

2. 公司名称、住所、注册资本、经营范围等发生变更的，应及时办理手续

根据《公司法》第七条，公司营业执照应当载明公司的名称、住所、注册资本、经营范围、法定代表人姓名等事项。公司营业执照记载的事项发生变更的，公司应当依法办理变更登记，由公司登记机关换发营业执照。

第二节　合作项目毁损过错方应返还投资款

一、参考案例

案例 1　合作项目毁损未复建，过错方应承担返还投资款等赔偿责任

案号：（2018）川 34 民终 1343 号、（2019）川民申 3312 号

2003 年 11 月，木某县政府将鲁某电站的开发授权给木某县电力公司。2004 年 12 月 22 日，木某县电力公司与苏某协议约定木某县电力公

司将鲁某电站开发权以 50 万元转让给苏某。协议经公证。苏某于 2005 年 1 月成立了木某县乔某水电开发有限责任公司（以下简称乔某水电公司），对鲁某电站开始投入建设。因县委政府指出木某县电力公司无权转让博某河流域开发权，双方于 2005 年 4 月 20 日共同向木某县公证处申请撤销协议，鲁某电站的开发权由木某县电力公司拥有。2008 年 12 月 22 日，乔某水电公司前期投资费用经金某资产评估有限公司评估为 495.21 万元。2011 年 3 月 14 日，木某县电力公司与乔某水电公司再次签订《合作开发鲁某电站协议书》，约定乔某水电公司以前期投入的 495.21 万元作价 500 万元与木某县电力公司共同开发博某河鲁某电站，木某县电力公司占 65% 的股份，乔某水电公司占 35% 的股份，鲁某电站的后期资金及建设全部由木某县电力公司负责。2012 年 7 月 12 日，鲁某电站被泥石流冲毁，至今未建成投产。

2013 年 6 月 30 日，木某县电力公司国有产权整体无偿划转某省电力公司，木某县电力公司变更为某省电力公司木某县供电分公司。现乔某水电公司诉至法院，要求原木某县电力公司返还投资款 500 万元及利息，并赔偿电站若建成后所得收益 536.93 万元。

一审法院认为，2011 年 3 月 14 日原木某县电力公司与乔某水电公司签订协议对电站开发做了新的约定，并对原告的投资给予了认可。该电站在 2012 年被泥石流冲毁后，原木某县电力公司作为该电站开发权所有者应将电站目前面临是否再建、如不能再建怎么处理投资损失等补救措施告知投资方，提出解决方案。但电站被冲毁后，原木某县电力公司未及时告知乔某水电公司，从未召集双方及其他相关部门协商解决，未提出解决或处理方案等。同时，原木某县电力公司于 2013 年 6 月 30 日整体无偿划转给某省电力公司管理后，亦未再向鲁某电站投入资金进行建设。因此，鲁某电站至今未建成投产。被告未尽到对投资方应尽的责任，未采取补救措施致该电站未建成投产，致使原告的投资目的无法实现，给原告造成经济损失，应属于被告的责任。判决解除双方于 2011 年 3 月 14 日签订的《合作开发鲁某电站协议书》，被告木某县供电分公司支付原告乔某水电公司投资款 495.21 万元及投资款利息 233.69 万元。

二审法院将利息部分改判为木某县供电分公司自根本性违约的次日即 2013 年 7 月 1 日起至前期投资款付清之日止，以 495.21 万元为基数，按照中国人民银行公布的同期同类贷款基准利率计付资金占用利息。

木某县供电分公司申请再审，称鲁某电站被山洪泥石流冲毁，系不可抗力导致鲁某电站不能完成修建。2011 年 3 月 14 日所签订的《合作开发鲁某电站协议书》约定公证后生效，协议未公证因此未生效。乔某水电公司前期投资形成的资产本身还在其名下实际控制，未交付给木某县供电分公司，故木某县供电分公司无须返还投资款。

再审法院认为，原木某县电力公司的债权债务依法由木某县供电分公司承继。鲁某电站被泥石流冲毁也不必然代表《合作开发鲁某电站协议书》就无法继续履行。虽然《合作开发鲁某电站协议书》约定该协议经公证后生效，但是原木某县电力公司在协议签订后对电站进行了部分建设，其以实际行为履行了双方协议。木某县供电分公司对于造成电站最终未建成、协议未履行的结果存在过错，应当承担相应的违约责任。裁定驳回再审申请。

2019 年 7 月 30 日，省高院再审裁定指出，若木某县供电分公司在鲁某电站建设过程中也产生损失，在其未提出反诉的情况下，木某县供电分公司可依法另行主张其权利。

案例 2 合作开发电站被冲毁，过错方投资款损失自行承担

案号：（2019）川 3422 民初 266 号

案情同上。因电站至今未建成投产，乔某水电公司、呷某（2008 年，木某县电力公司与呷某口头约定，由呷某用 100 万元购买木某县电力公司占有的鲁某电站 65% 股权中的 8% 股权）均向法院起诉要求返还投资款及利息。2018 年 12 月，经木某县和凉山州两级人民法院判决，木某县供电

分公司需要向乔某水电公司赔偿 495.21 万元及利息，向呷某赔偿本金及利息 139.2 万元。2019 年 7 月 30 日，木某县供电分公司申请的再审被裁定驳回。但省高院在再审裁定中指出，若木某县供电分公司在鲁某电站建设过程中也产生损失，在其未提出反诉的情况下，木某县供电分公司可依法另行主张其权利。

2019 年 9 月 24 日，原告木某县供电分公司以原被告都是电站投资人，按三方分别占股 57%、35%、8%，应共同承担电站被冲毁的投资损失为由，诉至法院，请求判令被告乔某水电公司和被告呷某赔偿原告经济损失。

一审法院认为，导致鲁某电站至今未建成投产最重要、最关键的原因是原木某县电力公司于 2013 年 6 月 30 日被整体无偿划转给某省电力公司管理后，未再向鲁某电站投入资金进行建设，也未召集双方及其他相关部门协调解决，未提出相应的解决或处理方案。原告作为电站开发权的所有者，电站被冲毁后没有组织再建或向被告提出解决方案，而是采取放任的态度，原告行为存在根本性违约，该根本性违约致使涉案合同目的不能实现，从而导致了损失结果的产生；且二被告对造成的损失没有过错，原告应当自行承担后果。2019 年 12 月 6 日，一审判决驳回某省电力公司木某县供电分公司的诉讼请求。

二、法律分析

（一）关键法条

《中华人民共和国民法典》（以下简称《民法典》）

第五百六十二条　当事人协商一致，可以解除合同。

当事人可以约定一方解除合同的事由。解除合同的事由发生时，解除权人可以解除合同。

第五百六十三条　有下列情形之一的，当事人可以解除合同：

（一）因不可抗力致使不能实现合同目的；

（二）在履行期限届满前，当事人一方明确表示或者以自己的行为表明不履行主要债务；

（三）当事人一方迟延履行主要债务，经催告后在合理期限内仍未履行；

（四）当事人一方迟延履行债务或者有其他违约行为致使不能实现合同目的；

（五）法律规定的其他情形。

以持续履行的债务为内容的不定期合同，当事人可以随时解除合同，但是应当在合理期限之前通知对方。

第五百六十五条 当事人一方依法主张解除合同的，应当通知对方。合同自通知到达对方时解除；通知载明债务人在一定期限内不履行债务则合同自动解除，债务人在该期限内未履行债务的，合同自通知载明的期限届满时解除。对方对解除合同有异议的，任何一方当事人均可以请求人民法院或者仲裁机构确认解除行为的效力。

当事人一方未通知对方，直接以提起诉讼或者申请仲裁的方式依法主张解除合同，人民法院或者仲裁机构确认该主张的，合同自起诉状副本或者仲裁申请书副本送达对方时解除。

第五百六十六条 合同解除后，尚未履行的，终止履行；已经履行的，根据履行情况和合同性质，当事人可以请求恢复原状或者采取其他补救措施，并有权请求赔偿损失。

合同因违约解除的，解除权人可以请求违约方承担违约责任，但是当事人另有约定的除外。

主合同解除后，担保人对债务人应当承担的民事责任仍应当承担担保责任，但是担保合同另有约定的除外。

第五百七十七条 当事人一方不履行合同义务或者履行合同义务不符合约定的，应当承担继续履行、采取补救措施或者赔偿损失等违约责任。

第五百八十四条 当事人一方不履行合同义务或者履行合同义务不符合约定，造成对方损失的，损失赔偿额应当相当于因违约所造成的损失，包括合同履行后可以获得的利益；但是，不得超过违约一方订立合同时预见到或者应当预见到的因违约可能造成的损失。

（二）要点简析

1. 合作投资的一方违约，另一方可以请求法院解除合同

根据《民法典》第五百六十二条、第五百六十三条，合同解除可分为协议解除、约定解除和法定解除。

协议解除是指根据《民法典》第五百六十二条第一款，原合同各方协商一致解除合同，或者协商一致重新成立一个合同。协议达成后，原来的合同解除，基于原合同发生的债权债务归于消灭，各方当事人之间建立了新的债权债务关系。如本节案例 1，2011 年 3 月 14 日，原木某县电力公司与乔某水电公司再次签订《合作开发鲁某电站协议书》，即是对 2004 年 12 月 22 日双方合同的协议解除。

约定解除是指根据《民法典》第五百六十二条第二款，当事人可以约定一方解除合同的事由。解除合同的事由发生时，解除权人可以解除合同。

法定解除也称单方解除，是指根据《民法典》第五百六十三条，因合同某方违约或者出现不可抗力，解除权人单方提出解除合同的情形，是合作合同的非正常终止。如本节案例，如果乔某水电公司认为木某县供电分公司怠于行使股东义务，存在违约行为致使不能实现合同目的，需要解除 2011 年 3 月 14 日再次签订的《合作开发鲁某电站协议书》，则应当按照《民法典》第五百六十三条的规定行使单方解除权，同时根据《民法典》五百六十五条规定通知对方。合同自通知到达对方时解除。对方有异议的，可以请求人民法院或者仲裁机构确认解除合同的效力。本案即是通过人民法院判决确认解除合同。

2. 合作投资合同解除后，严重过错方应承担赔偿责任

依照《民法典》第五百六十三条、第五百六十六条规定，当事人一方违约致使不能实现合同目的的，另一方有权解除合同。合同解除后，尚未履行的，终止履行；已经履行的，根据履行情况和合同性质，当事人可以要求恢复原状或者采取其他补救措施，并有权要求赔偿损失。具体到本节案例，乔某水电公司两次向木某县人民政府及被告发函要求尽快解决鲁某电站合作开发遗留问题，原木某县电力公司采取放任态度，从未召集双方及其他相关部门协调解决，亦从未提出相应的解决或处理方案等，被告木某县电力公司存在严重过错。作为合作投资合同的严重过错一方，应返还投资款。

3. 项目未建成，预期收益不属于合作投资合同损失赔偿的范围

《民法典》第五百八十四条对合同成立后违约方不正确履行合同义务情况下的损害赔偿范围做了明确的规定，即包括直接损失和可得利益损失，但同时也规定不得超过违反合同一方订立合同时预见到或者应当预见到的因违反合同可能造成的损失。本节案例 1 中，原告即在诉求中要求赔偿电站若建成后所得收益 536.93 万元。法院认为，因电站实际未建成，且对其电站建成已判决要求被告返还原告投资款及支付利息，原告的损失已得到赔偿，因此法院对原告该诉求不予采纳。

三、防范要点

（一）国企混改应注意回头看，避免走弯路、犯重复性的错误

新一轮国资国企改革以“混合所有制”为重要标志。近年来混合所有制改革的探索与实践，在激发企业高质量发展内生动力方面取得显著成效，已成为国企改革的重要突破口。中央企业所属各级子企业通过产权转让、增资扩股、首发上市（IPO）、上市公司资产重组等方式，引入非公有资本、集体资本实施混合所有制改革，以不断增强资本运作能力、产业研判能力、投资决策能力和风险管控能力，为企业打造符合现代企业治理的有竞争力和创新力的治理体系。

作为主业处于关系国家安全、国民经济命脉的重要行业和关键领域的特大型国有重点骨干企业，国家电网公司制订了全面深化改革十大举措，在十大领域引入社会资本，混合所有制改革向纵深推进，混改在各个领域均取得不同程度的进展。

国企改革被公认为我国经济改革中最难的环节之一。国企混合所有制改革不是为了混合而混合，而是为了让国企在改革中增加竞争力和活力。本节所摘取的案例虽为旧案，但涉电的混合所有制企业在运营过程中可能产生的风险和矛盾，在法理上是一脉相承的。相关的纠纷案例和裁判要旨仍可为新一轮的国企混改所借鉴。电网企业将在更大范围、更高层面，以更大力度、更快进度积极稳妥推进混合所有制改革，应深入研究已有案例，避免走弯路、犯重复性的错误，努力打造一批改革典范，进一步增强国有经济竞争力、创新力、控制力、影响力和抗风险能力。

（二）妥善混改纠纷合同解除后续事务，保证国有资产保值增值

混合所有制改革后，任何一方不按约定履行合同均有可能导致合同解除。在合同解除但项目继续的情况下，退出方提供的资金、实物、劳务等出资成本已转化为项目资产，返还原物显然不现实；即使取得项目一方没有任何过错，基于公平诚信原则，也应当对退出方给予合理的赔偿或补偿。因此项目可以继续的合作合同解除后，应妥善解决项目的归属和退出方的赔偿或补偿事宜。

关于项目的归属问题，如本节案例，法院认为鲁某电站被泥石流冲毁也不必然代表《合作开发鲁某电站协议书》就无法继续履行。也就是说，木某县电力公司赔偿了投资款后，相关的水电建设项目仍可继续。投资各方均应权衡是否继续投资项目的利弊，就项目的归属达成一致的意见。

关于合同解除后退出方的赔偿或补偿问题，一般来说，合作方退出后，项目需要清算才能决定是否可以返还投资款。但现实中有些项目尚未开发完毕，债权债务和经营利润状况尚不明确，客观上确实不具备清算的

条件。在项目不清算的条件下，如果合同当事人对各方的投资或者项目的价值、利润存在争议，可以委托中介机构进行审计或评估确定。如果项目存在土地或在建建筑物有一定增值的，可以在返还投资款的同时，参照当地当前房地产业进行评估，给予退出方相应的增值利润赔偿。

第三节　合作项目作废及时诉讼和确保执行

一、参考案例

案例 1　项目因超核准期限被取消，过错方应承担前期费用

案号：（2014）克民初字第 1965 号、（2015）赤商终字第 103 号、（2016）内民申 1878 号

2008 年 5 月 8 日，新某公司与中某公司签订协议，约定双方合作组建股份制公司开发风电项目。2008 年 7 月 31 日，双方通过了关于宝某风电项目前期成果谈判的会议纪要，承认中某公司所投入的前期费用为 320 万元。2010 年 9 月 26 日，宝某风电项目经国家发展改革委核准批复，核准有效期两年。2010 年 11 月 2 日，新某公司整体产权划转给某能公司。某能公司及中某公司于 2011 年 11 月 29 日投资设立广某公司。某能公司持股 82%，中某公司持股 18%，首期出资均已实际缴付，后因该风电项目被取消。2012 年 2 月广某公司拟对前期费用等问题进行审议，但董事会未能召开。此后公司运营陷入停顿状态。

2013 年 4 月 23 日，中某公司提起诉讼，认为其与某能公司签订的协议中约定的项目因原告和某能公司的原因导致未能开工建设，双方合作已不可能，要求广某公司和某能公司共同支付其前期费用 1371.7 万元。2015 年 4 月 8 日，一审法院判令被告广某公司给付中某公司前期费用

916.8 万元，并驳回中某公司其他诉讼请求。2016 年 3 月 29 日，二审维持原判。广某公司的再审申请被驳回。

案例 2 项目已取消，二期出资是否再缴应由股东会决定

案号：（2016）内 0402 民初 4624 号、（2017）内 04 民终 4143 号

案情同案例 1。2011 年 11 月 8 日，某能公司与中某公司共同签署了广某公司章程，记载：广某公司注册资本 9000 万元（其中某能公司出资 7380 万元，占注册资本的 82%；中某公司出资 1620 万元，占公司注册资本的 18%）；首期出资 1800 万元（其中某能公司出资 1476 万元，中某公司出资 324 万元）；合资各方自本合同签订之日起十日内缴纳首期出资；剩余注册资本金在公司注册成立后 60 日内按各自出资比例缴付到位。章程签订后，中某公司和某能公司按章程的规定申请注册了原告广某公司，并按章程规定缴纳了首期出资。

2016 年 9 月 7 日，原告广某公司诉至法院请求被告中某公司立即缴付出资 1296 万元及迟延缴付出资款利息 344.5 万元。被告中某公司认为其与某能公司签订的协议中约定的项目因原告和某能公司的原因导致未能开工建设，双方合作已不可能。故其拒绝向原告缴纳第二期出资。

一审法院认为，某能公司与中某公司成立广某公司的目的是经营风电项目，针对该项目双方签订的两份补充协议对股东第二期出资设定了条件，因该风电项目已被取消，不可能再开工建设，故原告要求被告再履行第二期出资 1296 万元已无必要。判决驳回原告广某公司的诉讼请求。

二审法院认为，作为控股股东的某能公司，在自己仍有 5904 万元的认缴资本金未缴付的情况下，却利用其控股优势以广某公司的名义，要求中某公司缴付第二期出资，亦有失公平。广某公司今后如何运营、注册资本是否变化、剩余的资本金是否需要缴付、如何缴付及何时缴付，均应由广某公司的股东会来决定。一审法院以“风电项目已被取消，不可能再开工建设”为由，就断定再履行第二期出资已无必要，已超出本案的审理范

围，显属不当。但一审法院处理结果正确，应予维持。判决驳回上诉，维持原判。

案例3 非依合法权利人委托管理公司事务的费用不能主张

案号：（2016）内0425民初2367号

案情同案例1。2011年11月8日，原告中某公司与第三人某能公司共同设立广某公司。2011年11月29日，被告广某公司注册成立，并经验资。2013年4月23日，原告中某公司诉至法院，要求被告广某公司及第三人某能公司共同支付原告中某公司前期费用1371.7万元。经（2014）克民初字第1965号、（2015）赤商终字第103号判决被告广某公司给付中某公司前期费用916.8万元。2016年5月17日原告中某公司诉至法院请求被告返还原告为其垫付的后期费用434.6万元及利息。

原告中某公司主张后期费用系根据新某公司于2010年8月3日发出的“积极维护好项目资源，确保项目能如期建设”的委托，为维护该风电项目资源一直垫付看护费用、服务人员工资、差旅费用等相关费用。被告广某公司及第三人某能公司对此不予认可。

法院认为，新某公司自2010年11月2日以后对涉案风电项目不享有任何权利。被告广某公司自公司成立之日起，即享有对涉案风电项目的管理和维护的权利。原告主张自被告公司成立后发生的后期费用系根据新某公司发出的“积极维护好项目资源，确保项目能如期建设”的委托的理由不能成立，判决驳回原告中某公司的诉讼请求。

案例4 要求被告返还前期费用但发票保留在被告公司，不构成举证不能

案号：（2017）内0425民初2033号

案情同案例1。2017年4月13日，原告某能公司诉至法院请求判令被告广某公司支付原告前期费用1328万元。原告某能公司向法院提交了

由被告广某公司委托的具备相关资质的会计师事务所出具的《审计报告》，该份《审计报告》中载明了原告与第三人中某公司分别为宝某风电项目支付的前期费用数额，其中原告方实际发生前期费用数额明确为 1328 万元。该份《审计报告》在第三人中某公司起诉广某公司及某能公司的公司设立纠纷案中已经两审生效判决予以认定，具有法律效力。

法院认为，被告广某公司系独立的法人，应具有独立的法人人格及独立的经营管理系统，其对外委托审计机构出具《审计报告》，应当对审计工作中约定的义务承担责任。法院要求相关当事人向法庭提交相关账本及凭证并出具意见，原告委托代理人到庭但表示发生前期费用的相关账目及凭证均保留在被告广某公司，原告没有留存故无法提交；而被告广某公司未能到庭，仅向法庭出具一份回复函，同时再次对《审计报告》表示认可。原告某能公司已经就自己的主张完成了举证责任，不应承担不利后果。判决广某公司给付原告某能公司前期费用 1328 万元。

案例 5　已判决前期费用无法执行，可申请追加执行人

案号:（2019）内 04 民终 2153 号

案情同案例 1。（2017）内 0425 民初 2033 号民事判决书判决被告广某公司给付原告某能公司前期费用 1328 万元。判决书生效后，某能公司申请执行。但广某公司于 2011 年 11 月 29 日设立后仅收到注册资金 1800 万元，由于股东发生纠纷，一直没有正常经营，从开业至今没有任何营业收入。2015 年某中院判决广某公司支付中某公司 916.8 万元，并且于 2016 年 8 月 9 日扣划 932.05 万元，2017 年 11 月 20 日扣划 21.18 万元；2017 年 4 月某法院判决广某公司支付某能公司前期费用 1328 万元，并于 2018 年 4 月 3 日扣划 450 万元。以上合计被扣划 1403.23 万元，大部分注册资本已被扣划完毕，剩余部分已经用于公司的日常开销，现在公司已经没有任何资产可供执行。在该案的执行过程中，某能公司要求追加中某公司为该执行案件的被执行人。法院于 2018 年 8 月 1 日裁定驳回原告某

能公司的申请。某能公司不服该裁定提起诉讼，请求判决追加中某公司为（2018）内0425执768号执行案件中的被执行人，并按其出资比例在其未实际缴纳出资范围内对公司债务承担补充清偿责任。

一审法院认为，某能公司系广某公司的控股股东，在第三人广某公司并未清理债务的情形下，无法确定广某公司的财产不足以清偿（2017）内0425民初2033号判决书确定的债务。据以执行的裁判文书系某能公司诉广某公司设立纠纷一案，该笔债权发生在公司设立过程中，系控股股东某能公司对设立后的广某公司关于因设立广某公司而发生的债权债务关系。某能公司既系被执行企业的债权人，又系被执行企业的控股股东。某能公司本身尚有5904万元的认缴资本金未缴付，该笔未缴付认缴资本金足以清偿（2017）内0425民初2033号判决书确定的债务。判决驳回某能公司的诉讼请求。

二审经审理查明，据已经生效的民事判决书查明，2008年7月31日新某公司与中某公司通过的会议纪要承认中某公司在宝某风电项目的前期投入为320万元；2010年12月4日，某能公司与中某公司签订会议承认2008年7月31日会议纪要中前期费用继续有效，2011年11月29日某能公司与中某公司投资设立广某公司。从上述事件时间顺序可得出，生效判决中的1328万元前期费用系新某公司为风电项目的前期投入费用，即在广某公司成立前已发生的费用，新设立的广某公司对该部分债务进行了承继。即该上述债权发生时，中某公司作为股东自2008年开始一直参与案涉风电项目，其该行为已使得该债权人对股东未届出资期限的出资额产生高度确信和依赖。某能公司作为债权人有权就广某公司承继的设立公司产生的前期费用向设立后的广某公司主张权利；广某公司现已无力支付，应由未足额缴纳出资的股东在未缴纳出资的范围内承担给付责任。广某公司的股东某能公司与中某公司虽在章程订立后另行签订的补充协议中约定中某公司附条件缴纳二期出资，但该出资系认缴性质，而缴纳期限又具有不确定性，承认其对广某公司的债权人具有约束力必然导致债权人债权的实现无法合理预期，从而损害债权人的合法权益，因此该补充协议对债权人不具有约束力，中某公司理应在未足额缴纳出资范围内承担给付责任。鉴于某能公司在其未足额缴纳出资的范围内按比例自行承担大部分前期费用，因此，由中某公司在未足额缴纳出资的范围内按比例承担部分责任亦属公平。改判追加中某公司为（2018）内 0425 执 768 号执行案中的被执行人，在尚未缴纳出资范围内依法承担责任。

二、法律分析

（一）关键法条

《最高人民法院关于民事执行中变更、追加当事人若干问题的规定》

自 2016 年 12 月 1 日起施行。

第十七条　作为被执行人的营利法人，财产不足以清偿生效法律文书确定的债务，申请执行人申请变更、追加未缴纳或未足额缴纳出资的股东、出资人或依公司法规定对该出资承担连带责任的发起人为被执行人，在尚未缴纳出资的范围内依法承担责任的，人民法院应予支持。

第十八条　作为被执行人的营利法人，财产不足以清偿生效法律文书确定的债务，申请执行人申请变更、追加抽逃出资的股东、出资人为被执行人，在抽逃出资的范围内承担责任的，人民法院应予支持。

（二）要点简析

合作合同的一方违约，或不正当履行应承担的赔偿或补偿责任，已在上一章节中有所论述。本节仅讨论执行。实务中，民事执行中变更、追加当事人，是维护当事人、利害关系人的合法权益的重要途径。如本节案例 5，在经过漫长的诉讼后，原告主张的前期费用获得了法院的支持，但被告公司已无财产可供执行。原告公司如何实现债权，能否成功追加被执行人成为最主要的决定因素。

本案中，法院先是把某能公司的 1328 万元前期费用的性质认定为广某公司成立前已发生的费用，而被告中某公司对该项目费用与后加入的原告即某能公司达成协议进行了认可，因此根据《最高人民法院关于民事执行中变更、追加当事人若干问题的规定》第十七条“作为被执行人的营利法人，财产不足以清偿生效法律文书确定的债务，申请执行人申请变更、追加未缴纳或未足额缴纳出资的股东、出资人或依公司法规定对该出资承担连带责任的发起人为被执行人，在尚未缴纳出资的范围内依法承担责任的，人民法院应予支持”之规定，支持了原告的诉讼请求。

三、防范要点

（一）合理确定诉讼策略，有效主张权益

经济案件的执行难题是国企混改深入不得不面对的主要矛盾之一。在实践中，有大量民事诉讼被执行人实际上已经失去了依据裁判文书履行义务的能力，甚至早已处于停产、半停产状态，连年亏损、资不抵债，以政府补贴或银行续贷勉强维持经营，也就是我们通常所称的“僵尸企业”。一场耗时费力的诉讼虽获得胜诉的终审判决，但不得不面临如何通过执行程序实现真正意义上的债权回收的问题。

如本节案例的某能集团，虽通过生效判决取得前期费用 1328 万元的债权，但仅划转 450 万元后，被告公司就已经没有任何资产可供执行；后期虽然通过诉讼追加了被执行人，但也仅支持被告在未足额缴纳出资的范围内按比例承担部分费用。相比较之下，某能公司的合作方中某公司在 2013 年 4 月 23 日提起诉讼要求某能公司及双方共同投资设立的广某公司共同支付其前期费用 1371.7 万元。2015 年 4 月 8 日，一审法院判令被告广某公司给付中某公司前期费用 916.8 万元，该笔费用于 2016 年 8 月 9 日扣划 932.05 万元，2017 年 11 月 20 日扣划 21.18 万元，成功地实现了判决书所认定的债权。而某能公司 2017 年 4 月 13 日才以与合作方中某公

司相同的理由诉至法院主张 1328 万元的前期费用，虽获法院支持，但此时双方合作设立的被告公司已经没有任何资产可供执行。

（二）及时主张权益，避免无效诉讼拖延时间

司法实践中，一个案件从起诉到生效判决少则半年多则两三年。诉讼往往可能成为一方当事人拖延时间的策略。这类情形最常见的原因在于侵权诉讼过程中，我国目前的侵权赔偿属于补偿性赔偿而不是惩罚性，而权利人举证责任的要求和诉讼成本都很高，因此在实践中侵权方经常会利用管辖权异议、鉴定、延期举证等手段来拖延案件的审理，达到扩大侵权利益的目的。经济类案件也是如此。在本案中，对中某公司于 2013 年提起的诉讼，某能公司也提出了管辖权异议，因此该案至 2015 年才做出判决。此后，广某公司的控股方某能公司先是以广某公司为原告诉请被告中某公司立即缴付出资 1296 万元及迟延缴付出资款利息 344.5 万元，被法院以某能公司在自己仍有 5904 万元的认缴资本金未缴付的情况下，却利用其控股优势以广某公司的名义，要求中某公司缴付第二期出资，亦有失公平为由驳回，之后才提起前期费用确认之诉。前期费用确认之诉虽获支持，但未能全额执行。

综上所述，大型国有企业具备完整的风险防范和管理体系，但该体系的实战能力还需要进一步提高。国企投资的混合所有制公司遇有合作经济纠纷，应及时启动诉讼和财产保全程序，并深入研究诉讼策略，争取最佳的执行结果，确保国有企业经济利益。

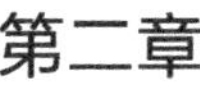

股东出资纠纷

第一节　已出资股东对公司债务无赔偿责任

一、参考案例

案例　已履行出资义务的股东对公司不能清偿债务不承担补充赔偿责任

案号：（2019）辽02民终5165号

2016年12月28日，原告吕某与被告学某公司签订《委托培训就业协议》，约定学某公司安排吕某培训3个月，培训后1个月内安置3个月实习，实习结束后签订某电网公司正式合同，培训费11万元；未给吕某安置就业并签订某电网公司正式合同，学某公司应在24小时内退还吕某全部培训费11万元。2016年12月28日，吕某向学某公司交纳了培训费11万元。自双方协议签订至今已近三年，学某公司并未按照协议约定在七个月内安置吕某就业并签订某电网公司正式合同。吕某诉至法院请求学某公司返还培训费及利息，学某公司股东丛某对学某公司不能清偿的债务承担补充赔偿责任。经查询，目前学某公司有26件作为被执行人的案件，该公司被法院纳入失信被执行人名单，公司无任何房产、车辆等财产。

一审法院认为，学某公司未能提交证据证明某电网公司真实存在，也未能提交证据证明其已按照协议约定内容安排吕某实习且系吕某自己放弃实习，学某公司的行为已构成违约，应当承担违约责任，按照协议约定将培训费退还给吕某。学某公司没有财产清偿到期债务。因丛某欠缴出资140万元，应当对学某公司不能或不能完全清偿的债务在其未实缴的出资范围内承担补充赔偿责任。判决解除吕某与学某公司签订的《委托培训就业协议》，学某公司返还吕某培训费 11 万元及利息，从某对学某公司的上述债务不能清偿的部分在其未出资范围内承担补充赔偿责任。

二审法院认为，从某已提交会计师事务所的验资报告、银行询证函、国家企业信用信息公示系统 2019 年 6 月 12 日生成的学某公司企业信用信息公示报告、2019 年 6 月 26 日某区市场监督管理局出具的企业机读档案登记资料及本院生效判决书，足以证明从某作为学某公司的股东，已履行了全资出资义务，吕某亦认可应以国家企业信用信息公示系统的公示信息为准。改判驳回被上诉人吕某对上诉人从某承担补充赔偿责任的诉讼请求。

二、法律分析

（一）关键法条

1.《最高人民法院关于适用〈中华人民共和国公司法〉若干问题的规定（三）》（2020 年 12 月 23 日最高人民法院审判委员会第 1823 次会议修正）

第七条　出资人以不享有处分权的财产出资，当事人之间对于出资行为效力产生争议的，人民法院可以参照民法典第三百一十一条的规定予以认定。

以贪污、受贿、侵占、挪用等违法犯罪所得的货币出资后取得股权的，对违法犯罪行为予以追究、处罚时，应当采取拍卖或者变卖的方式处置其股权。

第八条　出资人以划拨土地使用权出资，或者以设定权利负担的土地使用权出资，公司、其他股东或者公司债权人主张认定出资人未履行出资义务的，人民法院应当责令当事人在指定的合理期间内办理土地变更手续或者解除权利负担；逾期未办理或者未解除的，人民法院应当认定出资人未依法全面履行出资义务。

第九条 出资人以非货币财产出资，未依法评估作价，公司、其他股东或者公司债权人请求认定出资人未履行出资义务的，人民法院应当委托具有合法资格的评估机构对该财产评估作价。评估确定的价额显著低于公司章程所定价额的，人民法院应当认定出资人未依法全面履行出资义务。

第十三条 股东未履行或者未全面履行出资义务，公司或者其他股东请求其向公司依法全面履行出资义务的，人民法院应予支持。

公司债权人请求未履行或者未全面履行出资义务的股东在未出资本息范围内对公司债务不能清偿的部分承担补充赔偿责任的，人民法院应予支持；未履行或者未全面履行出资义务的股东已经承担上述责任，其他债权人提出相同请求的，人民法院不予支持。

股东在公司设立时未履行或者未全面履行出资义务，依照本条第一款或者第二款提起诉讼的原告，请求公司的发起人与被告股东承担连带责任的，人民法院应予支持；公司的发起人承担责任后，可以向被告股东追偿。

股东在公司增资时未履行或者未全面履行出资义务，依照本条第一款或者第二款提起诉讼的原告，请求未尽公司法第一百四十七条第一款规定的义务而使出资未缴足的董事、高级管理人员承担相应责任的，人民法院应予支持；董事、高级管理人员承担责任后，可以向被告股东追偿。

第二十条 当事人之间对是否已履行出资义务发生争议，原告提供对股东履行出资义务产生合理怀疑证据的，被告股东应当就其已履行出资义务承担举证责任。

2.《全国法院民商事审判工作会议纪要》（2019年9月11日最高人民法院审判委员会民事行政专业委员会第319次会议原则通过）

6.**【股东出资应否加速到期】**在注册资本认缴制下，股东依法享有期限利益。债权人以公司不能清偿到期债务为由，请求未届出资期限的股东在未出资范围内对公司不能清偿的债务承担补充赔偿责任的，人民法院不予支持。但是，下列情形除外：

（1）公司作为被执行人的案件，人民法院穷尽执行措施无财产可供执行，已具备破产原因，但不申请破产的；

（2）在公司债务产生后，公司股东（大）会决议或以其他方式延长股东出资期限的。

（二）要点简析

1. 股东欠缴出资应对公司不能清偿的债务承担补充赔偿责任

注册资本是公司最基本的资产，确定和维持公司一定数额的资本对于奠定公司的债务清偿能力、保障债权人利益和交易安全具有重要价值。

《最高人民法院关于适用〈中华人民共和国公司法〉若干问题的规定（三）》第十三条规定，股东未履行或者未全面履行出资义务，公司或者其他股东请求其向公司依法全面履行出资义务的，人民法院应予支持。公司债权人请求未履行或者未全面履行出资义务的股东在未出资本息范围内对公司债务不能清偿的部分承担补充赔偿责任的，人民法院应予支持。

认缴制下的股东出资义务相当于股东对公司承担的一种出资范围内的担保责任，在认缴制下公司股东的出资义务只是暂缓缴纳，而不是免除。关于股东出资应否加速到期，《全国法院民商事审判工作会议纪要》第6条规定，公司作为被执行人的案件，人民法院穷尽执行措施无财产可供执行，已具备破产原因，但不申请破产的，或者在公司债务产生后，公司股东（大）会决议或以其他方式延长股东出资期限的，债权人以公司不能清偿到期债务为由，请求未届出资期限的股东在未出资范围内对公司不能清偿的债务承担补充赔偿责任的，人民法院予以支持。本案中，如果丛某欠缴出资140万元的事实成立，且公司已无财产可供执行，应当对学某公司不能或不能完全清偿的债务在其未实缴的出资范围内承担补充赔偿责任。

需注意的是，《公司法》（2023年修订）第五十四条增加了认缴出资的加速到期制度，公司不能清偿到期债务的，公司或者已到期债权的债权人有权要求已认缴出资但未届出资期限的股东提前缴纳出资。

2. 股东应当就其已履行出资义务承担举证责任

《最高人民法院关于适用〈中华人民共和国公司法〉若干问题的规定(三)》第二十条规定，当事人之间对是否已履行出资义务发生争议，原告提供对股东履行出资义务产生合理怀疑证据的，被告股东应当就其已履行出资义务承担举证责任。

本案中，丛某已提交会计师事务所的验资报告、银行询证函、国家企业信用信息公示系统2019年6月12日生成的学某公司企业信用信息公示报告、2019年6月26日某区市场监督管理局出具的企业机读档案登记资料及本院生效判决书，足以证明丛某作为学某公司的股东，已履行了全资出资义务，吕某亦认可应以国家企业信用信息公示系统的公示信息为准，故其要求丛某在未出资范围内对学某公司的债务承担补充赔偿责任缺乏事实和法律依据，法院不予支持。

3. 已履行出资义务的股东对公司不能清偿债务不承担补充赔偿责任

本案中，二审法院经审理补充查明，国家企业信用信息公示系统生成的公司企业信用信息公示报告及某区市场监督管理局出具的企业机读档案登记资料显示学某公司为自然人投资或控股的有限责任公司，注册资本200万元，公司股东已于2018年3月19日分别实缴出资4万元、196万元。结合丛某提交的会计师事务所的验资报告、银行询证函等证据足以证明丛某作为学某公司的股东，已履行了全资出资义务，故对原告要求丛某在未出资范围内对学某公司的债务承担补充赔偿责任的诉讼请求不予支持。

4. 部分行业仍实行注册资本实缴制

根据现行的《中华人民共和国商业银行法》《中华人民共和国保险法》《中华人民共和国外资银行管理条例》等法律、行政法规以及国务院的明确规定，目前仍实行注册资本实缴登记制的公司主要是：采取募集方式设立的股份有限公司，商业银行，外资银行，金融资产管理公司，信托公司，财务公司，金融租赁公司，汽车金融公司，消费金融公司，货币经纪公司，村镇银行，贷款公司，农村信用合作联社，农村资金互助社，证券公司，期货公司，基金管理公司，保险公司，保险专业代理机构、保险经纪人，外资保险公司，直销企业，对外劳务合作企业，融资性担保公司，劳务派遣企业，典当行，保险资产管理公司，小额贷款公司。

售电公司的注册资本要求是“资产总额”，因此也属于实缴制。

三、防范要点

（一）国有企业投资的公司应确定恰当的出资金额

投资设立公司，应有效防范出资风险。根据新《公司法》，出资金额可以由股东或发起人自行决定。《公司法》将公司注册资本由实缴制变更为认缴制后，投资人可能会认为注册资本越大越好。事实并非如此。从本节案例看，认缴制下的股东出资义务相当于股东对公司承担的一种出资范围内的担保责任，盲目设定注册资本将给投资人或股东埋下“定时炸弹”。因此，股东或发起人在设立公司时，仍应理性、客观地协商确定注册资本及出资期限，切忌不切实际地认缴出资及毫不忌讳地违反出资义务，以免加重自身的责任及承担不必要的违约责任。

（二）国有企业投资公司应注意出资来源的合法性

股东可用的出资形式主要包括货币以及实物、知识产权、土地使用权等可以用货币估价并可以依法转让的非货币财产。《最高人民法院关于适用〈中华人民共和国公司法〉若干问题的规定（三）》第七条重申了出资来源的合法性。国有企业以现金出资设立公司时，要注意资金来源的合法性，出资来源于另一企业解散所分取的财产，该企业应依法清算；出资来源于其他企业分得的红利，出资人应依法缴纳所得税；出资来源于拆借资金，应履行资金拆借的合法手续；总之，资金来源不应存在无权处分或限制处分的情况。以非货币性资产对外投资确认的非货币性资产转让所得，应按规定计算缴纳企业所得税。以土地（房地产）作价入股进行投资或联营的，如果被投资、联营的企业是从事房地产开发的，被投资人和以土地投资的投资人均应当缴纳土地增值税。

第二节　民间借贷与股东投资不同应当归还

一、参考案例

案例1　单位与个人共同承担还款责任，一是具有代表人身份，二是以法人的名义，三是在授权范围内

案号：（2022）新民申2390号

2018年11月3日，寇某、任某、杜某向杨某出具借条一张，载明：今借到杨某现金26万元。此款借款期3个月，超过3个月按每月2%支付利息。下方借款人处有寇某、任某、杜某签名。杨某2018年11月2日、2018年11月4日、2019年1月27日分别向寇某转账5万元、5万元、10万元。寇某、任某、杜某曾作为银某公司的项目经理或代理人对外签订合同。杨某主张借款实际是向银某公司出借并用于该公司承包的工程，借款人寇某收到款项后随即汇入银某公司账户，且杜某和任某均能够代表银某公司，应当认定银某公司系借款人并承担还款责任。

本院认为，根据《最高人民法院关于审理民间借贷案件适用法律若干问题的规定》第二十二条第二款之规定，认定单位与个人共同承担还款责任必须具备三个要件，一是具有代表人身份，二是以法人的名义，三是在授权范围内。首先，本案的借款人寇某、任某、杜某均不具有银某公司法定代表人身份，即便任某具有项目经理身份，其个人签字的借条亦不能代表公司意志，且借条中并未加盖银某公司公章，也未注明是银某公司借款或用于银某公司经营，不能证实银某公司与案涉借款具有直接联系。其次，寇某等人虽认可所借款项用于银某公司工程承包，但仅是借款人对借款用途的认可，并不存在以法人名义借款的客观事实。最后，银某公司虽向杜某进行授权，但从2018年10月29日的授权委托书看，授权范围仅限于银某公司工程的投标洽谈、签订合同及工程结算等一切相关事宜，并未授权杜某以个人名义代表公司对外借款。故，杨某主张银某公司应承担还款责任缺乏事实和法律依据，原审法院未予支持并无不妥。

案例2 公司负责人以企业名义民间借贷用于企业生产经营，应与企业共同承担责任

案号：（2019）辽03民终3826号

原告屈某与被告黄某系朋友关系，被告黄某、马某为被告恒某电力设备工程有限公司股东。2016年1月14日、15日原告屈某以银行转账的方式分六次将30万元转入被告黄某银行账户。2016年1月15日、19日恒某电力设备工程有限公司分两次将30万元存入公司账户并通过新增注册验资。2017年10月9日，恒某电力设备工程有限公司向原告出具借条一份，约定恒某电力设备工程有限公司将于2018年2月9日归还本金及利息40万元整。恒某电力设备工程有限公司在欠款单位处盖章，马某、黄某在借款人签字处签名。因被告到期未还款，原告诉至法院请求三被告给付借款30万元及利息。

被告在庭审中主张非为借贷关系，而是投资入股关系，并提供了现金存款凭证两张及验资报告一份。

一审法院认为，公司注册登记信息中未查到相应的变更登记，故人民法院结合借条认定本案系民间借贷关系。恒某电力设备工程有限公司于2018年2月9日更名为国某供电有限公司。判决被告国某供电有限公司于本判决生效之日起十日内偿还原告屈某借款本金30万元及利息。

国某供电有限公司上诉称，变更股东登记并非被上诉人投资的法定生

效要件。屈某的涉案款项直接打给了黄某，屈某在向黄某汇款时并未与上诉人达成借款合意，而是与黄某两人达成的投资合意，黄某在收到屈某本案的涉案款项后即以投资款转入上诉人公司，应当视为是屈某的投资行为。

二审法院认为，国某供电有限公司的前身恒某电力设备工程有限公司在欠款单位处盖章，马某、黄某在借款人签字处签名，国某供电有限公司、马某、黄某相对于屈某应当是共同借款人。改判马某、黄某、国某供电有限公司共同偿还屈某借款本金 30 万元及利息。

二、法律分析

（一）关键法条

1.《公司法》

第三十二条 有限责任公司应当置备股东名册，记载下列事项：

（一）股东的姓名或者名称及住所；

（二）股东的出资额；

（三）出资证明书编号。

记载于股东名册的股东，可以依股东名册主张行使股东权利。

公司应当将股东的姓名或者名称向公司登记机关登记；登记事项发生变更的，应当办理变更登记。未经登记或者变更登记的，不得对抗第三人。

2.《最高人民法院关于审理民间借贷案件适用法律若干问题的规定》（2020 年 12 月 23 日最高人民法院审判委员会第 1823 次会议通过）

第二十二条 法人的法定代表人或者非法人组织的负责人以单位名义与出借人签订民间借贷合同，有证据证明所借款项系法定代表人或者负责人个人使用，出借人请求将法定代表人或者负责人列为共同被告或者第三人的，人民法院应予准许。

法人的法定代表人或者非法人组织的负责人以个人名义与出借人订立民间借贷合同，所借款项用于单位生产经营，出借人请求单位与个人共同承担责任的，人民法院应予支持。

（二）要点简析

1. 民间借贷与投资入股的区别

民间借贷是指自然人之间、自然人与法人或其他组织之间，以货币为标的进行资金融通的行为。借款人应当按照约定的期限返还借款及支付利息。民间借贷是一种债，投资款虽也有协议，但不是债，而仅仅是对自己所有物权利的处分；借贷可担保、可转移，而投资款一般不可担保，但可转让。投资款的目的是获取一定的收益或效益，而民间借贷的目的则可能是多种的，且没有约定利息的民间借贷是无偿的。投资款可能获取的效益是未来的、不确定的，而民间借贷应当偿还。投资款收回的是效益，而投资款本身一般是不能收回的，法律也不允许抽逃出资；民间借贷则可以要求收回。投资应承担公司亏损，而民间借贷无需承担公司亏损。投资者一般享有对投资项目的收益、表决和知情权等权利，而借贷一般不享有此权利。

司法实践中存在大量的名为投资、实为借贷的情形。如果名为投资，但投资协议中或实际上并未参与经营或管理，而且对收益有明确的约定；账目处理上只有所有物所有权的转移，被投资方却没有资本金形成；投资协议中规定了投资收回的期限，而且还有担保的，一般应视为借贷。具体到本节案例，原告出资后，国某供电有限公司注册登记信息中未查到相应的变更登记，验资报告做出后，企业工商登记信息、股东名册、公司章程均没有变更，公司也没有召开股东会，屈某也没有参与过公司经营管理和享有公司分红，故人民法院结合借条认定本案系民间借贷关系。

2. 变更股东登记并股东投资的法定生效要件

公司股东依法享有资产收益、参与重大决策和选择管理者等权利并分取红利。有限责任公司应当置备股东名册，将股东的姓名或者名称及住所、股东的出资额、出资证明书编号进行记载，并向公司登记机关进行变更登记。但是，变更股东登记并非股东投资的法定生效要件。隐名股东可以通过他人代持公司股份，只是该代持行为不能对抗善意第三人。详见本书第三章相关内容。

三、防范要点

国有企业投资不仅应准确区分借贷还是投资，还应注意防范企业法定代表人或负责人的个人风险。

本案的警示之一，是对用于企业生产经营的民间借贷，负责人可能与企业共同承担责任。根据《最高人民法院关于审理民间借贷案件适用法律若干问题的规定》第二十二条第二款规定，企业法定代表人或负责人以个人名义与出借人签订民间借贷合同，所借款项用于企业生产经营的，出借人请求企业与个人共同承担责任的，人民法院应予支持。

具体到本节案例，国某供电有限公司在二审庭审中表示对于 2017 年 10 月 9 日借条及形成过程知情，借条明确约定借款金额、借款期限和利息，国某供电有限公司更名前的恒某电力设备工程有限公司在欠款单位处盖章，马某、黄某在借款人签字处签名，马某、黄某作为长期从事商业活动的专业人士，应当知道在借款人处签名可能承担的法律责任。因此国某供电有限公司、马某、黄某相对于屈某应当是共同借款人。

第三节 已转让股权的原股东不应追加执行

一、参考案例

案例 已转让股权的原股东抽逃出资，不应追加为被执行人①

案号:（2018）宁01民终1456号

百某公司由刘某、郭某于2012年3月29日投资成立，其中郭某投资900万元，刘某投资100万元，2012年3月31日颁发营业执照。之后公司股东多次变更，其中刘某于2012年6月4日退出公司，郭某于2012年11月8日退出公司，均召开股东会形成《股东会决议》并经工商登记。

根据已生效的（2015）兴民商初字第1404号民事判决书，确定百某公司应偿还彭某借款本金92337.54元及利息。判决生效后，彭某向一审法院申请执行。执行中彭某以原股东抽逃资金为由，向一审法院提出追加郭某、刘某为被执行人。一审法院裁定追加刘某、郭某为被执行人；冻结、划拨被执行人刘某、郭某名下银行存款106306.54元或查封、扣押其价值相当的财产。刘某、郭某不服该裁定，在法定期间内提起执行异议之诉。

一审法院经查询，百某公司名下没有房地产和银行存款等可供执行的财产，公司股东刘某、郭某涉嫌刑事犯罪，所持百某公司相应股权以及百某公司所持百事某公司的股权已被有权机关查封。

---

① 未查询到供电企业因抽逃出资被追加为被执行人的案件。仅以此案例作为供电企业处理申请追加执行法务时的参考。

一审法院另查明，昊某联合会计师事务所做出的验资报告确认刘某、郭某作为百某公司原股东，投资款分别为100万元、900万元，于2012年3月29日汇入公司账户；同年3月31日公司将上述账户内的存款400万元转入郭某个人账户内，600万元分两次汇入刘某个人账户内，第三人百某公司账户余额为0元。

一审法院认为，人民法院在执行作为被执行人公司的过程中，有权追加其抽逃资金的股东为被执行人，在抽逃注册资金范围内对申请执行人承担责任。第三人百某公司原股东为两原告，两原告于2012年3月29日将应付投资款1000万元存入第三人名下账户，履行了出资义务。3月31日两原告未经法定程序即将公司账户1000万元转入其个人账户，该行为已构成抽逃出资，虽然两原告陈述该资金转出行为系公司正常经营行为，但没有相关证据加以证实，故两原告不享有能排除强制执行的民事权益。判决驳回原告郭某、原告刘某的诉讼请求。

二审法院认为，郭某、刘某作为第三人百某公司的原股东，在设立公司之后，未经法定程序，将已付出资全部转入其个人账户，诉讼中未就此做出合理解释，一审法院认定该二人的行为属于抽逃出资并无不当。但郭某、刘某抽逃出资的行为发生在股权转让之前，《最高人民法院关于民事执行中变更、追加当事人若干问题的规定》第十八条及最高人民法院《关于适用〈中华人民共和国公司法〉若干问题的规定（三）》第十二条、第十四条等相关法律条款均规定公司股东抽逃出资的责任形态，但并没有明确其中的“股东”是否包括股权转让之前的“原股东”。因此，彭某以郭某、刘某抽逃出资为由，请求追加郭某、刘某为共同被执行人并在抽逃出资范围内承担责任的主张，没有法律依据。

同时，公司股东抽逃出资而被追加为执行人的，应具备公司财产不足以清偿生效法律文书确定的债务这一要件。百某公司名下虽然没有房地产和银行存款等可供执行的财产，但持有全资子公司即百事某公司100%的股权，而百事某公司现仍然在经营中，陆续以电费收益向质押权人康某公司支付租赁费，一审法院仅以郭某、刘某抽逃出资为由，即认定该二人不享有排除强制执行的民事权益不当。改判不得追加上诉人郭某、刘某为（2016）宁 0104 执 662 号执行案件的被执行人。

二、法律分析

（一）关键法条

1.《最高人民法院关于民事执行中变更、追加当事人若干问题的规定》

第十八条　作为被执行人的营利法人，财产不足以清偿生效法律文书确定的债务，申请执行人申请变更、追加抽逃出资的股东、出资人为被执行人，在抽逃出资的范围内承担责任的，人民法院应予支持。

2.《最高人民法院关于适用〈中华人民共和国公司法〉若干问题的规定（三）》

第十二条　公司成立后，公司、股东或者公司债权人以相关股东的行为符合下列情形之一且损害公司权益为由，请求认定该股东抽逃出资的，人民法院应予支持：

（一）制作虚假财务会计报表虚增利润进行分配；

（二）通过虚构债权债务关系将其出资转出；

（三）利用关联交易将出资转出；

（四）其他未经法定程序将出资抽回的行为。

第十四条　股东抽逃出资，公司或者其他股东请求其向公司返还出资本息、协助抽逃出资的其他股东、董事、高级管理人员或者实际控制人对此承担连带责任的，人民法院应予支持。

公司债权人请求抽逃出资的股东在抽逃出资本息范围内对公司债务不能清偿的部分承担补充赔偿责任、协助抽逃出资的其他股东、董事、高级管理人员或者实际控制人对此承担连带责任的，人民法院应予支持；抽逃出资的股东已经承担上述责任，其他债权人提出相同请求的，人民法院不予支持。

（二）要点简析

1. 抽逃出资行为的认定

根据《最高人民法院关于适用〈中华人民共和国公司法〉若干问题的规定（三）》第十二条，公司成立后，以下情形属于抽逃出资：制作虚假财务会计报表虚增利润进行分配；通过虚构债权债务关系将其出资转出；利用关联交易将出资转出；其他未经法定程序将出资抽回的行为。具体到本节案例，两原告于2012年3月29日将应付投资款1000万元存入第三人名下账户，履行了出资义务。3月31日两原告未经法定程序即将公司账户1000万元转入其个人账户，该行为已构成抽逃出资。

2. 已转让股权的原股东抽逃出资，不应追加为被执行人

本案争议焦点是郭某、刘某转出投资款构成抽逃出资的行为是否享有足以排除强制执行的民事权益。根据法律的相关规定，人民法院在执行作为被执行人公司的过程中，有权追加其抽逃资金的股东为被执行人，在抽逃注册资金范围内对申请执行人承担责任。法院认为，相关法律条款均规定公司股东抽逃出资的责任形态，但并没有明确其中的“股东”是否包括股权转让之前的“原股东”。由此，彭某以郭某、刘某抽逃出资为由，请求追加郭某、刘某为共同被执行人并在抽逃出资范围内承担责任的主张，没有法律依据。

3. 股东抽逃出资而被追加为执行人应以公司财产不足以清偿为前提

公司股东抽逃出资而被追加为执行人的，应具备公司财产不足以清偿生效法律文书确定的债务这一要件。本案中，百某公司名下虽然没有房地产和银行存款等可供执行的财产，但持有全资子公司即百事某公司100%的股权，而百事某公司现仍然在经营中，陆续以电费收益向质押权人康某公司支付租赁费，因此二审认为仅以郭某、刘某抽逃出资为由，不能认定该二人不享有排除强制执行的民事权益。

三、防范要点

本案公司为民营资本投资设立的公司。虽然本案与第一章第三节的案例的案由有相似之处，但裁判结果并不相同。两个案件的裁判思路均值得国有企业投资公司予以充分考虑，规避相应的风险。

第三章

职工持股和股权转让纠纷

第一节　企业内部的股权证不能对抗第三人

一、参考案例

案例 1　公司名义股东不能以内部股权代持协议有效为由，对抗公司外部债权人对名义股东的正当权利

案号：（2023）新 40 民终 954 号

马某购买伊某公司销售的酒，伊某公司依约交付酒。2022 年 4 月 8 日，马某出具一份欠条，欠条载明“镀金 1100×620＝682000，小酒海 420×920＝386400，合计 1068400 元，已付 304000 元，剩余 764400 元。”欠条上备注“货已收到，数量无误”，并加盖屏某公司公章。当时屏某公司的股东为马某庆，屏某公司系自然人独资公司。2022 年 7 月 15 日，屏某公司股东由马某庆变更登记为马某，法定代表人由马某庆变更登记为马某。2020 年 10 月 15 日，马某和马某庆签订《借名股东协议》，协议约定马某借用马某庆的名义成立屏某公司，马某系屏某公司的实际控制人和实际出资人，屏某公司的债权、债务均由马某承担，与马某庆无关。

首先，案涉债务发生时，屏某公司为一人有限责任公司，马某庆当时为该公司在公司登记机关登记的股东。马某庆并未提供充分证据证明案涉债务发生时屏某公司的财产独立于其个人财产，故应当对屏某公司的对外债务承担连带责任。其次，马某庆在案涉债务发生时，尽管与马某签订过《借名股东协议》，但该约定只有对内效力，不能对抗该协议之外的善意第三人。股权代持协议仅具有内部效力，公司名义股东不能以内部股权代持协议有效为由，对抗公司外部债权人对名义股东的正当权利。马某庆上诉

提出其仅为挂名的名义股东，不应当对屏某公司对外债务承担连带责任的理由，缺乏法律依据，本院不予采纳。

案例2 内部《员工股权证》仅可证明隐名股权，不能证明股东身份

案号：（2018）粤04民终2987号

1997年12月3日，珠某电力工业局下属34户多种经营集体企业全部资产进行合并，由珠某电力工业局物资供应公司作为集体资产的代表者，作为新成立股份合作制企业中集体股权的投资主体，将全部集体净资产60%一次性作价转让给内部职工，由工会持股会与物资供应公司共同组建汇某公司。职工以现金一次性购买集体产权，按八折优惠转让。1998年3月前后，珠某电力工业局工会委员会向杨某发放《员工股权证》，该《员工股权证》记载的“公司名称”为“汇某公司”，“股东名称”为杨某。确认其为汇某公司的股东。

2017年6月30日，珠某供电局召开第三届第五次职代会第四次联席会议，会议同意珠某供电局工会将名下持有的汇某公司股权及收购的隐名股权全部转让给奥某公司。珠某电力实业公司和奥某公司分别于2017年11月30日和12月2日出具《说明》，并在一审庭审中均明确表示不同意由珠某供电局工会持股变更为个人持股。

一审法院认为，杨某提交的《汇某公司股东手册》实为珠某电力工业局工会职工持股管理委员会的股东名册，并非汇某公司的股东名册。而汇某公司提交的数份《汇某公司股东名册》上，也未记载杨某为汇某公司的股东。汇某公司设立登记时，公司设立登记申请书上列明的股东并未包括杨某。退而言之，假定杨某确为汇某公司的实际出资人，实际出资人诉请确认其为股东，考虑公司人合性的特征，需要其他股东半数以上的认可。汇某公司的其他股东均不同意将杨某记载于公司股东名册。通过职工持股会，杨某的基本权利如投票权、分红权得以实现，并不存在任何公司僵局或者权利限制，杨某并无从间接权利跨越至直接权利的充分理由。判决驳

回杨某的诉讼请求。

二审判决驳回上诉，维持原判。

案例3 委托代持的内部隐名股东应通过代持人行使股东权利

案号：（2013）渝一中法民终字第00679号、（2014）渝高法民申字第00063号

2001年电力建设一公司从集体所有制改制为广某公司，股东为10个持股会，每个持股会由所有股东书面委托一名股东代表行使股东权利。张某的股权证载明公司总股份5300万股，出资日期2003年12月5日，出资额105109元，持股总数105109股。经两次股权收购及数次更名，2012年2月8日，涉案公司更名为某送公司。因认为股东权益受到侵害，2012年2月，张某以某市电力公司、某送公司作为被告向一审法院提起诉讼，认为某市电力公司收购广某公司应当按照公司资产4.83亿元而不是按净资产6600万元的一半进行收购，要求某市电力公司赔偿张某的损失958728.21元及利息，某送公司承担连带责任。一审判决驳回张某的诉讼请求。

二审法院认为，张某已书面委托曾某作为股东代表行使股东权利，故张某不是广某公司在工商行政管理部门登记在册的股东，只是广某公司的隐名股东，张某只能通过持股会股权代表行使权利，不能直接对广某公司行使股东的权利。如果张某认为持股会股权代表未经其同意擅自处分其隐名股权，可以对持股会股权代表另案起诉赔偿损失。因2004年10月26日，持股会股权代表已将张某的隐名股权转让给他人，至此张某既不是广某公司登记在册的显名股东，也不是隐名股东，张某对广某公司无任何股东权利。持股会股权代表杨某等20人2006年2月20日及2009年12月28日与渝能公司签订的《股权转让协议》合法有效。判决驳回上诉，维持原判。

张某不服二审判决，向市高级人民法院申请再审。市高级人民法院经

审查认为，收购价格属于交易双方自主决定的范畴，法律并无明文规定收购价格应以企业的总资产还是以企业的净资产为标准，原某建有限公司以审计报告确定的广某公司净资产作为股权收购价格的依据并不违反法律规定，且张某未能举示充分证据证明原某建有限公司低价收购广某公司，故张某的上述申请再审理由本院不予支持。裁定驳回张某的再审申请。

案例 4　内部股权证的记载不能对抗善意第三人

案号:（2017）渝 01 民终 245 号

案情基本情况见案例 3。2016 年 6 月，张某以损害股东利益责任纠纷为由，向某区人民法院起诉市送变电工程有限公司，理由为市送变电工程有限公司两次收购广某公司股东股份，均没有通知张某等小股东，张某没有收到任何股份转让款，剥夺了小股东的合法权益，构成侵占张某股权的行为，要求市送变电工程有限公司赔偿其经济损失 958728.21 元。

一审法院认为，广某公司持股会代表将张某的隐名股权转让给杨某等 20 个股东后，张某既不是显名股东也不是隐名股东，对广某公司不具有股东权利；渝能公司受让杨某等人的股权，系双方真实意思表示，并无任何过错。判决驳回张某的全部诉讼请求。张某不服上诉。

二审法院认为，广某公司原股东杨某等人与渝能公司之间的股权转让协议合法有效，并没有侵犯张某的股东权益。公司登记机关的登记对外具有公示公信效力，张某不得以股东名册的记载对抗第三人，无论杨某等人与持股会的股权转让协议是否真实，张某也不得以内部股权证的记载对抗第三人渝能公司。渝能公司基于工商登记的对外公信力，与杨某等人签订的《股权转让协议》合法有效，且已实际履行，没有侵犯张某的股东权益，是以（2017）渝 01 民终 245 号民事判决驳回上诉，维持原判。

二、法律分析

（一）关键法条

1.《民法典》

第三百一十一条 无处分权人将不动产或者动产转让给受让人的，所有权人有权追回；除法律另有规定外，符合下列情形的，受让人取得该不动产或者动产的所有权：

（一）受让人受让该不动产或者动产时是善意；

（二）以合理的价格转让；

（三）转让的不动产或者动产依照法律规定应当登记的已经登记，不需要登记的已经交付给受让人。

受让人依据前款规定取得不动产或者动产的所有权的，原所有权人有权向无处分权人请求损害赔偿。

当事人善意取得其他物权的，参照适用前两款规定。

2.《公司法》

第三十二条 有限责任公司应当置备股东名册，记载下列事项：

（一）股东的姓名或者名称及住所；

（二）股东的出资额；

（三）出资证明书编号。

记载于股东名册的股东，可以依股东名册主张行使股东权利。

公司应当将股东的姓名或者名称向公司登记机关登记；登记事项发生变更的，应当办理变更登记。未经登记或者变更登记的，不得对抗第三人。

3.《全国法院民商事审判工作会议纪要》

8.【**有限责任公司的股权变动**】当事人之间转让有限责任公司股权，受让人以其姓名或者名称已记载于股东名册为由主张其已经取得股权的，人民法院依法予以支持，但法律、行政法规规定应当办理批准手续生效的股权转让除外。未向公司登记机关办理股权变更登记的，不得对抗善意相对人。

28.【实际出资人显名的条件】实际出资人能够提供证据证明有限责任公司过半数的其他股东知道其实际出资的事实，且对其实际行使股东权利未曾提出异议的，对实际出资人提出的登记为公司股东的请求，人民法院依法予以支持。公司以实际出资人的请求不符合公司法司法解释（三）第24条的规定为由抗辩的，人民法院不予支持。

4.《最高人民法院关于适用〈中华人民共和国公司法〉若干问题的规定（三）》

第二十二条　当事人之间对股权归属发生争议，一方请求人民法院确认其享有股权的，应当证明以下事实之一：

（一）已经依法向公司出资或者认缴出资，且不违反法律法规强制性规定；

（二）已经受让或者以其他形式继受公司股权，且不违反法律法规强制性规定。

第二十三条　当事人依法履行出资义务或者依法继受取得股权后，公司未根据公司法第三十一条、第三十二条的规定签发出资证明书、记载于股东名册并办理公司登记机关登记，当事人请求公司履行上述义务的，人民法院应予支持。

第二十四条　有限责任公司的实际出资人与名义出资人订立合同，约定由实际出资人出资并享有投资权益，以名义出资人为名义股东，实际出资人与名义股东对该合同效力发生争议的，如无法律规定的无效情形，人民法院应当认定该合同有效。

前款规定的实际出资人与名义股东因投资权益的归属发生争议，实际出资人以其实际履行了出资义务为由向名义股东主张权利的，人民法院应予支持。名义股东以公司股东名册记载、公司登记机关登记为由否认实际出资人权利的，人民法院不予支持。

实际出资人未经公司其他股东半数以上同意，请求公司变更股东、签发出资证明书、记载于股东名册、记载于公司章程并办理公司登记机关登记的，人民法院不予支持。

第二十五条 名义股东将登记于其名下的股权转让、质押或者以其他方式处分，实际出资人以其对于股权享有实际权利为由，请求认定处分股权行为无效的，人民法院可以参照民法典第三百一十一条的规定处理。

名义股东处分股权造成实际出资人损失，实际出资人请求名义股东承担赔偿责任的，人民法院应予支持。

（二）要点简析

1. 显名股东和隐名股东

隐名股东是指实际投资人依据书面或口头协议委托他人代其持有股权者。显名股东是指在公司隐名投资过程中，约定将隐名股东的出资以自己名义出资、登记的一方当事人。隐名股东是实际投资人，而公司对外公示的投资者则是显名股东。

我国《公司法》对有限责任公司股东有 50 人以下的限制。职工持股因为受到公司股东登记人数的限制，大多采用委托代表代持股份的形式。公司股东分为若干个持股会，每个持股会委托一名股东代表行使股东权利，工商登记的显名股东是持股会或持股会代表，实际出资的职工则是隐名股东。

2. 职工委托代持的协议仅对双方有效

隐名股东与显名股东的委托协议对于公司不具有约束力，但是在隐名股东与显名股东之间依然有效。它不仅是隐名股东用来约束显名股东的依据，也是证明隐名股东对于公司实际出资的有力证据。如果双方在协议中未约定隐名股东为股东或者承担投资风险，并且隐名股东也没有以股东身份参与公司管理或者未实际享受股东权利的，双方之间隐名投资关系将不会被认定，而是按债权债务关系处理。

3. 隐名股东通过为其代持股份的显名股东主张权益

如本节案例 3，原告持有内部职工股份登记在代表名下，是请他人代持的隐名股东，其认为公司股权转让价格太低，只能通过为其代持股份的显名股东主张权益。持股会股权代表已将张某的隐名股权转让给他人，至此张某既不是广某公司登记在册的显名股东，也不是隐名股东，张某对广某公司无任何股东权利。张某认为持股会股权代表未经其同意擅自处分其隐名股权，可以对持股会股权代表另案起诉赔偿损失。

4. 显名股东处分股权的受让人适用善意取得原则

根据《最高人民法院关于适用〈中华人民共和国公司法〉若干问题的规定（三）》第二十五条，名义股东将登记于其名下的股权转让、质押或者以其他方式处分，实际出资人以其对于股权享有实际权利为由，请求认定处分股权行为无效的，人民法院可以参照民法典第三百一十一条的规定处理。《民法典》第三百一十一条为“善意取得”的规定，即受让人受让该不动产或者动产时满足善意、合理的价格、已登记或交付三个条件的，受让人依照前款规定取得不动产或者动产的所有权的，原所有权人有权向无处分权人请求赔偿损失。如本节案例 3，张某曾作为广某公司的隐名股东，若认为其隐名股权未经同意而被擅自处分，并由此遭受了损失要求赔偿，应向实际的侵权人提出，而不能主张显名股东已转让、被告已善意取得股权的行为无效。

5. 内部股权登记不能对抗善意第三人

公司登记机关的登记对外具有公示公信效力。根据《公司法》第三十二条规定，有限责任公司应当将股东的姓名或者名称向公司登记机关登记；登记事项发生变更的，应当办理变更登记。未经登记或者变更登记的，不得对抗第三人。公司内部的员工持股名册未经工商登记，因此不能对抗第三人。如本节案例 4，法院认为张某也不得以内部股权证的记载对抗第三人渝能公司。被告渝能公司基于工商登记的对外公信力，与杨某等人签订的股权转让协议合法有效，且已实际履行，没有侵犯张某的股东权益。

三、防范要点

名义股东与隐名股东间于代持股协议项下产生的争议，可能会延伸于股权转让领域，导致股权转让关系复杂化，主要表现为名义股东否认存在代持股关系。名义股东未经授权，擅自转让代持股权，实际权利人对标的股权提出权利主张，受让方若不符合善意取得的条件，则依法不能取得股权。因此，国企改制不仅应履行法定程序，进行工商变更登记，吸收合并、注销等均应召开股东大会，形成股东大会决议，同时还应关注职工持股股份转让的善意取得原则。

第二节　职工持股不按配股后的股本退股金

一、参考案例

案例　职工持股不能要求按配股后的股本退还股金

案号：（2016）湘31民终1004号

2006年，保某县双某水利水电站为解决职工福利，经站务会、职代会同意，由保某县双某水利水电站工会牵头，采取自愿合股的方式，100余位电站职工集资与清某选矿厂联营。双方共同出资架设供电设施，向清某选矿厂提供电力。2008年7月7日，在此基础上汇众电力公司成立。注册资本为10万元，公司实收股东股本金462.5万元。2006年，鼓某分两次向保某县双某水利水电站工会交纳7000元、2000元入股资金。汇众电力公司由于股东人数多，为了便于公司生产经营管理，众股东推荐13名股东为代表，参与公司重大事项决策。鼓某书面委托周某为其代表。2012年4月6日，汇众电力公司召开股东代表大会，会议决定公司股份按1680万元给股东配股，鼓某股份套算为40847元，汇众电力公司给鼓某出具了编号为08055号的出资证明书。2009年1月至2015年1月，被告汇众电力公司分8次向鼓某发放股本分红共计9856元。2014年度公司没有发放股本分红。原告向一审法院起诉请求被告退还非法占有原告资金40847元。

一审法院认为，原告在被告成立时投入了入股资金，被告向原告出具了出资证明书，被告在经营期间向原告发放了股本分红，原告股东身份具备实质要件。原告实际投入股本金额为9000元，最后登记为40847元，是因为公司注册资金虚增至1680万元，故认定原告出资金额为9000元。公司成立后，股东不得抽逃出资。如出现法定事由，原告可请求被告按合理的价格收购其股权，故对原告要求被告退还股本金的请求，不予支持。判决驳回原告鼓某的诉讼请求。

二审法院认为，公司具有独立法人财产权，股东出资后，出资转变为公司财产。依据资本维持和不变原则，《公司法》规定公司成立后，股东不得抽逃出资，上诉人要求退还出资会造成公司资本的实质减少，可能会降低公司的偿债能力，损害债权人利益，因此对该上诉请求本院不予支持。判决驳回上诉，维持原判。

二、法律分析

（一）关键法条

1.《公司法》

第七十四条　有下列情形之一的，对股东会该项决议投反对票的股东可以请求公司按照合理的价格收购其股权：

（一）公司连续五年不向股东分配利润，而公司该五年连续盈利，并且符合本法规定的分配利润条件的；

（二）公司合并、分立、转让主要财产的；

（三）公司章程规定的营业期限届满或者章程规定的其他解散事由出现，股东会会议通过决议修改章程使公司存续的。

自股东会会议决议通过之日起六十日内，股东与公司不能达成股权收购协议的，股东可以自股东会会议决议通过之日起九十日内向人民法院提起诉讼。

2.《关于国有控股混合所有制企业开展员工持股试点的意见》

三、企业员工入股

（二）员工出资。员工入股应主要以货币出资，并按约定及时足额缴纳。按照国家有关法律法规，员工以科技成果出资入股的，应提供所有权属证明并依法评估作价，及时办理财产权转移手续。上市公司回购本公司股票实施员工持股，须执行有关规定。

试点企业、国有股东不得向员工无偿赠与股份，不得向持股员工提供垫资、担保、借贷等财务资助。持股员工不得接受与试点企业有生产经营业务往来的其他企业的借款或融资帮助。

（二）要点简析

1. 未出现法定事由，员工不能要求公司回购股权

本节案例中，一审法院认为，如出现法定事由，原告可请求被告按合理的价格收购其股权。该法定事由为《公司法》第七十四条规定的有限责任公司股权回购事由，即公司连续五年不向股东分配利润，而公司该五年连续盈利，并且符合本法规定的分配利润条件的；公司合并、分立、转让主要财产的；公司章程规定的营业期限届满或者章程规定的其他解散事由出现，股东会会议通过决议修改章程使公司存续的。

有限责任公司的股东以其认缴的出资额为限对公司承担责任，公司成立后，股东不得抽逃出资。公司具有独立法人财产权，股东出资后，出资转变为公司财产，依据资本维持和不变原则，如果允许股东随意退还出资，会造成公司资本的实质减少，可能会降低公司的偿债能力。因此，无法定事由，股东不能随意请求公司退回股本金。

2. 员工持股经过配股等程序后，实际股本金应以实际出资认定

员工持股经过配股、债转股、以安置费入股等程序后，登记的股本金额往往大于员工实际缴纳的出资额。如本节案例所示，原告实际出资 9000 元，但被告 2012 年 4 月 6 日给原告出具出资证明书，该证明书记载原告出资金额为 40847 元。被告提供原告交款时保某县双某水利水电站工会开具的收据存根一张，金额为 9000 元，证明之所以最后登记原告出资为 40847 元，是因为公司注册资金虚增至 1680 万元。而原告不能提供确凿证据，证明自己给被告的出资额为 40847 元，故认定原告出资金额为 9000 元。

三、防范要点

混合所有制企业员工持股应按照《关于国有控股混合所有制企业开展员工持股试点的意见》的要求，坚持依法合规、公开透明，增量引入、利益绑定，以岗定股、动态调整，严控范围、强化监督等原则稳慎开展。员工持股应避免以下政策方面的禁止性规定。

三、企业员工入股

（一）员工范围。参与持股人员应为在关键岗位工作并对公司经营业绩和持续发展有直接或较大影响的科研人员、经营管理人员和业务骨干，且与本公司签订了劳动合同。

党中央、国务院和地方党委、政府及其部门、机构任命的国有企业领导人员不得持股。外部董事、监事（含职工代表监事）不参与员工持股。如直系亲属多人在同一企业时，只能一人持股。

（二）员工出资。员工入股应主要以货币出资，并按约定及时足额缴纳。按照国家有关法律法规，员工以科技成果出资入股的，应提供所有权属证明并依法评估作价，及时办理财产权转移手续。上市公司回购本公司股票实施员工持股，须执行有关规定。

试点企业、国有股东不得向员工无偿赠与股份，不得向持股员工提供垫资、担保、借贷等财务资助。持股员工不得接受与试点企业有生产经营业务往来的其他企业的借款或融资帮助。

（三）入股价格。在员工入股前，应按照有关规定对试点企业进行财务审计和资产评估。员工入股价格不得低于经核准或备案的每股净资产评估值。国有控股上市公司员工入股价格按证券监管有关规定确定。

（四）持股比例。员工持股比例应结合企业规模、行业特点、企业发展阶段等因素确定。员工持股总量原则上不高于公司总股本的30%，单一员工持股比例原则上不高于公司总股本的1%。企业可采取适当方式预留部分股权，用于新引进人才。国有控股上市公司员工持股比例按证券监管有关规定确定。

（五）股权结构。实施员工持股后，应保证国有股东控股地位，且其持股比例不得低于公司总股本的34%。

（六）持股方式。持股员工可以个人名义直接持股，也可通过公司制企业、合伙制企业、资产管理计划等持股平台持有股权。通过资产管理计划方式持股的，不得使用杠杆融资。持股平台不得从事除持股以外的任何经营活动。

四、企业员工股权管理

（三）股权流转。实施员工持股，应设定不少于36个月的锁定期。在公司公开发行股份前已持股的员工，不得在公司首次公开发行时转让股份，并应承诺自上市之日起不少于36个月的锁定期。锁定期满后，公司董事、高级管理人员每年可转让股份不得高于所持股份总数的25%。

持股员工因辞职、调离、退休、死亡或被解雇等原因离开本公司的，应在12个月内将所持股份进行内部转让。转让给持股平台、符合条件的员工或非公有资本股东的，转让价格由双方协商确定；转让给国有股东的，转让价格不得高于上一年度经审计的每股净资产值。国有控股上市公司员工转让股份按证券监管有关规定办理。

第三节 股权转让未书面征求股东同意无效

一、参考案例

案例 股权转让未经股东同意无效，应按合同关系返还投资款

案号:（2018）川34民终1344号

2004年木某县电力公司与苏某合作投资开发鲁某电站，双方签订合作协议载明木某县电力公司占65%的股份，苏某占35%的股份。2008年木某县电力公司在尚未与苏某最终确认股权比例之前，与呷某达成口头协议将自己占有的鲁某电站65%的股份转让8%给呷某，并收取了呷某的100万元的股权转让款。呷某于2008年5月5日从农业银行转账100万元到木某县电力公司账户，2011年4月24日木某县电力公司给呷某出具了一份股权认购证明书。鲁某电站在建设中于2012年被泥石流冲毁，电站被冲毁后至今未继续建设。呷某诉至法院请求判令被告某省电力公司木某县供电分公司（原木某县电力公司）偿还原告的股金100万元和同期银行贷款利息39.2万元。木某县供电分公司主张呷某系鲁某电站的股东，作为股东其应承担鲁某电站未建成的风险和亏损。

一审法院认为，木某县电力公司向呷某转让股份未依法书面征得鲁某电站另一股东木某县乔某水电开发有限责任公司的同意。因此，木某县电力公司收取呷某股权转让款转让鲁某电站8%的股份的行为依法不成立，呷某并非鲁某电站的股东。认定呷某和木某县电力公司不属于股东之间的关系，双方应是合同关系。因木某县电力公司转让股份的行为不成立，呷某请求退还其入股金100万元及支付资金占用利息的请求依法成立，判决木某县供电分

公司支付呷某投资款100万元，并支付呷某投资款利息39.2万元。

二审驳回上诉，维持原判。

二、关键法条

《公司法》

第七十一条 有限责任公司的股东之间可以相互转让其全部或者部分股权。

股东向股东以外的人转让股权，应当经其他股东过半数同意。股东应就其股权转让事项书面通知其他股东征求同意，其他股东自接到书面通知之日起满三十日未答复的，视为同意转让。其他股东半数以上不同意转让的，不同意的股东应当购买该转让的股权；不购买的，视为同意转让。

经股东同意转让的股权，在同等条件下，其他股东有优先购买权。两个以上股东主张行使优先购买权的，协商确定各自的购买比例；协商不成的，按照转让时各自的出资比例行使优先购买权。

公司章程对股权转让另有规定的，从其规定。

三、要点简析

有限责任公司股权转让应书面通知其他股东征求同意。依据《公司法》第七十一条第二款，股东向股东以外的人转让股权，应当经其他股东过半数同意。股东就其股权转让事项应当书面通知其他股东征求同意，该股东系记载于经过工商登记的股东名册的显名股东。具体到本节案例，木某县电力公司和苏某的合作协议载明公司的重大经营决策必须由股东代表大会通过，而木某县电力公司在收取呷某股权转让款及转让鲁某电站的股份时均未告知过苏某，也未召开过股东代表大会；2011年木某县电力公司与乔某水电公司签订新的合作协议，重新确认股东的投资比例及股份时，木某县电力公司并未通知呷某作为股东参加；被告虽然收取了原告的投资款，也给原告出具了股权认购证明书，但被告向原告转让股份未依法书面征得鲁某电站另一股东乔某水电公司的同意，该股权认购证明书未经工商登记，原告也从未参与过鲁某电站的事务，因此原告的投资款被法院认定为借款。

根据《公司法》（2023 年修订）第八十四条，无须取得其他股东同意，只要将股权转让的数量、价格、支付方式和期限等事项书面通知其他股东，以保障其他股东能充分行使优先购买权。在本案中，除非章程另有规定，若木某县电力公司确向呷某转让股权的，无须取得其他股东同意。

第四节　亏损企业无利润分配不必回购股权

一、参考案例

案例　亏损企业连续五年未分配利润，不必回购股权

案号：（2016）鲁民终 791 号、（2017）最高法民申 2154 号

鸿某公司系由承某集团公司于 2004 年改制而来，注册资本 800 万元。其中，周某等 11 人的股份由鸿某有限公司工会委员会代持。鸿某公司成立至今，没有就公司向股东分配利润的事项专门召开股东会，公司经营状况正常，其在市地方税务局经济技术开发区分局的纳税情况表明 2012、2013 年度鸿某公司应缴企业所得税数额为零，税务机关审核的企业所得税年度纳税申报材料记载鸿某公司经营处于亏损状态。

一审法院认为：请求公司收购股份是公司股东的一项重要权利，周某等 11 人虽然向公司出资，但其股权由公司工会委员会代持，其股东权利应当通过公司工会委员会行使。公司盈利首先应当依法缴纳企业所得税，税后仍有利润的应当弥补亏损和提取公积金，之后还有利润的才能向股东分配。本案中，税务机关出具的纳税证明、完税证明及纳税申报材料均证

实鸿某公司在2012年、2013年度没有产生企业所得税，鸿某公司不可能产生税后利润，不具备《公司法》规定的向股东分配利润的条件。因此，鸿某公司虽然在2009年至2014年连续五年没有向股东分配利润，但并不存在该五年连续盈利且符合《公司法》规定的分配利润条件的事实，故周某等11人的诉讼请求缺乏事实依据，不予支持。

二审法院认为，根据税务机关出具的纳税证明、完税证明和纳税申报材料可以证明鸿某公司在2012年、2013年度没有产生企业所得税，鸿某公司不可能产生税后利润。因此，虽然鸿某公司在2009年至2014年连续五年没有向股东分配利润，但鸿某公司在该五年内并没有连续盈利。故判决驳回上诉，维持原判。

再审认为，周某等11人以鸿某公司连续5年盈利却不分配利润为由诉请鸿某公司回购股权的条件不成立，维持原判。

二、法律分析

（一）关键法条

《公司法》（2013年修订）

第七十四条 有下列情形之一的，对股东会该项决议投反对票的股东可以请求公司按照合理的价格收购其股权：

（一）公司连续五年不向股东分配利润，而公司该五年连续盈利，并且符合本法规定的分配利润条件的；

（二）公司合并、分立、转让主要财产的；

（三）公司章程规定的营业期限届满或者章程规定的其他解散事由出现，股东会会议通过决议修改章程使公司存续的。

自股东会会议决议通过之日起六十日内，股东与公司不能达成股权收购协议的，股东可以自股东会会议决议通过之日起九十日内向人民法院提起诉讼。

第一百四十二条 公司不得收购本公司股份。但是，有下列情形之一的除外：

（一）减少公司注册资本；

（二）与持有本公司股份的其他公司合并；

（三）将股份奖励给本公司职工；

（四）股东因对股东大会作出的公司合并、分立决议持异议，要求公司收购其股份的。

公司因前款第（一）项至第（三）项的原因收购本公司股份的，应当经股东大会决议。公司依照前款规定收购本公司股份后，属于第（一）项情形的，应当自收购之日起十日内注销；属于第（二）项、第（四）项情形的，应当在六个月内转让或者注销。

公司依照第一款第（三）项规定收购的本公司股份，不得超过本公司已发行股份总额的百分之五；用于收购的资金应当从公司的税后利润中支出；所收购的股份应当在一年内转让给职工。

公司不得接受本公司的股票作为质押权的标的。

（二）要点简析

1. 有限责任公司的股权回购条件

有限责任公司具有较强的“人合性”。《公司法》允许有限责任公司股权回购。

有限责任公司股东的股权回购请求权是指异议股东在出现法律规定的某些特殊情况下，有权要求公司对其出资的股权予以收购。股权回购是中小股东的一项法定权益。股权回购请求权可以有效保护中小股东的合法权益，确保异议股东的退出，实现公司持续稳定经营。

根据《公司法》第七十四条，对有限责任公司而言，在三种情况下股东不满股东会决议可以请求公司回购股东股权：

一是公司连续五年不向股东分配利润，而公司该五年连续盈利，并且符合本法规定的分配利润条件的；二是公司合并、分立、转让主要财产的；

三是公司章程规定的营业期限届满或者章程规定的其他解散事由出现，股东会会议通过决议修改章程使公司存续的。《公司法》（2023 年修订）第八十九条补充规定，公司的控股股东滥用股东权利，严重损害公司或者其他股东利益的，其他股东有权请求公司按照合理的价格收购其股权。

2. 股份有限公司的股份回购条件

股份回购是指公司按一定的程序购回发行或流通在外的本公司股份的行为。《公司法》明确规定股份有限公司只有下列四种情形收购本公司股份：减少公司注册资本；与持有本公司股份的其他公司合并；将股份奖励给本公司职工；股东因对股东大会作出的公司合并、分立决议持异议，要求公司收购其股份的。

股份有限公司具有“资合性”。公司限制股份有限公司的股份回购主要原因有两点：一是股份有限公司是法人，它和股东在法律上是两个完全不同的主体，公司如收购本公司的股份，意味着它变成了自己公司的股东，使公司具有双重身份，这会给公司带来一系列的问题，并使公司和其他股东的利益平衡受到破坏，导致侵犯其他股东的权益。二是股份有限公司必须实行股本充实原则，亦称股本维持原则，即公司在整个存续期间必须经常维持与已发行股本总额相当的现实财产，而股份有限公司收购本公司的股份则违背了股本充实原则，因为它必然会造成公司现实财产的减少，可能导致侵犯债权人权益的后果。

三、防范要点

1. 股权回购应符合决策程序要求

《公司法》对股份有限公司股权回购的决策程序做了明文规定，即应当经股东大会决议。而对有限责任公司股权回购，仅规定自股东会会议决议通过之日起六十日内，股东与公司不能达成股权收购协议的，股东可以自股东会会议决议通过之日起九十日内向人民法院提起诉讼，即异议股东的股权回购权行使包括协议回购和诉讼回购，但对回购的决策程序没有明确规定。通常而言股权回购对公司、其他股东以及公司债权人都会产生较大影响，因此回购一般须经董事会审议、股东会多数表决通过。

2. 股权回购后应及时处置

《公司法》对股份有限公司股份回购后的处置程序做了明确规定，分别针对公司回购股份的不同情形，设置了相应的处置程序。减少公司注册资本应当自收购之日起十日内注销；与持有本公司股份的其他公司合并或者股东因对股东大会做出的公司合并、分立决议持异议，要求公司收购其股份的，应当在六个月内转让或者注销；将股份奖励给本公司职工的不得超过本公司已发行股份总额的百分之五；用于收购的资金应当从公司的税后利润中支出；所收购的股份应当在一年内转让给职工。

《公司法》对有限责任公司股权回购后的处置没有明确规定。公司应该就股权注销进行减资还是转让给其他股东等，及时做出决策。《公司法》（2023 年修订）第八十九条进行了完善，公司因本条第一款、第三款规定的情形收购的本公司股权，应当在六个月内依法转让或者注销。

第五节　未尽责披露转让股权可撤销或变更

一、参考案例

案例　采用欺诈手段订立股权转让合同，应予以撤销

案号：（2019）吉 01 民终 3488 号

2018 年 1 月，被告何某找到原告史某，声称其经营的华某能源售电有限公司发展前景好，经营效益一直都很高。被告需要投资人，可以转让公司的部分股权。2018 年 1 月 9 日被告与原告签订《股权转让协议》，约定股权转让份额为2%，股权转让价款10万元。被告承诺聘任原告为公司总经理，参与公司的经营与管理，并按月分取红利。2018年1月8日，原告为发展公司业务需要租赁办公室，并进行了装修。办公室装修好后，华某能源售电有限公司使用了半年后，便搬离租赁房屋。2018年6月25日，华某能源售电有限公司向原告出具欠条，欠款内容为装修费44549元，还款期限为2018年年底之前。现原告认为与被告之间签订的《股权转让协议》及补充协议存在欺诈，向一审法院起诉请求：判令撤销双方签订的协议，判令被告将10万元股权转让款返还给原告。

一审法院认为，原、被告签订的《股权转让协议》及《股权转让协议之补充协议》合法有效。股权转让金额没有登记，所有股东没有履行出资义务，公司注册地址是被告虚拟的，被告及其公司从原告为其提供租赁地突然搬离，公司没有任何经营业绩，被告何某在公司经营前景问题及承诺聘任原告史某担任经理实际经营管理公司问题上，采用欺诈手段，使原告史某在违背真实意思的情况下订立合同，这两份协议应予以撤销。判决撤销原、被告于2018年1月9日签订的《股权转让协议》及补充协议；被告将10万元股权转让款返还给原告。

何某上诉称，2005年10月27日修订生效的《公司法》对设立公司规定了认缴制度，因此，现涉案公司股东对公司的出资额均为认缴，股东于2038年3月10日仍未完成缴纳义务的，才属于没有履行出资义务。

二审法院认为，注册资本是公司最基本的资产，确定和维持公司一定数额的资本，对于奠定公司的债务清偿能力、保障债权人利益和交易安全具有重要价值。在所有股东未交纳出资的情况下，以现金买入股份成为案涉公司股东的史某将承担较大的风险。从现有查证看，案涉公司未有资金往来及相关收益的凭证，难以证明公司进行了实质经营。何某在转让股权时对目标公司的股东出资情况、经营状态等事项未进行充分披露，且存在让史某上班的承诺，这些欺诈手段导致史某在违背真实意思的情况下签订《股权转让协议》及补充协议，这两份协议应予以撤销。判决驳回上诉，维持原判。

二、法律分析

（一）关键法条

《民法典》

第一百四十六条　行为人与相对人以虚假的意思表示实施的民事法律行为无效。

以虚假的意思表示隐藏的民事法律行为的效力，依照有关法律规定处理。

第一百四十七条　基于重大误解实施的民事法律行为，行为人有权请求人民法院或者仲裁机构予以撤销。

第一百四十八条　一方以欺诈手段，使对方在违背真实意思的情况下实施的民事法律行为，受欺诈方有权请求人民法院或者仲裁机构予以撤销。

第一百四十九条　第三人实施欺诈行为，使一方在违背真实意思的情况下实施的民事法律行为，对方知道或者应当知道该欺诈行为的，受欺诈方有权请求人民法院或者仲裁机构予以撤销。

第一百五十条　一方或者第三人以胁迫手段，使对方在违背真实意思的情况下实施的民事法律行为，受胁迫方有权请求人民法院或者仲裁机构予以撤销。

第一百五十一条　一方利用对方处于危困状态、缺乏判断能力等情形，致使民事法律行为成立时显失公平的，受损害方有权请求人民法院或者仲裁机构予以撤销。

第一百五十三条　违反法律、行政法规的强制性规定的民事法律行为无效。但是，该强制性规定不导致该民事法律行为无效的除外。

违背公序良俗的民事法律行为无效。

第一百五十四条　行为人与相对人恶意串通，损害他人合法权益的民事法律行为无效。

（二）要点简析

以欺诈、胁迫的手段订立合同损害国家利益的，合同无效。以欺诈、胁迫的手段订立合同但不损害国家利益的，当事人一方有权主张因重大误解请求人民法院或者仲裁机构变更或者撤销已订立的合同。

本节案例中，在所有股东未交纳出资的情况下，被告说服原告以现金买入股份成为案涉公司股东，原告将承担较大的风险。被告作为出让方，在转让股权时对目标公司的股东出资情况、经营状态等事项未进行充分披露，且存在让原告到目标公司上班的承诺，这些欺诈手段，导致原告在违背真实意思的情况下签订的《股权转让协议》及补充协议，原告有权请求人民法院或者仲裁机构变更或者撤销。

按照《公司法》（2023 年修订）第四十条规定，公司应当通过国家企业信用信息公示系统对实缴出资额进行公示。若转让方已经如实对认缴出资额进行公示的，受让方不得以不知注册资本实缴情况进行抗辩。根据第八十八条规定，出资义务由受让人承担，转让人对受让人未按期缴纳的出资承担补充责任。但是，如果因转让方未如实公示，导致受让方不知道且不应当知道实缴出资情况的，属于欺诈，受让人有权撤销合同。

三、防范要点

股权转让中信息披露义务并非法定义务，但如果股权转让合同中约定了转让方向受让方披露目标公司资产负债情况等信息的合同条款；或者没有约定转让方的信息披露义务，但是转让方刻意隐瞒真实情况，以欺诈的手段致使受让方在重大误解的情况下订立合同，则该股权转让可能被撤销。因此，虽然法律信息披露义务不是股权转让过程中转让方应尽的法定义务，但该项义务在股权转让实践中已普遍存在，转让方应当遵守诚实信用原则，尽量避免披露义务履行瑕疵，受让方亦应当履行审慎审查义务，以维护股权转让交易安全与稳定。

第四章

公司运营风险

第一节　过10%股权的股东有权召集股东会

一、参考案例

案例1 持有公司十分之一以上股权的股东有权召集股东会

案号：（2023）新01民终1672号

华某源公司成立于2005年8月26日，注册资本50万元。股东分别为原告任某煜和被告任某蕊。任某蕊为该公司法定代表人。2005年8月22日，任某煜、任某蕊共同商议并一致通过华某源公司章程。2022年3月15日，任某煜在华某源公司办公室主持召开了华某源公司股东会会议并做出决议：将公司法定代表人由任某蕊变更为任某煜。股东任某蕊未到会，该股东会决议由任某煜签字。后任某煜以任某蕊不配合办理变更法定代表人为由诉至法院。

一审法院认为，任某煜的诉讼请求为要求华某源公司及任某蕊办理公司的工商变更登记手续，即变更任某煜为华某源公司的法定代表人。该事由的变更都是基于2022年3月15日召开的股东会决议的内容，故争议焦点为：任某煜作为华某源公司的股东，带头召集的临时股东会会议程序是否合法、该股东会决议内容是否产生法律效力。《公司法》第三十九条规定："股东会会议分为定期会议和临时会议。定期会议应当依照公司章程的规定按时召开。代表十分之一以上表决权的股东，三分之一以上的董事，监事会或者不设监事会的公司的监事提议召开临时会议的，应当召开临时会议。"第四十条规定："有限责任公司设立董事会的，股东会会议由董事会召集，董事长主持；董事长不能履行职务或者不履行职务的，由副董事长主持；副董事长不能履行职务或者不履行职务的，由半数以上董事共同推举一名董事主持。有限责任公司不设董事会的，股东会会议由执行董事召集和主持。董事会或者执行董事不能履行或者不履行召集股东会会议职责的，由监事会或者不设监事会的公司的监事召集和主持；监事会或者监事不召集和主持的，代表十分之一以上表决权的股东可以自行召集和主持。”第四十一条规定：“召开股东会会议，应当于会议召开十五日前通知全体股东；但是，公司章程另有规定或者全体股东另有约定的除外。股东会应当对所议事项的决定做成会议记录，出席会议的股东应当在会议记录上签名。”根据上述法律规定，本案中，华某源公司有两名股东，任某煜占股 60%，任某蕊占股 40%，二人均有权提议召开临时股东会议。任某煜按照公司章程，提前 15 天提议召开临时股东会议，并以特快专递形式通知了任某蕊；任某蕊也提前 15 天签收该通知，并未如期参加会议，仅任某煜一人参加，并做出决议。该决议的召集程序、表决方式并不违背法律、行政法规，决议内容亦不违反公司章程，应为有效决议，对全体股东具有约束力，依法予以确认。任某蕊作为华某源公司法定代表人及公司股东之一应当按照股东会决议的内容履行办理法定代表人变更登记的协助配合义务，故任某煜要求华某源公司办理变更公司法定代表人的变更登记手续，任某蕊履行协助配合义务的诉讼请求，合法有据，予以支持。

二审驳回上诉，维持原判。

案例 2　公司重要决议须经出席会议的股东所持表决权三分之二以上通过

案号：（2023）京 02 民终 6278 号

艾某嘉公司成立于 2019 年 7 月 8 日，公司注册资本为 1000 万元，其中股东银某尼工业开发股份有限公司（以下简称银某尼公司）持股比例为 95%，股东黄某祥持股比例为 5%，现工商登记显示法定代表人为黄某祥。艾某嘉公司章程显示：股东会选举和更换非由职工代表担任的执行董事、监事；执行董事不能履行或者不履行召集股东会会议职责的，由监事召集和主持；监事不召集和主持，由代表十分之一以上表决权的股东可以自行召集和主持；执行董事为公司的法定代表人。2021 年 11 月 24 日，艾某嘉公司通知股东黄某祥召开股东会，股东会时间为 2022 年 1 月 6 日。2022 年 1 月 6 日，艾某嘉公司做出股东会决议，选举曹某强先生担任艾某嘉公司的执行董事，按照公司登记机关的规定办理相关登记变更手续。股东签章处银某尼公司盖章确认。

一审法院认为，公司作为独立的法人，应当遵照《公司法》进行经营活动。公司的合并、分立、解散或者变更法定代表人属于公司的重要决议，必须经出席会议的股东所持表决权的三分之二以上通过，本案中，艾某嘉公司于 2022 年 1 月 6 日召开了股东会，程序并没有违法，且股东银某尼公司所持公司股权为 95%，达到股东所持表决权的三分之二以上，因此该股东会的决议有效，公司执行董事由黄某祥变更为曹某强，且按照公司章程规定，执行董事应为公司法定代表人，因此公司法定代表人应为曹某强。现艾某嘉公司主张的公章、营业执照等均属于公司财物，黄某祥已被免除公司职务，其理应向艾某嘉公司返还相应原物。故对于艾某嘉公司要求黄某祥返还公司营业执照（正副本）原件、公章、财务章、合同专用章、税务登记证、财务资料的诉讼请求合法有据，且黄某祥一审当庭认可其占有了上述财物，故对艾某嘉公司的该项诉讼请求一审法院依法予以支持。

二审驳回上诉，维持原判。

案例 3 代表十分之一以上表决权的股东有权提议召开股东会

案号：（2019）吉 04 民终 97 号

源某公司成立于 2010 年 6 月 18 日，法定代表人为刘某。公司章程第十二条第二项规定："股东会的首次会议由出资额最多的股东召集和主持，代表十分之一以上表决权的股东，三分之一以上的董事或者监事可以提议召开临时会议。”

2015 年 1 月 20 日，源某公司决定注册资本变更为 1.5 亿元，王某认缴 1.467 亿元，占注册资本的 97.8%，刘某认缴 330 万元，占注册资本的 2.2%。因法定代表人刘某怠于履行职务，作为持有公司十分之一以上股权的股东王某提议召开临时会议并形成决议，免去刘某法定代表人、执行董事及经理的职务；选举王某为公司法定代表人；选举刘某为公司监事等。王某向一审法院起诉请求确认源某公司于 2018 年 1 月 27 日形成的股东会决议合法有效，判令源某公司、刘某配合王某办理法定代表人的变更手续，刘某交出营业执照和公章。

一审法院认为：王某作为源某公司持有 97.8% 股权的股东，依据公司章程及《公司法》规定，有权召集股东会。王某在会议召开前十五日，通过向刘某手机发送短信及在源某公司门外张贴通知方式，向刘某送达会议通知，且庭审中刘某自认此手机号码一直为其所用，故一审法院认定王某的会议通知义务履行到位。判决确认源某公司于 2018 年 1 月 27 日做出的股东会决议合法有效；源某公司于判决发生法律效力之日起十日内向公司登记机关办理变更登记，刘某应协助办理上述变更登记手续。

二审驳回上诉，维持原判。

二、法律分析

（一）关键法条

《公司法》

第二十二条　公司股东会或者股东大会、董事会的决议内容违反法律、行政法规的无效。

股东会或者股东大会、董事会的会议召集程序、表决方式违反法律、行政法规或者公司章程，或者决议内容违反公司章程的，股东可以自决议作出之日起六十日内，请求人民法院撤销。

股东依照前款规定提起诉讼的，人民法院可以应公司的请求，要求股东提供相应担保。

公司根据股东会或者股东大会、董事会决议已办理变更登记的，人民法院宣告该决议无效或者撤销该决议后，公司应当向公司登记机关申请撤销变更登记。

第四十条 有限责任公司设立董事会的，股东会会议由董事会召集，董事长主持；董事长不能履行职务或者不履行职务的，由副董事长主持；副董事长不能履行职务或者不履行职务的，由半数以上董事共同推举一名董事主持。

有限责任公司不设董事会的，股东会会议由执行董事召集和主持。

董事会或者执行董事不能履行或者不履行召集股东会会议职责的，由监事会或者不设监事会的公司的监事召集和主持；监事会或者监事不召集和主持的，代表十分之一以上表决权的股东可以自行召集和主持。

第四十一条 召开股东会会议，应当于会议召开十五日前通知全体股东；但是，公司章程另有规定或者全体股东另有约定的除外。

股东会应当对所议事项的决定做成会议记录，出席会议的股东应当在会议记录上签名。

第四十三条 股东会的议事方式和表决程序，除本法有规定的外，由公司章程规定。

股东会会议作出修改公司章程、增加或者减少注册资本的决议，以及公司合并、分立、解散或者变更公司形式的决议，必须经代表三分之二以上表决权的股东通过。

（二）要点简析

1. 有限责任公司股东会的召集权

根据《公司法》第四十条规定，董事会或者执行董事不能履行或者不履行召集股东会会议职责的，由监事会或者不设监事会的公司的监事召集和主持；监事会或者监事不召集和主持的，代表十分之一以上表决权的股东可以自行召集和主持。案例 3 中，原告持有 97.8% 股权，不仅享有召开临时股东会会议的提议权，同时还有权在执行董事不予召集股东会会议的情况下自行召集。

2. 召开股东会会议应履行通知义务

根据《公司法》第四十一条规定，召开股东会会议，应当于会议召开十五日前通知全体股东。公司章程另有规定或者全体股东另有约定，从其约定。案例 3 中，原告举证证明了其在会议召开十五日前履行了通知义务，虽然被告未到会，但股东会会议通知程序合法。

3. 股东会决议的效力

股东会是有限责任公司的最高权力机关。股东会决议是股东会就公司事项通过的议案。对公司一般事项做出的决议，如有限责任公司的股东向股东以外的人转让股权；任免董事、监察人、审计员或清算人，确定其报酬；分派公司盈余及股息、红利；对董事、监察人提起诉讼，一般要求过半数同意即可。只要求有代表已发行股份总数过半数的股东出席，以出席股东表决权的过半数同意即可。但是有限责任公司的股东会会议做出修改公司章程、增加或者减少注册资本的决议，以及公司合并、分立、解散或者变更公司形式的决议，必须经代表三分之二以上表决权的股东通过；股份有限公司缔结、变更或终止关于转让或出租公司财产或营业以及受让他人财产或营业的合同；公司转化、合并或解散等一般要有代表发行股份总数三分之二或四分之三的股东出席，并以出席股东表决权的过半数或四分之三通过。

股东会议决议程序违法或违反章程，股东于决议通过之日起一定期限内，可诉请法院撤销该决议。决议的内容违法时，该决议即归无效。

三、防范要点

董事会决议如果存在瑕疵，股东可以请求人民法院予以撤销。特别要注意的是，股东请求撤销股东会决议、董事会决议有期限限制。《公司法》为了促使利害关系方尽早行使权利，使法律关系恢复稳定的状态，特别限制了股东撤销权的行使期限，股东请求撤销股东会决议、董事会决议的限制期间为60日，起算时间为决议做出之日。虽然存在股东会会议没有通知某些股东等原因，致使股东不知情从而错过60日的情形，但《公司法》第二十二条关于这一期间是刚性的规定，是一个除斥期间，不能发生中断或延长。因此股东一定要注意及时行使权利，维护自己的利益。如公司各方利益分化比较严重，只有自身时刻主动了解公司情况，尽量避免此种情形发生。

第二节　有限公司和股份公司的知情权差异

一、参考案例

案例1　名册上登记的股东才享有股东知情权

案号：（2018）粤03民终16270号

深某市市场监督管理局商事主体登记及备案信息查询单显示，鹏某公司于2006年6月27日成立，类型为有限责任公司。陈某于2018年1月10日通过邮政快递方式向鹏某公司住所地邮寄《关于查阅复制公司会计账簿等资料的申请书》，要求查阅、复制自2006年6月27日至2017年12月31日的公司章程、股东会会议记录、董事会会议决议、监事会会议决议和财务会计报告。该邮寄查询单显示他人签收。鹏某公司称其未收到上述邮件。

一审法院认为，根据工商登记信息查询单显示，鹏某公司的登记股东为华某丰盛合伙企业、黄某翠、胡某玲，陈某非鹏某公司的股东。故陈某不是股东知情权的行使主体，不是适格的当事人。陈某提起股东知情权诉讼，缺乏法律依据，一审法院依法驳回裁定陈某的起诉。

二审驳回上诉，维持原裁定。

案例 2　显名股东的知情权不包括查阅董事会记录，且股份有限公司股东对备查文件的查阅不应包括复制

案号：（2019）鄂 01 民终 2023 号

迪某公司是在全国中小企业股份转让系统挂牌的非上市公众公司，捷某公司是迪某公司的股东。2018 年 9 月 6 日，迪某公司召开第二届董事会第七次会议，会议审议并通过了关于选举董事长、聘任总经理副总经理、追认某电网设备采购合作框架合同、追认股东徐某质押股票为公司担保、追认公司向股东徐某借款等议案，并于 2018 年 9 月 10 日公告了所审议议案的审议及通过情况，以及备查文件目录。

2018 年 9 月 29 日，捷某公司向迪某公司递交《查阅复制申请书》，要求迪某公司提供自 2018 年 6 月 15 日至 2018 年 9 月 29 日的董事会和股东会会议通知、董事会会议记录及决议、股东会会议记录及决议、某电网设备采购合作框架合同、《股权质押合同》等供捷某公司查阅、复制。2018 年 10 月 10 日，迪某公司书面答复同意捷某公司查阅、复制董事会和股东会会议通知、董事会会议决议、股东会会议决议，但认为捷某公司要求查阅、复制的某电网设备采购合作框架合同、《股权质押合同》、《证券质押登记证明》涉及其商业机密，董事会会议记录则不属于《公司法》规定的查阅、复制范围，拒绝向捷某公司提供上述文件。双方纠纷遂起。

一审法院认为，备查文件是公告列明的可供公众查阅的文件，与会计账簿的性质不同，对上述备查文件的查阅应包括复制的含义。董事会会议

记录并非股东知情权的范围。判决迪某公司向捷某公司提供公告列出的备查文件以供查阅、复制。

迪某公司上诉主张对备查文件的查阅不应包括复制。《公司法》规定了股东享有的权利包括查阅和复制，因此捷某公司享有查阅和复制的权利。

二审法院认为，股份有限公司股东对备查文件的查阅不应包括复制。故本院对迪某公司主张查阅备查文件不应包括复制的上诉意见予以支持。改判迪某公司在其住所将公告列出的备查文件提供给捷某公司以供查阅。

案例 3 股东知情权包括请中介机构执业人员辅助进行查阅、复制

案号:（2019）粤 18 民终 1939 号

通某公司成立于 1992 年 12 月 31 日，企业性质为非上市、国有控股的股份有限公司。连某供电局持有通某公司案涉股份，并于 2004 年 11 月 5 日将其交由清远市股权托管中心托管。连某供电局为执行国资委关于清理和处置低效无效资产的要求，就其持有案涉股份的评估拍卖事宜，多次与通某公司协调并要求其提供相关资料，以便连某供电局开展股权清资核算等工作。双方因查阅资料范围产生纠纷，连某供电局诉至法院。

一审法院认为，通某公司系股份有限公司，连某供电局作为通某公司的股东，要求查阅公司包括公司章程、股东名册、公司债券存根、股东大会会议记录、董事会会议决议、监事会会议决议、财务会计报告，符合法律规定，予以准许。判决通某公司将 2015 年至 2017 年的公司章程、股东名册、公司债券存根、股东大会会议记录、董事会会议决议、监事会会议决议、财务会计报告置于通某公司办公场所内供连某供电局在会计师、律师等依法或者依据执业行为规范负有保密义务的中介机构执业人员辅助进行查阅、摘录。

二审法院认为，通某公司的公司章程、股东名册、公司债券存根、股东大会会议记录、董事会会议决议、监事会会议决议、财务会计报告等，是公司应当制作保存并向股东公开的文件资料。连某供电局不仅可以查阅

相关资料，也有权复制。改判通某股份有限公司将案涉文件置于通某股份有限公司办公场所内，供连某供电局在会计师、律师等依法或者依据执业行为规范负有保密义务的中介机构执业人员辅助进行查阅、复制。

二、法律分析

（一）关键法条

1.《公司法》

第三十三条　股东有权查阅、复制公司章程、股东会会议记录、董事会会议决议、监事会会议决议和财务会计报告。

股东可以要求查阅公司会计账簿。股东要求查阅公司会计账簿的，应当向公司提出书面请求，说明目的。公司有合理根据认为股东查阅会计账簿有不正当目的，可能损害公司合法利益的，可以拒绝提供查阅，并应当自股东提出书面请求之日起十五日内书面答复股东并说明理由。公司拒绝提供查阅的，股东可以请求人民法院要求公司提供查阅。

第九十七条　股东有权查阅公司章程、股东名册、公司债券存根、股东大会会议记录、董事会会议决议、监事会会议决议、财务会计报告，对公司的经营提出建议或者质询。

第一百六十五条　有限责任公司应当依照公司章程规定的期限将财务会计报告送交各股东。

股份有限公司的财务会计报告应当在召开股东大会年会的二十日前置备于本公司，供股东查阅；公开发行股票的股份有限公司必须公告其财务会计报告。

2.《最高人民法院关于适用〈中华人民共和国公司法〉若干问题的规定（四）》

第七条　股东依据公司法第三十三条、第九十七条或者公司章程的规定，起诉请求查阅或者复制公司特定文件材料的，人民法院应当依法予以受理。

公司有证据证明前款规定的原告在起诉时不具有公司股东资格的，人民法院应当驳回起诉，但原告有初步证据证明在持股期间其合法权益受到损害，请求依法查阅或者复制其持股期间的公司特定文件材料的除外。

第十条 人民法院审理股东请求查阅或者复制公司特定文件材料的案件，对原告诉讼请求予以支持的，应当在判决中明确查阅或者复制公司特定文件材料的时间、地点和特定文件材料的名录。

股东依据人民法院生效判决查阅公司文件材料的，在该股东在场的情况下，可以由会计师、律师等依法或者依据执业行为规范负有保密义务的中介机构执业人员辅助进行。

第十一条 股东行使知情权后泄露公司商业秘密导致公司合法利益受到损害，公司请求该股东赔偿相关损失的，人民法院应当予以支持。

根据本规定第十条辅助股东查阅公司文件材料的会计师、律师等泄露公司商业秘密导致公司合法利益受到损害，公司请求其赔偿相关损失的，人民法院应当予以支持。

3.《非上市公众公司监督管理办法》（2012 年 9 月 28 日中国证券监督管理委员会第 17 次主席办公会议审议通过，2023 年 2 月 17 日中国证券监督管理委员第 2 次委员会议修订）

第三十二条 公司及其他信息披露义务人应当将信息披露公告文稿和相关备查文件置备于公司住所、全国股转系统（如适用）供社会公众查阅。

（二）要点简析

1. 有限责任公司和股份有限公司股东知情权内容不同

股东知情权是指法律赋予股东通过查阅公司的财务会计报告、会计账簿等有关公司经营、管理、决策的相关资料，实现了解公司的经营状况和监督公司高管人员活动的权利。股东查阅公司文件及档案资料是股东知情权的重要内容，是股东基本、固有的权利，是股东行使其他权利的前提和基础。

有限责任公司股东知情权的内容包括查阅、复制公司章程、股东会会议记录、董事会会议决议、监事会会议决议和财务会计报告；查阅公司会计账簿。

股份有限公司的股东知情权的内容包括查阅公司章程、股东名册、公司债券存根、股东大会会议记录、董事会会议决议、监事会会议决议、财务会计报告，对公司的经营提出建议或者质询。

2. 有限责任公司、股份有限公司股东知情权中的查阅和复制权利有区别

《公司法》对股东知情权中查阅和复制的权利，以及有限责任公司、股份有限公司股东知情权是否包含复制的权利做了明确的区分，《公司法》对股份有限公司股东仅规定了查阅相关文件的权利，并未规定复制的权利。

关于股份制公司股东知情权是否包括复制的权利，《非上市公众公司监督管理办法》第三十二条规定“公司及其他信息披露义务人应当将信息披露公告文稿和相关备查文件置备于公司住所、全国股转系统（如适用）供社会公众查阅”。而《最高人民法院关于适用〈中华人民共和国公司法〉若干问题的规定（四）》第七条又规定，股东依据公司法第三十三条、第九十七条或者公司章程的规定，起诉请求查阅或者复制公司特定文件材料的，人民法院应当依法予以受理。

鉴于此，本节案例 2、案例 3 的裁判思路也有所不同。案例 3 的一审法院为保证公司资料的完整与安全，在支持原告查阅文件的同时，要求查阅应在公司的办公场所内进行；在查阅资料过程中，为理解、分析资料内容准许对资料进行部分摘录，也有权在股东在场的情况下，由会计师、律师等依法或者依据执业行为规范负有保密义务的中介机构执业人员辅助进行。但二审法院认为，虽然《公司法》第九十七条文字表述上没有明确股东可以复制相关资料，但《最高人民法院关于适用〈中华人民共和国公司法〉若干问题的规定（四）》第七条明确赋予了股东复制资料的权利，因此，原告不仅可以查阅相关资料，也有权复制。

三、防范要点

（一）清晰股东知情权的内容和范围

无论是有限责任公司还是股份有限公司，关于董事会会议的股东知情权均表述为“董事会会议决议”而非“董事会会议记录”，而对股东会的知情权则表述为“股东会会议记录”。因此，实际操作时务必清楚董事会会议记录与董事会决议不同，董事会会议记录不属于股东知情权的范围。

（二）董事会会议应形成会议记录，对决定性意见形成决议

根据《公司法》的规定，有限责任公司或股份有限公司在召开董事会会议时，应就会议情况做出会议记录。该记录应由出席董事会的董事签字，并由公司存档保存。董事会会议的纪录可以分为三类：一是决定性意见，即对相关议题做出决定；二是指导性意见，即对相关议题所述事项的执行提供指导性意见；三是其他类型的意见，如对公司经营层的奖惩意见等。对于董事会会议的决定性意见一般应以董事会决议的形式体现。对于不需要进行决议的事项，其决定性意见也应在记录中记载。同时，董事会会议记录还应记载会议对相关议题的指导性意见，形成会议纪要。

第三节　法人人格混同将导致法人人格否认

一、参考案例

案例　法人人格混同承担连带责任而非共同责任

案号：（2019）内 04 民终 2220 号

2011 年至 2012 年期间，浩某公司向被告圆某公司供货，货款 2272360 元由圆某公司付清，浩某公司为圆某公司出具增值税专用发票。浩某公司

注销后又成立了原告丰某公司继续供货，由安某公司和圆某公司的工作人员马某出具入库单。圆某公司认可与丰某公司存在买卖合同关系，认可马某系其公司的工作人员，由安某公司为其缴纳社保费。2013 年 12 月 12 日至 2015 年 8 月 11 日，丰某公司继续供货，由马某出具入库单，丰某公司供货货款合计 2255538.45 元，包括税款在内为圆某公司开具 267 万元的增值税专用发票。因圆某公司一直未支付此款项，丰某公司诉至法院请求判令圆某公司和安某公司连带给付电力设备货款人民币 267 万元及利息。

一审法院认为，二被告公司的原始股东均为原农电局的在职职工，包括马某在内的人员亦是服从原农电局的调动。二公司在注册时公司地址一致；经营范围基本一致，一为电力设备销售等，二为电力设备安装调控等；固定电话号码一致；人员亦存在混同，公司高管存在交叉任职，与圆某公司交易形成的入库单中签字的马某在安某公司缴纳社会保险；货物一直由马某接收，打款由圆某公司打款，在诉讼中亦不能提供完整的与原告的交易入库单、打款凭证等证据。圆某公司却称不能提供公司财务账目，不能举证证明该二公司的公司财务独立。一审法院确认二被告之间业务、财产混同，根据诚实信用原则应共同承担还款责任。判决被告安某公司及被告圆某公司给付原告丰某公司尾欠的货款 267 万元及利息。

二审法院认为，安某公司与圆某公司之间存在公司人格混同，应当就案涉债务依法承担连带偿还责任。一审法院判令承担共同责任适用法律错误，本院予以纠正。改判被告圆某公司给付丰某公司尾欠的货款 2438980 元及利息，被告安某公司承担连带给付责任。

二、法律分析

（一）关键法条

1.《公司法》

第二十条　公司股东应当遵守法律、行政法规和公司章程，依法行使股东权利，不得滥用股东权利损害公司或者其他股东的利益；不得滥用公司法人独立地位和股东有限责任损害公司债权人的利益。

公司股东滥用股东权利给公司或者其他股东造成损失的，应当依法承担赔偿责任。

公司股东滥用公司法人独立地位和股东有限责任，逃避债务，严重损害公司债权人利益的，应当对公司债务承担连带责任。

第一百四十八条 董事、高级管理人员不得有下列行为：

（一）挪用公司资金；

（二）将公司资金以其个人名义或者以其他个人名义开立账户存储；

（三）违反公司章程的规定，未经股东会、股东大会或者董事会同意，将公司资金借贷给他人或者以公司财产为他人提供担保；

（四）违反公司章程的规定或者未经股东会、股东大会同意，与本公司订立合同或者进行交易；

（五）未经股东会或者股东大会同意，利用职务便利为自己或者他人谋取属于公司的商业机会，自营或者为他人经营与所任职公司同类的业务；

（六）接受他人与公司交易的佣金归为己有；

（七）擅自披露公司秘密；

（八）违反对公司忠实义务的其他行为。

董事、高级管理人员违反前款规定所得的收入应当归公司所有。

2.《中华人民共和国企业所得税法实施条例》

自2008年1月1日起施行。

第一百零九条 企业所得税法第四十一条所称关联方，是指与企业有下列关联关系之一的企业、其他组织或者个人：

（一）在资金、经营、购销等方面存在直接或者间接的控制关系；

（二）直接或者间接地同为第三者控制；

（三）在利益上具有相关联的其他关系。

3.《全国法院民商事审判工作会议纪要》

11.**【过度支配与控制】**公司控制股东对公司过度支配与控制，操纵公司的决策过程，使公司完全丧失独立性，沦为控制股东的工具或躯壳，严重损害公司债权人利益，应当否认公司人格，由滥用控制权的股东对公司债务承担连带责任。实践中常见的情形包括：

（1）母子公司之间或者子公司之间进行利益输送的；

（2）母子公司或者子公司之间进行交易，收益归一方，损失却由另一方承担的；

（3）先从原公司抽走资金，然后再成立经营目的相同或者类似的公司，逃避原公司债务的；

（4）先解散公司，再以原公司场所、设备、人员及相同或者相似的经营目的另设公司，逃避原公司债务的；

（5）过度支配与控制的其他情形。

控制股东或实际控制人控制多个子公司或者关联公司，滥用控制权使多个子公司或者关联公司财产边界不清、财务混同，利益相互输送，丧失人格独立性，沦为控制股东逃避债务、非法经营，甚至违法犯罪工具的，可以综合案件事实，否认子公司或者关联公司法人人格，判令承担连带责任。

（二）要点简析

1. 法人人格混同的判定

公司法人人格混同是指在形式上具有法人资格的公司与股东之间，或公司与公司之间，在财产、业务、人员等方面出现混同，导致公司法人丧失独立承担民事责任资格的情形。其主要表现为公司完全由其背后的股东或者公司所控制，且该种控制达到了使公司丧失独立性的程度。人格混同的公司股东与公司之间资产不分、人事交叉、业务相同，与其交易的第三人无法分清是与股东还是与公司进行交易。因此，关联公司的人员、业务、财务等方面交叉或混同，导致各自财产无法区分，丧失独立人格的，构成人格混同。

判断公司法人人格混同通常适用三个标准，即人员混同、业务混同、财产混同。根据《全国法院民商事审判工作会议纪要》第10条，认定公司人格与股东人格是否存在混同，最根本的判断标准是公司是否具有独立意思和独立财产，最主要的表现是公司的财产与股东的财产是否混同且无法区分。在认定是否构成人格混同时，应当综合考虑以下因素：

（1）股东无偿使用公司资金或者财产，不作财务记载的；

（2）股东用公司的资金偿还股东的债务，或者将公司的资金供关联公司无偿使用，不作财务记载的；

（3）公司账簿与股东账簿不分，致使公司财产与股东财产无法区分的；

（4）股东自身收益与公司盈利不加区分，致使双方利益不清的；

（5）公司的财产记载于股东名下，由股东占有、使用的；

（6）人格混同的其他情形。

在出现人格混同的情况下，往往同时出现以下混同：公司业务和股东业务混同；公司员工与股东员工混同，特别是财务人员混同；公司住所与股东住所混同。人民法院在审理案件时，关键要审查是否构成人格混同，而不要求同时具备其他方面的混同，其他方面的混同往往只是人格混同的补强。

2. 法人人格混同将导致法人人格否定

法人人格否认是指为防止法人独立人格的滥用和保护公司债权人的利益，就具体法律关系中的特定事实，否认法人的独立人格与成员的有限责任，责令法人的成员或其他相关主体对法人债权人或公共利益直接负责的一种法律制度。《公司法》第二十条规定，公司股东不得滥用公司法人独立地位和股东有限责任损害公司债权人的利益。法人人格否定是公司独立担责、股东有限责任的例外。

关于法人人格否认，《全国法院民商事审判工作会议纪要》认为：公司人格独立和股东有限责任是公司法的基本原则。否认公司独立人格，由滥用公司法人独立地位和股东有限责任的股东对公司债务承担连带责任，是股东有限责任的例外情形，旨在矫正有限责任制度在特定法律事实发生时对债权人保护的失衡现象。在审判实践中，要准确把握《公司法》第二十条第3款规定的精神。一是只有在股东实施了滥用公司法人独立地位及股东有限责任的行为，且该行为严重损害了公司债权人利益的情况下，才能适用。损害债权人利益，主要是指股东滥用权利使公司财产不足以清偿公司债权人的债权。二是只有实施了滥用法人独立地位和股东有限责任行为的股东才对公司债务承担连带清偿责任，而其他股东不应承担此责任。三是公司人格否认不是全面、彻底、永久地否定公司的法人资格，而只是在具体案件中依据特定的法律事实、法律关系，突破股东对公司债务不承担责任的一般规则，例外地判令其承担连带责任。人民法院在个案中否认公司人格的判决的既判力仅仅约束该诉讼的各方当事人，不当然适用于涉及该公司的其他诉讼，不影响公司独立法人资格的存续。如果其他债权人提起公司人格否认诉讼，已生效判决认定的事实可以作为证据使用。四是《公司法》第二十条第3款规定的滥用行为，实践中常见的情形有人格混同、过度支配与控制、资本显著不足等。在审理案件时，需要根据查明的案件事实进行综合判断，既审慎适用，又当用则用。实践中存在标准把握不严而滥用这一例外制度的现象，同时也存在因法律规定较为原则、抽象，适用难度大，而不善于适用、不敢于适用的现象，均应当引起高度重视。

由此可见，法人人格混同是导致法人人格否定的常见情形之一。

3. 被判法人人格混同的公司与股东之间承担连带责任，而非共同责任

根据《公司法》第二十条第3款，公司股东滥用公司法人独立地位和股东有限责任，逃避债务，严重损害公司债权人利益的，应当对公司债务承担连带责任。即法人人格否定的后果是承担连带责任。

如本节案例，一审法院认为，二被告之间业务、财产混同，根据诚实信用原则应共同承担还款责任。二审法院则认为，二被告之间存在公司人格混同，应当就案涉债务依法承担连带偿还责任。

4. 共同责任与连带责任的区别

共同责任是指由两个或更多的民事主体共同承担一项民事责任。连带责任指数个债务人就同一债务各负全部给付的一种责任形式，债权人可对债务人中的一人、数人或全体，同时或先后请求全部或部分给付的一种债务形式。

共同承担责任不等同于承担连带责任。共同责任是笼统地要求两个或更多的民事主体一同赔偿，但是各方共同赔偿的方式和份额没有明确，可以协商按份共同赔偿，也可以连带赔偿。而连带责任则明确了赔偿方式，即任何一方都有义务赔偿所有的损失，再内部追偿。

三、防范要点

法人人格混同的风险在于，一旦被认定为法人人格混同，公司法人的独立地位和股东有限责任将被否认，即“揭开公司面纱”。根据《全国法院民商事审判工作会议纪要》第11条，公司控制股东对公司过度支配与控制，操纵公司的决策过程，使公司完全丧失独立性，沦为控制股东的工具或躯壳，严重损害公司债权人利益，应当否认公司人格，由滥用控制权的股东对公司债务承担连带责任。因此，公司在运营过程中，应避免法人人格混同的情况，从人、财、物各方面保证公司人格的独立性。

（一）应避免母、子公司间的人格混同

由于母、子公司间存有控制与被控制的关系，子公司虽系独立的法人实体，但没有自己独立的财产，故很难保证其自身意志的独立性。据此，可从维护公平原则出发，否认子公司的法人人格，把子公司与母公司视为同一人格，由母公司直接对子公司的债务承担责任。

（二）应避免企业相互投资引起的人格混同

在企业相互持股的情况下，一方所持有的对方的一部分股份很可能就

是对方出资给自己的财产。如该部分股份达到了控股程度，那么表面上看似乎是两个相互独立的企业，但实际上已合为一体，从而产生公司与股东人格混同。

（三）应避免关联公司间的人格混同

一个股东出资组成数个公司，各个公司表面上是彼此独立的；实际上它们在财产利益、盈余分配等方面形成一体，董事、监理相互兼任，且各个公司的经营决策等权利均由投资者一人掌握，从而产生数个公司间人格混同。

第四节　一人公司也应避免法人人格混同

一、参考案例

案例　纳税分别申报仅能证明分别纳税，不能证明财产独立

案号:（2018）粤 03 民终 18275 号

威某公司为高某公司独资设立的一人有限责任公司。

2017 年 7 月 29 日，原告粤某能源公司与被告威某公司签订《购售电合同》。2017 年 10 月 20 日，被告威某公司又同案外人签订《购售电合同》，且在电力交易平台进行了注册和绑定。2017 年 11 月 6 日，粤某能源公司向威某公司邮寄《律师函》，认为威某公司在与粤某能源公司签订合同后又与其他电力交易市场主体签订委托购电协议，严重违约，要求双方协商处理继续履行或违约赔偿事宜。威某公司拒收。粤某能源公司向一审法院起诉请求威某公司赔偿粤某能源公司损失 95 万元，高某公司承担连带责任。粤某能源公司表示其诉请的损失数额 95 万元包括一年的长协收益 92 万元及一年的月度竞价收益 3 万元，并明确表示放弃月度竞价收益部分。

一审法院认为，高某公司为威某公司的唯一股东，但其所提交的证据仅能证明二者分别纳税，而不足以证实二者之间财产独立。判决威某公司赔偿粤某能源公司损失 92 万元；高某公司对威某公司的上述债务承担连带清偿责任。

二审驳回上诉，维持原判。

二、法律分析

（一）关键法条

《公司法》

第二十条 公司股东应当遵守法律、行政法规和公司章程，依法行使股东权利，不得滥用股东权利损害公司或者其他股东的利益；不得滥用公司法人独立地位和股东有限责任损害公司债权人的利益。

公司股东滥用股东权利给公司或者其他股东造成损失的，应当依法承担赔偿责任。

公司股东滥用公司法人独立地位和股东有限责任，逃避债务，严重损害公司债权人利益的，应当对公司债务承担连带责任。

第五十七条 一人有限责任公司的设立和组织机构，适用本节规定；本节没有规定的，适用本章第一节、第二节的规定。

本法所称一人有限责任公司，是指只有一个自然人股东或者一个法人股东的有限责任公司。

第五十九条 一人有限责任公司应当在公司登记中注明自然人独资或者法人独资，并在公司营业执照中载明。

第六十三条 一人有限责任公司的股东不能证明公司财产独立于股东

自己的财产的，应当对公司债务承担连带责任。

（二）要点简析

1. 一人有限责任公司人格混同的法律后果

一人有限责任公司是指只有一个自然人股东或者一个法人股东的有限责任公司。一人有限责任公司的股东不能证明公司财产独立于股东自己的财产的，应当对公司债务承担连带责任。

2. 仅分开纳税不能证明财产独立

本节案例中，威某公司、高某公司提交威某公司 2016 年企业所得税纳税申报表、2017 年年度增值税纳税申报表，高某公司 2016 年年度企业所得税汇算清缴纳税调整报告、2016 年 1 月至 10 月企业所得税月度预交纳税申报表、2017 年年度增值税纳税申报表，证明两公司财产相互独立，均是进行独立核算和纳税的企业法人，不存在财产混同。但法院认为，高某公司为威某公司的唯一股东，但其所提交的证据仅能证明二者分别纳税，而不足以证实二者之间财产独立。判决高某公司对威某公司的案涉债务承担连带清偿责任。

三、防范要点

公司之所以具有独立的人格，是以其财产和责任上独立于其出资人为前提条件和实质内容的，并因而具有了自己独立的组织机构、名称、住所、所营事业等。公司和股东彻底分离是公司取得法人独立资格的前提，也是股东有限责任原则的基础。这种分离不仅表现在公司财产和股东财产的彻底分离，而且表现为股东脱离公司的经营管理，股东的财产权和公司经营权彻底分离。公司与股东混为一体，将导致公司与股东人格差别客观上不明确，财产丧失独立，权利义务关系不明，法人丧失独立存在的根据。因此，应警惕法人人格混同导致法人人格否定，公司股东应该严格遵守公司法人制度的规定，充分保障公司的独立人格和股东的有限责任，才能实现公司制企业健康稳定的发展。

第五节　子改分后应对前债权债务承担责任

一、参考案例

案例1　子改分后新公司有权行使上划前公司的债权

案号：（2022）云0626民初404号

昭某实业有限公司成立于2006年12月25日；绥某县三某有限责任公司成立于2006年11月6日，原系昭某实业有限公司的全资子公司。2019年10月22日，绥某县三某有限责任公司改制成为昭某实业有限公司绥江分公司。原告昭某实业有限公司绥江分公司（原绥某县三某有限责任公司）与被告云南金某电器设备有限公司一直有业务往来。2018年2月13日，被告因资金紧缺向原告借款150000元，并签订《借款协议》，协议约定被告于2018年5月31日前归还该笔借款；如未在规定时间内还清借款，需承担10000元违约损失。原告于当日通过中国农业银行转账向被告交付150000元借款。2020年3月30日，原、被告通过企业询证函确认原、被告间的债权债务情况，其中包括了150000元借款。但对该借款，被告至今仍未归还。

法院认为，原绥某县三某有限责任公司改制成为昭某实业有限公司绥江分公司即本案原告，原告承继原绥某县三某有限责任公司的债权债务。原告有权向被告主张原绥某县三某有限责任公司与被告签订的《借款协议》约定债权。被告未按约定期限偿还借款，已构成违约，应承担违约责任，原告的该主张符合双方在《借款协议》中的约定，予以支持。

案例 2 子改分后新公司应对其上划前的债权债务承担责任

案号:（2018）川 34 民终 1344 号

2008 年，木某县电力公司与呷某达成口头协议将自己占有的鲁某电站 65% 的股份转让 8% 给呷某，并收取了呷某 100 万元的股权转让款。呷某于 2008 年 5 月 5 日从农业银行转账 100 万元到木某县电力公司账户，2011 年 4 月 24 日木某县电力公司给呷某出具了一份股权认购证明书。鲁某电站在建设中于 2012 年被泥石流冲毁，电站被冲毁后至今未继续建设。呷某诉至法院请求判令被告木某县供电分公司偿还原告的股金 100 万元和同期银行贷款利息 39.2 万元。

被告辩称，木某县电力公司在 2013 年 6 月将国有产权整体无偿划转某省电力公司时（此时更名为木某县供电分公司），未将该项目报送，无鲁某电站资产和债权债务一项。木某县供电分公司不应对没有划转的债权债务承担责任。

一审法院认为，在某省电力公司接受木某县电力公司时，呷某和木某县电力公司早已签订《合作开发鲁某电站协议书》。根据《公司法》第一百八十四条规定，木某县供电分公司应当对原债权债务承继，应对其上划前的债权债务承担责任，该辩论意见一审法院不予采纳。

二审驳回上诉，维持原判。

案例 3 子改分后新公司应当承继原公司的债权债务

案号:（2017）川 3422 民初 39 号

原告龙某公司于 2011 年 4 月 15 日与原木某县电力公司签订鲁某电站建筑承包施工合同后施工。该工程最终决算金额为 3335436.80 元，被告已支付 2700000.00 元，尚欠原告工程款 635436.80 元，原告多次找被告催要此款。被告木某县供电分公司以鲁某电站债务并未包含在原木某县电力公司划转的资产范围内为由，一直未予支付。原告诉至法院。

法院认为，木某县电力公司于2013年6月整体上划为某省电力公司的全资子公司，虽鲁某电站工程的债权债务不在划转资产范围内，但木某县供电分公司对其上划前的债权债务承担责任。2016年6月26日，某省电力公司进行“子改分”机构改革，新设立某省电力公司木某县供电分公司，作为某省电力公司分支机构。同时撤销现木某县供电有限责任公司全资子公司，其债权债务、人员及生产经营业务由某省电力公司木某县供电分公司负责承接。判决被告木某县供电分公司支付工程未付款及利息。

案例4 邮政改制后应承接原有劳动关系[①]

案号：（2019）黑0524民初616号

1996年1月1日起，原告杨某在饶某县邮政局工作，先后担任储蓄所营业员、所长等职务。1996年1月1日至2005年6月30日，被告给原告发放工资，原告受被告管理。期间饶某县邮政局改制为被告中某集团公司黑龙江省饶某县分公司。原告杨某于2019年3月20日向饶某县劳动人事争议仲裁委员会申请仲裁，要求确认与中某集团公司黑龙江省饶某县分公司1996年1月1日至2005年6月30日存在劳动关系。饶某县劳动人事争议仲裁委员会于2019年4月17日以杨某请求确认劳动关系已超过仲裁时效为由，驳回其仲裁请求。

以上事实有经举证、质证的饶某县邮政局工资发放明细复印件，劳务工、临时工花名册，中共饶某县直属邮政局总支部委员会及与中国邮电工会饶某县邮政局委员会、饶某县邮政局联合颁发给原告的多项荣誉证书、获奖证书、表彰文件，原告在被告处工作佩戴的工作牌，《关于全省邮政子改分工作情况的通报》等证据及当事人陈述在案佐证，法院予以确认。

---

① 邮政系统案例，供电力系统参考。

法院认为，饶某县邮政局改制为被告中某集团公司黑龙江省饶某县分公司，相关法律关系由被告承继。1996 年 1 月 1 日至 2005 年 6 月 30 日原告工作内容由被告安排，受被告管理，被告按月、定额向原告支付劳动报酬。被告亦认可该事实，称这段时间原告的身份为临时工，由被告为原告发放工资。原、被告双方虽然未签订劳动合同，但从原告在被告处工作起，双方即建立了劳动关系。原告申请确认劳动关系是对已发生的事实进行确认，属确认之诉，故对被告关于原告已超过申请仲裁时效期间的辩解意见不予采纳。判决原告杨某与被告饶某县分公司自 1996 年 1 月 1 日至 2005 年 6 月 30 日期间存在劳动关系。

二、法律分析

（一）关键法条

1.《民法典》

第五百四十六条　债权人转让债权，未通知债务人的，该转让对债务人不发生效力。

债权转让的通知不得撤销，但是经受让人同意的除外。

第五百五十一条　债务人将债务的全部或者部分转移给第三人的，应当经债权人同意。

债务人或者第三人可以催告债权人在合理期限内予以同意，债权人未作表示的，视为不同意。

第五百五十五条　当事人一方经对方同意，可以将自己在合同中的权利和义务一并转让给第三人。

2.《公司法》

第十四条　公司可以设立分公司。设立分公司，应当向公司登记机关申请登记，领取营业执照。分公司不具有法人资格，其民事责任由公司承担。

公司可以设立子公司，子公司具有法人资格，依法独立承担民事责任。

第一百七十二条 公司合并可以采取吸收合并或者新设合并。

一个公司吸收其他公司为吸收合并，被吸收的公司解散。两个以上公司合并设立一个新的公司为新设合并，合并各方解散。

第一百七十四条 公司合并时，合并各方的债权、债务，应当由合并后存续的公司或者新设的公司承继。

第一百七十六条 公司分立前的债务由分立后的公司承担连带责任。但是，公司在分立前与债权人就债务清偿达成的书面协议另有约定的除外。

3.《市场主体登记管理条例》

2022年3月1日起施行。

第二条 本条例所称市场主体，是指在中华人民共和国境内以营利为目的从事经营活动的下列自然人、法人及非法人组织：

（一）公司、非公司企业法人及其分支机构；

（二）个人独资企业、合伙企业及其分支机构；

（三）农民专业合作社（联合社）及其分支机构；

（四）个体工商户；

（五）外国公司分支机构；

（六）法律、行政法规规定的其他市场主体。

第八条 市场主体的一般登记事项包括：

（一）名称；

（二）主体类型；

（三）经营范围；

（四）住所或者主要经营场所；

（五）注册资本或者出资额；

（六）法定代表人、执行事务合伙人或者负责人姓名。

除前款规定外，还应当根据市场主体类型登记下列事项：

（一）有限责任公司股东、股份有限公司发起人、非公司企业法人出资人的姓名或者名称；

（二）个人独资企业的投资人姓名及居所；

（三）合伙企业的合伙人名称或者姓名、住所、承担责任方式；

（四）个体工商户的经营者姓名、住所、经营场所；

（五）法律、行政法规规定的其他事项。

第九条　市场主体的下列事项应当向登记机关办理备案：

（一）章程或者合伙协议；

（二）经营期限或者合伙期限；

（三）有限责任公司股东或者股份有限公司发起人认缴的出资数额，合伙企业合伙人认缴或者实际缴付的出资数额、缴付期限和出资方式；

（四）公司董事、监事、高级管理人员；

（五）农民专业合作社（联合社）成员；

（六）参加经营的个体工商户家庭成员姓名；

（七）市场主体登记联络员、外商投资企业法律文件送达接受人；

（八）公司、合伙企业等市场主体受益所有人相关信息；

（九）法律、行政法规规定的其他事项。

第十九条　登记机关应当对申请材料进行形式审查。对申请材料齐全、符合法定形式的予以确认并当场登记。不能当场登记的，应当在3个工作日内予以登记；情形复杂的，经登记机关负责人批准，可以再延长3个工作日。

申请材料不齐全或者不符合法定形式的，登记机关应当一次性告知申请人需要补正的材料。

第二十一条　申请人申请市场主体设立登记，登记机关依法予以登记的，签发营业执照。营业执照签发日期为市场主体的成立日期。

法律、行政法规或者国务院决定规定设立市场主体须经批准的，应当在批准文件有效期内向登记机关申请登记。

第二十三条　市场主体设立分支机构，应当向分支机构所在地的登记机关申请登记。

第二十四条 市场主体变更登记事项，应当自作出变更决议、决定或者法定变更事项发生之日起30日内向登记机关申请变更登记。

市场主体变更登记事项属于依法须经批准的，申请人应当在批准文件有效期内向登记机关申请变更登记。

第二十五条 公司、非公司企业法人的法定代表人在任职期间发生本条例第十二条所列情形之一的，应当向登记机关申请变更登记。

第二十六条 市场主体变更经营范围，属于依法须经批准的项目的，应当自批准之日起30日内申请变更登记。许可证或者批准文件被吊销、撤销或者有效期届满的，应当自许可证或者批准文件被吊销、撤销或者有效期届满之日起30日内向登记机关申请变更登记或者办理注销登记。

第二十七条 市场主体变更住所或者主要经营场所跨登记机关辖区的，应当在迁入新的住所或者主要经营场所前，向迁入地登记机关申请变更登记。迁出地登记机关无正当理由不得拒绝移交市场主体档案等相关材料。

第二十八条 市场主体变更登记涉及营业执照记载事项的，登记机关应当及时为市场主体换发营业执照。

第二十九条 市场主体变更本条例第九条规定的备案事项的，应当自作出变更决议、决定或者法定变更事项发生之日起30日内向登记机关办理备案。农民专业合作社（联合社）成员发生变更的，应当自本会计年度终了之日起90日内向登记机关办理备案。

第三十二条 市场主体注销登记前依法应当清算的，清算组应当自成立之日起10日内将清算组成员、清算组负责人名单通过国家企业信用信息公示系统公告。清算组可以通过国家企业信用信息公示系统发布债权人公告。

清算组应当自清算结束之日起30日内向登记机关申请注销登记。市场主体申请注销登记前，应当依法办理分支机构注销登记。

第三十三条　市场主体未发生债权债务或者已将债权债务清偿完结，未发生或者已结清清偿费用、职工工资、社会保险费用、法定补偿金、应缴纳税款（滞纳金、罚款），并由全体投资人书面承诺对上述情况的真实性承担法律责任的，可以按照简易程序办理注销登记。

市场主体应当将承诺书及注销登记申请通过国家企业信用信息公示系统公示，公示期为20日。在公示期内无相关部门、债权人及其他利害关系人提出异议的，市场主体可以于公示期届满之日起20日内向登记机关申请注销登记。

个体工商户按照简易程序办理注销登记的，无需公示，由登记机关将个体工商户的注销登记申请推送至税务等有关部门，有关部门在10日内没有提出异议的，可以直接办理注销登记。

市场主体注销依法须经批准的，或者市场主体被吊销营业执照、责令关闭、撤销，或者被列入经营异常名录的，不适用简易注销程序。

第三十四条　人民法院裁定强制清算或者裁定宣告破产的，有关清算组、破产管理人可以持人民法院终结强制清算程序的裁定或者终结破产程序的裁定，直接向登记机关申请办理注销登记。

（二）要点简析

1. 分公司与子公司的区别

根据《公司法》第十四条规定，公司可以设立分公司和子公司。从主体资格讲，子公司具有独立的主体资格，享有独立的法人地位；分公司不具备独立的民商事主体资格，也不具备法人资格。从称谓上讲，分公司没有独立名称，而子公司有自己的独立名称。从独立性上看，子公司作为独立法人，其意志在法律上是独立的，母公司不能指导子公司的经营管理活动；分公司作为公司的一个分支机构，其业务的执行和资金的转移完全由公司控制。在财产关系结构方面，子公司虽然有母公司参与，但仍有自己的财产；而分公司的财产属于公司，是公司财产不可分割的一部分。

2. 公司合并、分立时的债权债务处理

一是公司合并时的债权债务概括承受。《公司法》第一百七十四条规定，公司合并时，合并各方的债权、债务，应当由合并后存续的公司或者新设的公司承继。这是因为财产的整体转让并未改变双方债权人原有的地位，因此，一般不必经合并双方债权人的同意。合并后存续的公司或者新设立的公司有权对原来公司的债权进行清理并予以收取，同时必须接受原来公司的债务，有义务对债权人进行清偿。二是公司分立的债务连带责任。公司分立与合并不同，原有公司的财产处分将改变双方债权人原有的地位。因此《公司法》第一百七十六条规定，公司分立前的债务由分立后的公司承担连带责任。但是，公司在分立前与债权人就债务清偿达成的书面协议另有约定的除外。

3. 子改分一般按吸收合并方式办理

把全资子公司变为分公司，一般可采用吸收合并的方式处理。母公司对全资子公司的吸收合并，就是相当于把全资子公司注销后，其所有资产、负债、业务和人员都转入母公司。一般做法是先把子公司的各项资产、负债均转入母公司，其中负债的转移需依法经过通知、公告债权人的程序，然后再把已经成为空壳的子公司注销；再由母公司负责设立分公司，办理工商登记。

非全资子公司变为分公司，应当先收购少数股权变为全资子公司后，再进行吸收合并。非全资子公司因为还存在其他股东，所以先要收购少数股权变为单一股东持股的全资子公司后才能进行吸收合并操作；也可以约定由子公司少数股东以其持有的子公司少数股权换取母公司增发的股权。

三、防范要点

1. 国有企业改制应厘清债权债务关系

公司进行生产经营，不可避免地会对外产生债权、债务。企业改制，从法律上看，无非是企业法人的终止、变更和重新设立，原企业的资产包括债权债务将有新的承继者。由接受被改制企业资产的企业法人承担被改制企业的债务，是法人独立财产制度的客观要求，是维护市场交易信用和保障债权人的合法权益的要求。同时，在改制实践中，无论是实行企业兼并、出售，还是股份制改造，都应对包括债权债务在内的企业净资产进行评估，通过作价、折服、转股的方式进行产权转让。如本节案例，“子改分”后相关的债权债务、人员及生产经营业务均由新设立的子公司或分公司负责承接。

2. 公司改制如涉及债务转让，务必履行通知义务

根据《民法典》规定，债权人转让权利的，应当通知债务人。未经通知，该转让对债务人不发生效力。债务人转让义务的，应当经债权人同意，而不是通知。当事人订立合同后合并的，由合并后的法人或者其他组织行使合同权利，履行合同义务。公司改制无论是“子改分”，还是“分改子”，如果涉及负债的转移，均需依法经过通知、公告债权人的程序。

第六节 非法人分支机构对外签订合同有效

一、参考案例

案例1 企业分支机构对外签订的合同有效

案号:（2018）鲁 01 民终 401 号

2016 年 12 月 25 日，某集团公司、某集团公司物资公司向霍某公司出具某集团公司招标活动中标通知书，通知霍某公司中标事项。2017 年 1 月 3 日，买方某集团公司物资公司、卖方霍某公司签订了某电厂送出工程铁塔采购合同。合同签订后，霍某公司认为，某集团公司物资公司是非法人的分支机构，不符合《中华人民共和国招标投标法》(以下简称《招标投标法》) 规定的签订合同主体条件，其签订合同即使有授权也是无效的。

一审法院认为，招标人包括法人和其他组织，某集团公司物资公司系某集团公司的分支机构，属于其他组织，符合招标人和签订合同的主体条件。某集团公司物资公司经工商行政机关注册登记，并领取营业执照，其虽不具有法人资格，但经某集团公司明确授权对外开展集中采购招标代理并负责采购合同的签订与支付，有权以自己名义对外签订合同。双方签订案涉采购合同，系双方真实意思表示，内容不违反法律、行政法规强制性规定，合同合法有效。判决驳回霍某公司的诉讼请求。二审维持原判。

案例 2 银行分支机构对外发放信用卡的行为合法①

案号:（2017）渝 01 民终 6329 号

2011 年 5 月 20 日，被告邱某向原告某支行申请办理了信用卡，从 2008 年 11 月 9 日开始消费。截至 2017 年 5 月 20 日，被告尚欠原告透支本金 38422.66 元、利息 32926.49 元、违约金 2268.53 元、手续费 240 元。

一审法院判决被告邱某偿还原告某支行透支本金、利息、违约金等。二审中，邱某提交了两份企业信用信息公示报告及与银监局的电话录音，拟证明某支行没有发卡资质。二审法院认为，虽然只有总行具备信用卡的发卡资质，但分支机构以自己的名义对外开展民事活动不违反法律的禁止性规定，银行的具体业务由其分支机构办理也符合一般的操作习惯。分支机构对外签订的合同，其民事责任由设立分支机构的法人承担；或者分支机构先以自有财产承担责任，再由法人承担补充责任，但责任形式并不影响分支机构对外签订的合同的效力。认定分支机构具备诉讼主体资格。判决驳回上诉，维持原判。

---

① 金融系统案例，供电力系统参考。

二、法律分析

（一）关键法条

1.《中华人民共和国民事诉讼法》(2012 年 8 月 31 日)

第四十八条　公民、法人和其他组织可以作为民事诉讼的当事人。

法人由其法定代表人进行诉讼。其他组织由其主要负责人进行诉讼。

2.《公司法》

第十四条　公司可以设立分公司。设立分公司，应当向公司登记机关申请登记，领取营业执照。分公司不具有法人资格，其民事责任由公司承担。

公司可以设立子公司，子公司具有法人资格，依法独立承担民事责任。

3.《最高人民法院关于适用〈中华人民共和国民法典〉有关担保制度的解释》

第十一条　公司的分支机构未经公司股东（大）会或者董事会决议以自己的名义对外提供担保，相对人请求公司或者其分支机构承担担保责任的，人民法院不予支持，但是相对人不知道且不应当知道分支机构对外提供担保未经公司决议程序的除外。

金融机构的分支机构在其营业执照记载的经营范围内开立保函，或者经有权从事担保业务的上级机构授权开立保函，金融机构或者其分支机构以违反公司法关于公司对外担保决议程序的规定为由主张不承担担保责任的，人民法院不予支持。金融机构的分支机构未经金融机构授权提供保函之外的担保，金融机构或者其分支机构主张不承担担保责任的，人民法院应予支持，但是相对人不知道且不应当知道分支机构对外提供担保未经金融机构授权的除外。

担保公司的分支机构未经担保公司授权对外提供担保，担保公司或者其分支机构主张不承担担保责任的，人民法院应予支持，但是相对人不知道且不应当知道分支机构对外提供担保未经担保公司授权的除外。

公司的分支机构对外提供担保，相对人非善意，请求公司承担赔偿责任的，参照本解释第十七条的有关规定处理。

4.《最高人民法院关于适用〈中华人民共和国民事诉讼法〉的解释》

第五十二条 民事诉讼法第五十一条规定的其他组织是指合法成立、有一定的组织机构和财产，但又不具备法人资格的组织，包括：

（一）依法登记领取营业执照的个人独资企业；

（二）依法登记领取营业执照的合伙企业；

（三）依法登记领取我国营业执照的中外合作经营企业、外资企业；

（四）依法成立的社会团体的分支机构、代表机构；

（五）依法设立并领取营业执照的法人的分支机构；

（六）依法设立并领取营业执照的商业银行、政策性银行和非银行金融机构的分支机构；

（七）经依法登记领取营业执照的乡镇企业、街道企业；

（八）其他符合本条规定条件的组织。

（二）要点简析

1. 分公司和分支机构的关系

分支机构是常设机构的一种。企业法人的分支机构主要有两种形式：一种为分公司，一种为办事处。分公司可以从事经营活动，但必须取得工商登记。办事处一般只能从事总公司营业范围内的业务联络活动，不能申请领取营业执照，不具有经营资格，不能以自己的名义签订商业贸易合同进行营利性的贸易、投资活动。

供电企业通常所说的分支机构一般是办理工商登记并领取营业执照的分公司。

2. 分支机构对外签订合同的效力

一是经授权后对外签订的合同有效。从本节两个案例可知，分支机构是合法的合同主体，经授权后能够以自己的名义对外签订合同。

二是虽未授权但领取营业执照的分支机构对外签订的合同有效。《民法典》规定，签订合同的主体是民事主体，包括自然人、法人和非法人组织。非法人组织是指合法成立，有一定组织机构和财产，但又不具备法人资格的组织，其中包括法人依法设立领取营业执照的分支机构。《中华人民共和国企业法人登记管理条例》（以下简称《企业法人登记管理条例》）规定，企业法人设立不能独立承担民事责任的分支机构，由该企业法人申请登记，经登记主管机关核准，领取《营业执照》，在核准登记的经营范围内从事经营活动。分支机构是经依法登记成立的经济组织，在其核定的经营范围内可以作为签订合同的主体。

三是企业法人内部未领取营业执照且无授权的分支机构对外签订的合同无效。企业法人内部未领取营业执照，未经法人授权的分支机构，不具有民事主体资格，其对外签订的经济合同应确认无效。如其事后经法人追认，可视为法人行为。

四是未经授权的分支机构签订的担保合同无效。根据《最高人民法院关于适用〈中华人民共和国民法典〉有关担保制度的解释》第十一条规定，企业法人的分支机构、职能部门不得作保证人，有法人书面授权的，可以在授权范围内提供保证。企业法人的分支机构未经法人书面授权而与债权人订立保证合同的，该保证合同无效。如果企业法人的分支机构虽经企业法人的授权，但其超出了授权范围与债权人订立保证合同，其超出授权范围的部分无效。也就是说此类保证合同只是部分无效，而非全部无效。

三、防范要点

（一）设立分支机构应进行工商登记

根据《企业法人登记管理条例》第三十五条，企业法人设立不能独立承担民事责任的分支机构，由该公司申请登记，经登记主管机关核准，领取《营业执照》，在核准登记的经营范围内从事经营活动。分公司是指公司在其住所以外设立的从事经营活动的机构。分公司不具有企业法人资格。公司设立分公司的，应当自决定做出之日起30日内向分公司所在地的公司登记机关申请登记；法律、行政法规或者国务院决定规定必须报经有关部门批准的，应当自批准之日起30日内向公司登记机关申请登记。

（二）变更、撤销分支机构也应登记

变更名称、经营范围、营业场所的，应当申请变更登记。分公司被公司撤销、依法责令关闭、吊销营业执照的，公司应当自决定做出之日起30日内向该分公司的公司登记机关申请注销登记。

（三）企业法人应加强对分支机构的管理

因分支机构不具有独立法人资格，对外开展活动的民事责任由企业法人承担，因此企业法人应加强对分支机构的管理，督促分支机构依法合规经营，确保上级机构对管理的下级分支机构能够实施有效管控。如分支机构行文和开展活动应使用全称，即企业法人名称+分支机构名称；分支机构应在授权的业务范围内开展经营活动；分支机构不可再另下设分支机构等。

第五章

公司解散与清算

第一节　未向清算组申报债权无法获得清偿

一、参考案例

案例　债权人向清算组以外人员申报债权无法获得清偿

案号：（2018）川 1703 民初 1295 号

汇某公司于 2003 年 4 月 8 日由达某供电公司工会委员会出资组建，于 2015 年 11 月 12 日决定解散，2015 年 11 月 16 日成立清算组，2015 年 11 月 19 日向公司登记机关备案。

原告某水泥制品厂与汇某公司订有《委托加工合同》。汇某公司清算组于 2015 年 11 月 24 日向某水泥制品厂发出告知书，要求自收到告知书之日起 10 日内与清算组联系申报债权，某水泥制品厂法定代表人签收。清算组于 2015 年 11 月 20 日在《达州日报》上刊登《清算公告》。2016 年 5 月 12 日汇某公司注销登记。

2016 年 1 月 11 日，某水泥制品厂向达某供电公司、汇某公司清算组领导小组发出要求解决纠纷的建议，此建议书由赵某山签字确认收到。2018 年 4 月 19 日，某水泥制品厂签章确认涉案债务转由惠某公司承担支付责任。后原告某水泥制品厂诉至法院请求判决达某供电公司支付涉案债务，赔偿原告 2015 年的停产损失 150 万元，返还原告 2015 年未使用期限的租赁费 5 万元。

法院认为，原告诉争 1377 根段水泥电杆及拉线盘加工费 31.9 万元及违约金、停产损失、租赁费均属于一般债权，需要申报给汇某公司清算组。原告某水泥制品厂将要求申报债权的情况说明交给赵某山，但是赵某山不是汇某公司清算组成员，故原告无证据证实自己的债权申报给了清算组。判决由第三人惠某公司公司支付原告某水泥制品厂 3.2185 万元；驳回原告的其他诉讼请求。

二、法律分析

（一）关键法条

1.《公司法》

第一百八十条 公司因下列原因解散：

（一）公司章程规定的营业期限届满或者公司章程规定的其他解散事由出现；

（二）股东会或者股东大会决议解散；

（三）因公司合并或者分立需要解散；

（四）依法被吊销营业执照、责令关闭或者被撤销；

（五）人民法院依照本法第一百八十二条的规定予以解散。

第一百八十二条 公司经营管理发生严重困难，继续存续会使股东利益受到重大损失，通过其他途径不能解决的，持有公司全部股东表决权百分之十以上的股东，可以请求人民法院解散公司。

第一百八十三条 公司因本法第一百八十条第（一）项、第（二）项、第（四）项、第（五）项规定而解散的，应当在解散事由出现之日起十五日内成立清算组，开始清算。有限责任公司的清算组由股东组成，股份有限公司的清算组由董事或者股东大会确定的人员组成。逾期不成立清算组进行清算的，债权人可以申请人民法院指定有关人员组成清算组进行清算。人民法院应当受理该申请，并及时组织清算组进行清算。

第一百八十五条 清算组应当自成立之日起十日内通知债权人，并于六十日内在报纸上公告。债权人应当自接到通知书之日起三十日内，未接到通知书的自公告之日起四十五日内，向清算组申报其债权。

债权人申报债权，应当说明债权的有关事项，并提供证明材料。清算组应当对债权进行登记。

在申报债权期间，清算组不得对债权人进行清偿。

第一百八十六条 清算组在清理公司财产、编制资产负债表和财产清单后，应当制定清算方案，并报股东会、股东大会或者人民法院确认。

公司财产在分别支付清算费用、职工的工资、社会保险费用和法定补偿金，缴纳所欠税款，清偿公司债务后的剩余财产，有限责任公司按照股东的出资比例分配，股份有限公司按照股东持有的股份比例分配。

清算期间，公司存续，但不得开展与清算无关的经营活动。公司财产在未依照前款规定清偿前，不得分配给股东。

第一百八十九条 清算组成员应当忠于职守，依法履行清算义务。

清算组成员不得利用职权收受贿赂或者其他非法收入，不得侵占公司财产。

清算组成员因故意或者重大过失给公司或者债权人造成损失的，应当承担赔偿责任。

2.《最高人民法院关于适用〈中华人民共和国公司法〉若干问题的规定（二）》

第十八条 有限责任公司的股东、股份有限公司的董事和控股股东未在法定期限内成立清算组开始清算，导致公司财产贬值、流失、毁损或者灭失，债权人主张其在造成损失范围内对公司债务承担赔偿责任的，人民法院应依法予以支持。

有限责任公司的股东、股份有限公司的董事和控股股东因怠于履行义务，导致公司主要财产、账册、重要文件等灭失，无法进行清算，债权人主张其对公司债务承担连带清偿责任的，人民法院应依法予以支持。

上述情形系实际控制人原因造成，债权人主张实际控制人对公司债务承担相应民事责任的，人民法院应依法予以支持。

第十九条 有限责任公司的股东、股份有限公司的董事和控股股东，以及公司的实际控制人在公司解散后，恶意处置公司财产给债权人造成损失，或者未经依法清算，以虚假的清算报告骗取公司登记机关办理法人注销登记，债权人主张其对公司债务承担相应赔偿责任的，人民法院应依法予以支持。

3.《全国法院民商事审判工作会议纪要》

14.【怠于履行清算义务的认定】公司法司法解释（二）第18条第2款规定的“怠于履行义务”，是指有限责任公司的股东在法定清算事由出现后，在能够履行清算义务的情况下，故意拖延、拒绝履行清算义务，或者因过失导致无法进行清算的消极行为。股东举证证明其已经为履行清算义务采取了积极措施，或者小股东举证证明其既不是公司董事会或者监事会成员，也没有选派人员担任该机关成员，且从未参与公司经营管理，以不构成“怠于履行义务”为由，主张其不应当对公司债务承担连带清偿责任的，人民法院依法予以支持。

（二）要点简析

1. 应当清算的情形

公司因为章程规定的营业期限届满或者公司章程规定的其他解散事由出现、股东会或者股东大会决议解散、依法被吊销营业执照、责令关闭或者被撤销需要解散公司，或者公司经过持有公司全部股东表决权百分之十以上的股东请求被人民法院判决解散时，应当在解散事由出现之日起十五日内成立清算组，开始清算。逾期不成立清算组进行清算的，债权人可以申请人民法院指定有关人员组成清算组进行清算。

2. 清算过错责任

清算过错责任纠纷是指清算组成员在清算期间，因故意或者重大过失给公司、债权人造成损失，应当承担赔偿责任的纠纷。根据《公司法》第一百八十九条，清算组成员应当忠于职守，依法履行清算义务。清算组成员不得利用职权收受贿赂或者其他非法收入，不得侵占公司财产。清算组成员因故意或者重大过失给公司或者债权人造成损失的，应当承担赔偿责任。

3. 怠于履行清算义务的认定

根据《全国法院民商事审判工作会议纪要》第 14 条，怠于履行清算义务是指有限责任公司的股东在法定清算事由出现后，在能够履行清算义务的情况下，故意拖延、拒绝履行清算义务，或者因过失导致无法进行清算的消极行为。股东举证证明其已经为履行清算义务采取了积极措施，或者小股东举证证明其既不是公司董事会或者监事会成员，也没有选派人员担任该机关成员，且从未参与公司经营管理，以不构成“怠于履行义务”为由，主张其不应当对公司债务承担连带清偿责任的，人民法院依法予以支持。

2019 年 7 月 3 日，最高人民法院刘贵祥专委在全国法院民商事审判工作会议上的讲话中指出，司法实践中对于《最高人民法院关于适用〈中华人民共和国公司法〉若干问题的规定（二）》第十八条第二款的适用出现了“不适当地扩大”的情形。强调在适用该解释时，应当准确认定“怠于履行清算义务”要件。所谓“怠于”履行清算义务，指的是能够履行清算义务而不履行。讲话明确确认以下情形不构成怠于履行清算义务：①有限责任公司股东如果能够举证证明其已经为履行清算义务做出了积极努力；②未能履行清算义务是由于实际控制公司主要财产、账册、文件的股东的故意拖延、拒绝清算行为等客观原因所导致的；③能够证明自己没有参与经营，也没有管理账册文件的。

4. 禁止恶意处置公司财产

根据《最高人民法院关于适用〈中华人民共和国公司法〉若干问题的规定（二）》第十九条，有限责任公司的股东、股份有限公司的董事和控股股东，以及公司的实际控制人在公司解散后，恶意处置公司财产给债权人造成损失，或者未经依法清算，以虚假的清算报告骗取公司登记机关办理法人注销登记，债权人主张其对公司债务承担相应赔偿责任的，人民法院应依法予以支持。

三、防范要点

1. 普通债权及时申报

根据《公司法》第一百八十五条规定，清算组应当自成立之日起十日内通知债权人，并于六十日内在报纸上公告。债权人应当自接到通知书之日起三十日内，未接到通知书的自公告之日起四十五日内，向清算组申报其债权。债权人申报债权，应当说明债权的有关事项，并提供证明材料。清算组应当对债权进行登记。在申报债权期间，清算组不得对债权人进行清偿。

2. 股东、董事、控股股东应切实履行清算责任

《最高人民法院关于适用〈中华人民共和国公司法〉若干问题的规定（二）》第十八条规定了有限责任公司的股东、股份有限公司的董事和控股股东以及实际控制人的清算责任，包括应当在法定期限内成立清算组开始清算。如果上述人员怠于履行义务导致公司财产贬值、流失、毁损或者灭失，以及公司主要财产、账册、重要文件等灭失，应对公司债务承担连带清偿责任。

第二节　公司僵局大股东可向法院申请解散

一、参考案例

案例1　股东之间矛盾较深难以调和，使得作为公司决策机构的股东会长期无法运转，属于经营管理发生严重困难

案号:（2023）浙08民终622号

寻某公司成立于2019年7月24日，认缴注册资本为1000万元。登记在册股东为醉某公司持股 51%，立某公司持股 49%。寻某公司法定代表人为姚某，其同时担任立某公司的法定代表人。2020 年至今，醉某公司作为股东之一，多次要求另一股东即立某公司及法定代表人姚某前来共商经营事项，但立某公司及姚某均未前来，不仅无法召开股东会，也无法办理诸多事务。同时立某公司作为寻某公司股东，仅出资 99 万元，未履行完毕出资义务。寻某公司经营发生亏损，目前仅有一名财务人员处理公司日常事务，其他经营事项已完全停顿。

一审法院认为，寻某公司自 2019 年 7 月设立以来从未召开过股东会，公司无法形成决议，公司组织机构的运行状况发生问题，内部管理存在严重障碍，经营发生亏损。醉某公司多次通过多种途径联系寻某公司法定代表人姚某，均未得到任何回应，公司经营陷入僵局状态，公司经营管理发生严重困难。寻某公司符合《公司法》规定的公司解散条件，可予解散。

二审维持原判。

案例 2 公司股权结构不可能出现表决权对峙局面，股东会仍可做出决议，不符合公司解散条件

案号：（2018）桂 0105 民初 2299 号、（2019）桂 01 民终 2737 号[①]

广某供电股份有限公司、徐某主张因广西广某公司业务量、经营收益急剧下降，且与公司绝对控股股东钲某公司存在矛盾，诉至法院请求判令广西广某公司解散。

一审法院认为，广某供电股份有限公司、徐某将广西广某公司 80% 的股权转让给钲某公司之时，就已预见到钲某公司在广西广某公司处于绝对控股的地位。广西广某公司目前的股权结构不可能出现 50% 表决权对峙局面，股东会仍可做出决议，公司的决议与管理机制未陷入瘫痪状态，未出现公司僵局。广某供电股份有限公司、徐某还主张其与钲某公司存在

① 本案一审判决书未查询成功。

矛盾，担心钲某公司滥用大股东权利，此为公司股东内部的关系问题，应通过充分沟通尽力解决。广某供电股份有限公司、徐某住所地在广某市，钲某公司的住所地在深某市。广某供电股份有限公司、徐某强调无法与钲某公司取得联系，却从未到过相近的深某市与钲某公司进行过实际的沟通，实难谓尽力解决问题的态度。一审确认广西广某公司的情况不符合解散条件。

二审判决驳回上诉，维持原判。

案例3 表决权超过10%的股东可以提起解散公司之诉

案号:（2016）内09民终168号

2009年1月6日，原告凉某县供电局多种经营公司和第三人王某、刘某共同出资成立被告凉某县海某复合金有限责任公司。原告凉某县供电局多种经营公司和第三人刘某各持股份25%，第三人王某持股50%。2012年年底，被告凉某县海某复合金有限责任公司被列入2012年度凉某县淘汰落后产能目标任务企业，要求停止生产，并对其淘汰落后产能计划的生产线进行拆除。2012年12月21日，被告将炼炉及相关设备以55万元卖于案外人。2012年12月28日，被告凉某县海某复合金有限责任公司正式停产。2012年12月29日，被告召开最后一次股东会会议，会议决定对原有电炉、生产线设备实施拆除，依法淘汰落后生产线。原告凉某县供电局多种经营公司提起公司解散之诉。

一审法院认为，原告持有被告公司的股东表决权超过10%，符合法律规定的提起解散公司之诉的股东条件。被告公司经营管理发生严重困难，继续存续会使股东利益受到重大损失。股东之间因利益冲突及矛盾而致使公司运行障碍，股东会自2012年12月29日最后一次召开至今再无法召开，且亦无法形成有关公司经营决策的有效决议；股东之间存在不可调和的矛盾致使公司失去继续存续的基础，公司僵局事件已经发生，继续存续会使股东利益受到重大损失，符合“通过其他途径不能解决”情形。判决解散被告凉某县海某复合金有限责任公司。

二审判决驳回上诉，维持原判。

案例 4 公司决策和管理正常，股东矛盾应尽力解决，不能请求法院解散公司

案号：(2018) 鲁 03 民终 4493 号

被告公司于 2001 年 6 月 26 日成立，注册资本 1 亿元，顺某实业有限公司出资 51%，众某公司出资 49%。被告公司经营机组与第三人热电股份有限公司、华某热电有限公司机组属母管制连接。

2016 年 10 月 28 日，原告齐某集团有限公司与众某公司合并，众某公司注销。2017 年 10 月 13 日，原告提请召开公司临时股东会研究股东名册变更和董事及监事人员变更议题。2017 年 10 月 30 日，被告临时股东会未召开。2018 年 1 月 11 日，原告向被告五名监事发送函件提请召开公司临时股东会研究股东名册变更和董事及监事人员变更议题。2018 年 1 月 22 日，被告临时监事会接受原告提请，同意由被告监事会择日召集并主持召开被告临时股东会。之后，被告监事会未合法通知原告和第三人热电股份有限公司召开被告临时股东会。2018 年 3 月 20 日，原告总经理钟某与第三人法定代表人王某通电话，钟某称原告给第三人邮寄提议召开临时股东会的通知第三人拒收，王某称原告应与第三人协商解决相关问题，继续合作好。

2017 年 1 月、2018 年 5 月被告的财务资料显示，原告派驻被告处的财务人员正常履职。2018 年 4 月被告的存款对账单、明细对账单显示，被告的资金正常流动。2018 年 8 月被告的纳税申报材料和银行凭证显示，被告正常申报清缴税款。截至 2018 年 7 月 31 日，被告在某工商银行账户余额为某某元，在某农村信用社存款余额为某某元，在某交通银行账户余额为某某元。

一审法院认为，原告有权请求解散被告公司。原告提议召开临时股东

会的时间为2017年10月13日，至原告起诉时并未满两年，而在未召开股东会期间，被告公司经营管理正常，并未发生严重困难。原告与第三人之间即便存在矛盾，也并非解散公司的法定事由，更未达到“通过其他途径已无法解决”的程度，双方应当也完全可以通过其他合法方式解决。被告一直正常经营，一直正常进行决策和管理，经营管理并未发生严重困难，如解散被告公司将给包括原告在内的股东的利益造成损失。判决驳回原告的诉讼请求。

二审驳回上诉，维持原判。

二、法律分析

（一）关键法条

1.《公司法》

第一百八十条　公司因下列原因解散：

（一）公司章程规定的营业期限届满或者公司章程规定的其他解散事由出现；

（二）股东会或者股东大会决议解散；

（三）因公司合并或者分立需要解散；

（四）依法被吊销营业执照、责令关闭或者被撤销；

（五）人民法院依照本法第一百八十二条的规定予以解散。

第一百八十二条　公司经营管理发生严重困难，继续存续会使股东利益受到重大损失，通过其他途径不能解决的，持有公司全部股东表决权百分之十以上的股东，可以请求人民法院解散公司。

第一百八十三条　公司因本法第一百八十条第（一）项、第（二）项、第（四）项、第（五）项规定而解散的，应当在解散事由出现之日起十五日内成立清算组，开始清算。有限责任公司的清算组由股东组成，股份有限公司的清算组由董事或者股东大会确定的人员组成。逾期不成立清算组进行清算的，债权人可以申请人民法院指定有关人员组成清算组进行清算。人民法院应当受理该申请，并及时组织清算组进行清算。

2.《最高人民法院关于适用〈中华人民共和国公司法〉若干问题的规定（二）》

第一条 单独或者合计持有公司全部股东表决权百分之十以上的股东，以下列事由之一提起解散公司诉讼，并符合公司法第一百八十二条规定的，人民法院应予受理：

（一）公司持续两年以上无法召开股东会或者股东大会，公司经营管理发生严重困难的；

（二）股东表决时无法达到法定或者公司章程规定的比例，持续两年以上不能做出有效的股东会或者股东大会决议，公司经营管理发生严重困难的；

（三）公司董事长期冲突，且无法通过股东会或者股东大会解决，公司经营管理发生严重困难的；

（四）经营管理发生其他严重困难，公司继续存续会使股东利益受到重大损失的情形。

（二）要点简析

1. 公司解散的条件

根据《公司法》第一百八十二条，公司经营管理发生严重困难，继续存续会使股东利益受到重大损失，通过其他途径不能解决的，持有公司全部股东表决权百分之十以上的股东，可以请求人民法院解散公司。

所谓公司经营管理困难，即公司僵局，是指公司的运行机制完全失灵，股东会等权力机构和管理机构无法正常运行，对公司的任何事项无法做出任何决议，公司的一切事务处于瘫痪状态。根据《最高人民法院关于适用〈中华人民共和国公司法〉若干问题的规定（二）》第一条，公司僵局一般有两种。

一是股东僵局。由于股东之间的严重分歧，在连续两年股东会上无法形成有关公司经营的有效决策，并且因此可能导致对公司造成实质性损害。

二是董事僵局。由于董事之间的严重分歧，在连续两年董事会上无法形成有关公司经营的有效决策，并且因此可能导致对公司造成实质性损害。

2. 公司正常经营，股东如有矛盾应尽力解决，不能请求法院解散公司

公司解散对公司而言，是不可逆转的最严厉的结果，必须符合法定事由。本节选取的三个案例，充分说明了法院对公司解散事由认定的严肃性。

一是公司解散必须符合“通过其他途径不能解决”矛盾或者公司僵局的情况。这就要求股东之间发生矛盾时，应当尽力沟通解决，而不是提请解散公司。如本节案例 2 中，原告主张其与被告公司存在矛盾，却从未到过相近市与被告公司进行过实际的沟通，没有尽力解决问题的态度和充分沟通的事实，因此法院认为该情况不符合公司解散的条件。

二是公司正常经营、决策和管理的情况不符合解散条件。如本节案例 4，被告公司一直正常经营，一直正常进行决策和管理，经营管理并未发生严重困难，原告与第三人之间即便存在矛盾，也并非解散公司的法定事由，更未达到“通过其他途径已无法解决”的程度，双方应当也完全可以通过其他合法方式解决，如解散被告公司将给包括原告在内的股东的利益造成损失，因此法院未认定解散被告公司。

三是公司经营管理发生严重困难应综合判断。根据《最高人民法院关于适用〈中华人民共和国公司法〉若干问题的规定（二）》第一条，股东提请解散公司均以公司经营管理发生严重困难为前提条件。公司经营管理发生严重困难，可以分为公司外部的经营困难和公司内部的管理困难。经营困难，即公司的生产经营状况发生严重亏损的情形；管理困难，则是指公司的股东会、董事会等公司机关处于僵持状态，有关经营决策无法做出，公司日常运作陷入停顿与瘫痪状态。判断公司的经营管理是否出现严重困难，应当从公司的股东会、董事会或执行董事及监事会或监事的运行现状进行综合分析认定，公司是否处于盈利状况并非判断公司经营管理发生严重困难的必要条件。公司经营管理发生严重困难的侧重点在于公司管理方面存有内部障碍。如本节案例 2，二审审理期间，各方同意调解，还存在通过“其他途径”解决的可能性，因此也不符合公司解散的条件。

三、防范要点

无论公司僵局出现后的救济途径规定如何详尽，公司僵局的情况一旦出现都将会给公司的运营带来不可估量的损害，同时也会严重危害到公司股东的利益，因此最好的方法是杜绝公司僵局的出现。有限责任公司因具有较强的“人和性”，因此更有可能出现公司僵局。股东在公司成立之初，就应当科学合理地设计表决权制度和公司的治理机构，通过规定具体的权力制衡措施和相对方股份收买规则，对公司的解散权进行事先合理约定，对公司可能出现的僵局问题加以预防。

第三节　申请破产应证明不能清偿到期债务

一、参考案例

案例　债务人申请破产应证明到期债务情况及资产不足以清偿全部债务或者明显缺乏清偿能力

案号：（2019）川 01 破终 1 号

原告启某投资公司成立于 2004 年 7 月 1 日，注册资本 2 亿元。2018 年 11 月 30 日，启某投资公司以 16825.3 万元出资额的股权同意、1749.5

万元出资额的股权不同意、1425.2 万元出资额的股权弃权，同意公司向法院申请破产清算。2018 年 12 月 6 日，启某悦华会计师事务所有限公司出具《清算审计报告》，载明启某投资公司清算期末资产总计 4789.5 万元，负债合计 8374.7 万元。应付账款包括应付启某铝业有限责任公司的货款 8215.5 万元，清算期末所有者权益为 –3585.2 万元。

一审法院审查认为启某投资公司申请破产清算，应当提交证据证明其不能清偿到期债务且资不抵债或明显缺乏清偿能力。启某投资公司提交的启某悦华会计师事务所有限公司出具的《清算审理报告》中载明的主要债权人启某铝业有限责任公司债权金额占负债总金额的 98.1%。从企业名称看，启某投资公司与启某铝业有限责任公司、启某悦华会计师事务所有限公司均含“启某”字样，存在有关联的可能性，该审计报告内容存疑，不能直接证明启某投资公司到期债务的情况。启某投资公司提供的《企业资产状况》《企业债权状况》《企业债务状况》等证据均系其单方制作，不能证明其资产状况及债权债务情况。启某投资公司提交的证据不足以证明其到期债务情况及资产不足以清偿全部债务或者明显缺乏清偿能力，故启某投资公司不具备破产原因。裁定对启某投资公司的破产申请不予受理。

2019 年 3 月 28 日，立某会计师事务所出具《启某投资公司与启某铝业有限责任公司债务专项审计报告》，确认原告公司与启某铝业有限责任公司债务为应付铝锭货款 8215.5 万元。

二审法院认为，立某会计师事务所所出具的《启某投资公司与启某铝业有限责任公司债务专项审计报告》，2013 年至 2018 年期间启某铝业有限责任公司的催款函可认定原告公司对启某铝业有限责任公司有欠付货款未清偿，启某投资公司对外负有到期未清偿债务，且公司所有者权益为负，出现不能清偿到期债务且资产不足以清偿全部债务的情况，符合破产清算受理条件。二审裁定受理启某投资公司的破产清算申请。

二、法律分析

（一）关键法条

1.《公司法》

第一百八十七条 清算组在清理公司财产、编制资产负债表和财产清单后，发现公司财产不足清偿债务的，应当依法向人民法院申请宣告破产。

公司经人民法院裁定宣告破产后，清算组应当将清算事务移交给人民法院。

第一百九十条 公司被依法宣告破产的，依照有关企业破产的法律实施破产清算。

2.《中华人民共和国企业破产法》(以下简称《企业破产法》)

自 2007 年 6 月 1 日起施行。

第二条 企业法人不能清偿到期债务，并且资产不足以清偿全部债务或者明显缺乏清偿能力的，依照本法规定清理债务。

企业法人有前款规定情形，或者有明显丧失清偿能力可能的，可以依照本法规定进行重整。

第七条 债务人有本法第二条规定的情形，可以向人民法院提出重整、和解或者破产清算申请。

债务人不能清偿到期债务，债权人可以向人民法院提出对债务人进行重整或者破产清算的申请。

企业法人已解散但未清算或者未清算完毕，资产不足以清偿债务的，依法负有清算责任的人应当向人民法院申请破产清算。

3.《最高人民法院关于适用〈中华人民共和国企业破产法〉若干问题的规定（一)》

第一条 债务人不能清偿到期债务并且具有下列情形之一的，人民法院应当认定其具备破产原因：

（一）资产不足以清偿全部债务；

（二）明显缺乏清偿能力。

相关当事人以对债务人的债务负有连带责任的人未丧失清偿能力为由，主张债务人不具备破产原因的，人民法院应不予支持。

第二条　下列情形同时存在的，人民法院应当认定债务人不能清偿到期债务：

（一）债权债务关系依法成立；

（二）债务履行期限已经届满；

（三）债务人未完全清偿债务。

第三条　债务人的资产负债表，或者审计报告、资产评估报告等显示其全部资产不足以偿付全部负债的，人民法院应当认定债务人资产不足以清偿全部债务，但有相反证据足以证明债务人资产能够偿付全部负债的除外。

第六条　债权人申请债务人破产的，应当提交债务人不能清偿到期债务的有关证据。债务人对债权人的申请未在法定期限内向人民法院提出异议，或者异议不成立的，人民法院应当依法裁定受理破产申请。

受理破产申请后，人民法院应当责令债务人依法提交其财产状况说明、债务清册、债权清册、财务会计报告等有关材料，债务人拒不提交的，人民法院可以对债务人的直接责任人员采取罚款等强制措施。

（二）要点简析

1. 破产申请主体

债务人、债权人或依法负有清算责任的人可申请企业破产。

债务人申请破产：企业法人不能清偿到期债务，并且资产不足以清偿全部债务或者明显缺乏清偿能力的，可以向人民法院提出重整、和解或者破产清算申请。

债权人申请破产：债务人不能清偿到期债务，债权人可以向人民法院提出对债务人进行重整或者破产清算的申请。

负有清算责任的人申请破产：企业法人已解散但未清算或者未清算完毕，资产不足以清偿债务的，依法负有清算责任的人应当向人民法院申请破产清算。

2. 破产程序以法院受理为开始条件

破产申请是破产申请人请求法院受理破产案件的意思表示。破产程序的开始不以申请为准而是以受理为准。破产申请不是破产程序开始的标志，而是破产程序开始的条件。如本节案例，一审法院裁定不受理破产申请，原告只有等二审法院裁定受理后，才开始破产程序。

3. 债务人申请破产应证明不能清偿到期债务，并且资产不足以清偿全部债务或者明显缺乏清偿能力

《企业破产法》第二条、第七条规定，企业法人作为债务人，不能清偿到期债务，并且资产不足以清偿全部债务或者明显缺乏清偿能力的，可以向人民法院提出重整、和解或者破产清算申请。所谓资不抵债，是指债务人的负债超过实有资产。考察债务人的偿还能力仅以实有资产为限，不考虑信用、能力等可能的偿还因素，计算数额时，不考虑是否到期均纳入总额之内。债务人账面资产超过负债也可能因经营管理不善，资金结构不合理，发生对到期债务缺乏现实支付能力而无法支付的情况。债务人资不抵债时，如能以借贷等信用方式还债，并不必然会丧失对到期债务的偿还能力。因此，资不抵债与不能清偿并不相同，不能清偿到期债务为现金流标准，资不抵债为资产负债标准。这两个标准同时满足，才能受理债权人的破产申请。

三、防范要点

债权人和债务人申请破产的举证责任不同。《最高人民法院关于适用〈中华人民共和国企业破产法〉若干问题的规定（一）》第六条规定，债权人申请债务人破产的，应当提交债务人不能清偿到期债务的有关证据。

可见，债权人和债务人申请破产的举证责任不同。债务人申请破产需要证明“不能清偿到期债务”“资不抵债”或“明显缺乏清偿能力”。债权人申请只需证明“不能清偿到期债务”。若债务人对债权人的申请有异议，则需证明不存在“资不抵债”或“明显缺乏清偿能力”的情形。因举证责任要求较低，债权人申请破产清算更容易被人民法院受理。

基于债权人和债务人申请破产的举证责任不同，公司经营过程中，无论是作为债务人还是债权人，都应明确企业破产申请的条件，及时主张权利，防范经营风险。

第六章 人资管理

第一节　员工偷盖印章对外借款，公司连带偿还 50%

一、案情简介

案情　公司对公章管理不善应承担连带责任

案号：（2012）山民初字第 572 号

2011 年 5 月间，被告 1 向证人马某借款，证人马某要求被告 1 提供担保。2011 年 7 月 26 日，被告 2（某供电公司）出具了内容为“被告 1 为我单位员工，我单位愿为被告 1 借王某现金业务作担保，愿承担一切经济责任”，并加盖被告 2 公司财务专用章的担保书；又出具了内容为“今证明我单位员工（被告 1）月收入为 2620 元”的收入证明并加盖了上述公章。同年 8 月 4 日，证人马某到原告王某家中打借条后取走现金 30 万元，与证人白某一起将 30 万元交给被告 1。被告 1 在原告王某提供的格式借款合同上签字按手印后，将该借款合同及担保书、收入证明交给证人马某；证人马某将借款合同及担保书、收入证明交给原告王某后，抽回其向原告王某所打借条。借款到期后，被告 1 未履行还款义务。原告以借款人（被告 1）、某供电公司（被告 2）为被告向法院起诉要求归还借款及利息。2012 年 7 月 27 日，市公安局以被告 1 涉嫌职务侵占为由，对被告 1 立案侦查。2016 年 1 月 25 日，法院以被告 1 为派遣至农电分公司工作的人员，有机会掌握某供电公司财务专用章；上述印章在本案担保书及收入证明中被加盖，被告 2 存在对公章管理不严、不善的情形为由，判决某供电公司承担二分之一的连带还款责任。

二、法律分析

（一）关键法条

1.《民法典》

第六百八十五条　保证合同可以是单独订立的书面合同，也可以是主债权债务合同中的保证条款。

第三人单方以书面形式向债权人作出保证，债权人接收且未提出异议的，保证合同成立。

2.《最高人民法院关于适用〈中华人民共和国民法典〉有关担保制度的解释》

第二条　当事人在担保合同中约定担保合同的效力独立于主合同，或者约定担保人对主合同无效的法律后果承担担保责任，该有关担保独立性的约定无效。主合同有效的，有关担保独立性的约定无效不影响担保合同的效力；主合同无效的，人民法院应当认定担保合同无效，但是法律另有规定的除外。

因金融机构开立的独立保函发生的纠纷，适用《最高人民法院关于审理独立保函纠纷案件若干问题的规定》。

第六条　以公益为目的的非营利性学校、幼儿园、医疗机构、养老机构等提供担保的，人民法院应当认定担保合同无效，但是有下列情形之一的除外：

（一）在购入或者以融资租赁方式承租教育设施、医疗卫生设施、养老服务设施和其他公益设施时，出卖人、出租人为担保价款或者租金实现而在该公益设施上保留所有权；

（二）以教育设施、医疗卫生设施、养老服务设施和其他公益设施以外的不动产、动产或者财产权利设立担保物权。

登记为营利法人的学校、幼儿园、医疗机构、养老机构等提供担保，当事人以其不具有担保资格为由主张担保合同无效的，人民法院不予支持。

第十一条 公司的分支机构未经公司股东（大）会或者董事会决议以自己的名义对外提供担保，相对人请求公司或者其分支机构承担担保责任的，人民法院不予支持，但是相对人不知道且不应当知道分支机构对外提供担保未经公司决议程序的除外。

金融机构的分支机构在其营业执照记载的经营范围内开立保函，或者经有权从事担保业务的上级机构授权开立保函，金融机构或者其分支机构以违反公司法关于公司对外担保决议程序的规定为由主张不承担担保责任的，人民法院不予支持。金融机构的分支机构未经金融机构授权提供保函之外的担保，金融机构或者其分支机构主张不承担担保责任的，人民法院应予支持，但是相对人不知道且不应当知道分支机构对外提供担保未经金融机构授权的除外。

担保公司的分支机构未经担保公司授权对外提供担保，担保公司或者其分支机构主张不承担担保责任的，人民法院应予支持，但是相对人不知道且不应当知道分支机构对外提供担保未经担保公司授权的除外。

公司的分支机构对外提供担保，相对人非善意，请求公司承担赔偿责任的，参照本解释第十七条的有关规定处理。

第十七条 主合同有效而第三人提供的担保合同无效，人民法院应当区分不同情形确定担保人的赔偿责任：

（一）债权人与担保人均有过错的，担保人承担的赔偿责任不应超过债务人不能清偿部分的二分之一；

（二）担保人有过错而债权人无过错的，担保人对债务人不能清偿的部分承担赔偿责任；

（三）债权人有过错而担保人无过错的，担保人不承担赔偿责任。

主合同无效导致第三人提供的担保合同无效，担保人无过错的，不承担赔偿责任；担保人有过错的，其承担的赔偿责任不应超过债务人不能清偿部分的三分之一。

第十九条 担保合同无效，承担了赔偿责任的担保人按照反担保合同的约定，在其承担赔偿责任的范围内请求反担保人承担担保责任的，人民法院应予支持。

反担保合同无效的，依照本解释第十七条的有关规定处理。当事人仅以担保合同无效为由主张反担保合同无效的，人民法院不予支持。

3.《中华人民共和国电子签名法》(以下简称《电子签名法》)

第三条　民事活动中的合同或者其他文件、单证等文书，当事人可以约定使用或者不使用电子签名、数据电文。

当事人约定使用电子签名、数据电文的文书，不得仅因为其采用电子签名、数据电文的形式而否定其法律效力。

前款规定不适用下列文书：

（一）涉及婚姻、收养、继承等人身关系的；

（二）涉及停止供水、供热、供气等公用事业服务的；

（三）法律、行政法规规定的不适用电子文书的其他情形。

4.《最高人民法院关于在审理经济纠纷案件中涉及经济犯罪嫌疑若干问题的规定》

第四条　个人借用单位的业务介绍信、合同专用章或者盖有公章的空白合同书，以出借单位名义签订经济合同，骗取财物归个人占有、使用、处分或者进行其他犯罪活动，给对方造成经济损失构成犯罪的，除依法追究借用人的刑事责任外，出借业务介绍信、合同专用章或者盖有公章的空白合同书的单位，依法应当承担赔偿责任。但是，有证据证明被害人明知签订合同对方当事人是借用行为，仍与之签订合同的除外。

第五条　行为人盗窃、盗用单位的公章、业务介绍信、盖有公章的空白合同书，或者私刻单位的公章签订经济合同，骗取财物归个人占有、使用、处分或者进行其他犯罪活动构成犯罪的，单位对行为人该犯罪行为所造成的经济损失不承担民事责任。

行为人私刻单位公章或者擅自使用单位公章、业务介绍信、盖有公章的空白合同书以签订经济合同的方法进行的犯罪行为，单位有明显过错，且该过错行为与被害人的经济损失之间具有因果关系的，单位对该犯罪行为所造成的经济损失，依法应当承担赔偿责任。

（二）要点简析

1. 被员工偷盖公章担保无效，但企业有过错应承担相应的责任

根据《最高人民法院关于适用〈中华人民共和国民法典〉有关担保制度的解释》第十一条，公司的分支机构未经公司股东（大）会或者董事会决议以自己的名义对外提供担保的，保证合同无效；因此给债权人造成损失的，应当根据其过错各自承担相应的民事责任。担保人承担民事责任的部分，一般不应超过债务人不能清偿部分的二分之一。

如前文案例，某供电公司作为国有企业的分支机构，如对外担保，须经国有资产管理机关、出资机构同意或法人书面授权，担保行为才是有效民事行为。原告未举证证明被告的出资人、国有资产管理机关同意其担保，也无供电企业所属法人书面授权，因此，本案担保合同无效。合同无效后，供电企业存在对公章管理不严、不善的情形，造成了公司财务专用章被员工偷盖，原告知道或应当知道被告作为国有企业及法人分支机构对外担保应提供的手续及资料，疏于审查，因此原告及被告对担保合同无效均有过错，某供电公司应承担涉案员工不能清偿部分的二分之一的赔偿责任。

2. 企业承担责任后可以向偷盖公章的员工追偿

前文案例中的某供电公司如果承担了 50% 的连带清偿责任，则可以依据《最高人民法院关于适用〈中华人民共和国民法典〉有关担保制度的解释》第十九条规定，向偷盖公章的员工追偿。

3. 除清偿责任外，单位还可能承担员工偷盖公章涉嫌犯罪的经济赔偿责任

如果员工偷盖公章是为了虚构事实骗取他人财物，则有可能构成诈骗。如果偷盖公章是为了将国家财产据为已有，则有可能构成贪污罪、挪用公款罪。根据《最高人民法院关于在审理经济纠纷案件中涉及经济犯罪嫌疑若干问题的规定》第五条，行为人盗窃、盗用单位的公章、业务介绍信、盖有公章的空白合同书，或者私刻单位的公章签订经济合同，骗取财物归个人占有、使用、处分或者进行其他犯罪活动构成犯罪的，单位对行为人该犯罪行为所造成的经济损失不承担民事责任。行为人私刻单位公章或擅自使用单位公章、业务介绍信、盖有公章的空白合同书以签订经济合同的方法进行的犯罪行为，单位有明显过错，且该过错行为与被害人的经济损失之间有因果关系的，单位对该犯罪行为所造成的经济损失，依法应当承担赔偿责任。

三、管理建议

1. 规范公司印章管理制度，防范员工偷盖风险

供电企业对印章管理较为规范。各单位的印章管理制度不可谓不全，关键在于是否严格执行。如用印登记不严，管理人员对存放印章的抽屉不上锁或锁上但钥匙放在人人可取的另一处，员工拿了一叠材料盖章未逐页审查，机构改革启用新印章后未及时销毁旧印章等情况，都有可能造成员工夹带、偷盖印章的风险。对于单位公章、财务专用章等重要的印章，务必由责任心强的员工专人专管，尽量做到严格审批，逐页督盖。

2. 注意电子印章的适用范围

根据《电子签名法》第三条规定，电子签名、数据电文不适用于涉及停止供水、供热、供气、供电等公用事业服务的文书。就供电企业而言，经常会收到配合政府部门、司法部门停电的通知，因此有必要关注该条规定，尽量收取符合法律生效要件的书面函件，以避免承担不必要的风险。

四、参考案例

案例 以单位名义向职工非法集资由单位负责偿还

案号：（2015）修民二初字第113号、（2016）豫08民终591号、（2017）豫08民再8号

1995至1997年，电力安装公司某商号分五次向原告借款6.6万元，借条上均盖有电力安装公司某商号的公章，经理王某签名并盖私章，约定按年利率24%支付借款利息。1997年8月17日，某商号经理王某被县公安局逮捕。2002年12月，县人民法院以王某犯非法吸收公众存款罪判处有期徒刑五年，电力安装公司犯非法吸收公众存款罪判处罚金20万元。县检察院修检刑诉（2000）45号起诉书将原告借款列为非法集资起诉，法院判决没有认定。原告等人多次多渠道进行索要借款未果，诉至法院。一审法院认为，修某电业局开办的电力安装公司具有独立法人资格。某商号系电力安装公司不具备法人资格的经济实体，王某系该经济实体的负责人，王某向其职工出具借条属于职务行为，由于某商号并不具备法人资格，故其责任的承担应由具有独立法人资格的电力安装公司承担。一审判决被告电力安装公司归还原告借款本金6.6万元及按银行贷款利率计算的利息。原告上诉要求修某电业局与电力安装公司共同承担还款责任，并按借条约定的按年利率24%支付借款利息。二审、再审驳回。

第二节　劳动者承诺不参加社保因违法而无效

一、案情简介

案情 1　约定单位将其负担的社保费用直接支付给员工的，不能规避缴纳社保的风险

案号：（2023）浙 03 民终 1480 号

2019 年 5 月 24 日，原告张某微入职被告吴某敏个体工商户处担任销售员。2021 年 1 月 1 日，双方签订书面劳动合同一份，约定劳动合同期限为无固定期限，原告在虹桥天元广场内担任被告柜台营业员，基本工资 2000 元 / 月加提成，社会保险费用 600 元，即 2600 元加提成，不再另外缴纳社保。2022 年 5 月 30 日，被告经营者吴某敏以销售业绩不好、原告无法胜任岗位为由，要求原告待被告招录新员工后离职，沟通过程中原告提出自次日起不再上班。另查明，原告以个体户身份参保了 2020 年 8 月至 2022 年 12 月的养老保险。原告参保了 2020 年 1 月至 2023 年 12 月期间的城乡居民基本医疗保险。

二审法院认为，吴某敏个体工商户未为张某微缴纳 2019 年 5 月至 2022 年 5 月期间的失业保险，以致无法补缴，造成张某微无法享受失业保险待遇，吴某敏个体工商户应予以赔偿。

案情 2　员工自愿放弃缴纳社保的约定无效

案号：（2017）湘 1102 民初 340 号、（2017）湘 11 民终 2141 号 201710

原告之父于 2015 年 4 月 1 日与被告签订劳动合同，约定月工资 2400

元，劳动期限为2015年4月1日到2016年3月31日。同日，原告之父向被告出具承诺书：承诺在职期间自愿购买意外保险，且费用由本人承担，如本人有意购买其他保险，费用由本人承担。原告之父受被告派遣到供电公司的食堂工作。被告每月把养老金512.05元、失业保险26.95元、工伤保险43.12元、医保12.5元发放给原告之父。一年劳动合同期满后，原告之父继续受被告的派遣在供电公司的食堂工作，但双方未续签劳动合同。2016年8月，原告之父因病去世。在劳动关系存续期间，被告没有为原告之父缴纳医疗保险、养老保险、失业保险、工伤保险。2016年12月9日，原告其他亲属与被告就原告之父病亡后的补偿问题达成如下协议：被告一次性给付补偿费、特殊困难补助共计20000元，以后原告不再向被告和供电公司提出任何权力（利）和主张。原告认为该协议未经其同意并到场签字，遂诉至法院。

一审法院认为，用人单位自用工之日起超过一个月不满一年未与劳动者订立书面劳动合同的，应当自用工之日起满一个月的次日起向劳动者每月支付两倍的工资。被告公司没有为原告之父新缴纳医疗保险，致使其不能享受城镇职工医疗保险待遇，故被告应当补偿原告之父城镇职工医疗保险待遇与新型农村医疗保险补偿之差额部分。被告与原告其他亲属签订的协议未经原告许可，视为无效，但已支付的2万元从赔偿额中扣除。二审维持原判。

二、法律分析

（一）关键法条

1.《中华人民共和国社会保险法》（以下简称《社会保险法》）

第二条 国家建立基本养老保险、基本医疗保险、工伤保险、失业保险、生育保险等社会保险制度，保障公民在年老、疾病、工伤、失业、生育等情况下依法从国家和社会获得物质帮助的权利。

第三条 社会保险制度坚持广覆盖、保基本、多层次、可持续的方针，社会保险水平应当与经济社会发展水平相适应。

第四条 中华人民共和国境内的用人单位和个人依法缴纳社会保险费，有权查询缴费记录、个人权益记录，要求社会保险经办机构提供社会保险咨询等相关服务。

个人依法享受社会保险待遇，有权监督本单位为其缴费情况。

第六十三条 用人单位未按时足额缴纳社会保险费的，由社会保险费征收机构责令其限期缴纳或者补足。

用人单位逾期仍未缴纳或者补足社会保险费的，社会保险费征收机构可以向银行和其他金融机构查询其存款账户；并可以申请县级以上有关行政部门作出划拨社会保险费的决定，书面通知其开户银行或者其他金融机构划拨社会保险费。用人单位账户余额少于应当缴纳的社会保险费的，社会保险费征收机构可以要求该用人单位提供担保，签订延期缴费协议。

用人单位未足额缴纳社会保险费且未提供担保的，社会保险费征收机构可以申请人民法院扣押、查封、拍卖其价值相当于应当缴纳社会保险费的财产，以拍卖所得抵缴社会保险费。

2.《民法典》

第一千一百二十七条 遗产按照下列顺序继承：

（一）第一顺序：配偶、子女、父母；

（二）第二顺序：兄弟姐妹、祖父母、外祖父母。

继承开始后，由第一顺序继承人继承，第二顺序继承人不继承；没有第一顺序继承人继承的，由第二顺序继承人继承。

本编所称子女，包括婚生子女、非婚生子女、养子女和有扶养关系的继子女。

本编所称父母，包括生父母、养父母和有扶养关系的继父母。

本编所称兄弟姐妹，包括同父母的兄弟姐妹、同父异母或者同母异父的兄弟姐妹、养兄弟姐妹、有扶养关系的继兄弟姐妹。

3.《中华人民共和国劳动合同法实施条例》(以下简称《劳动合同法实施条例》)

第六条 用人单位自用工之日起超过一个月不满一年未与劳动者订立

书面劳动合同的，应当依照劳动合同法第八十二条的规定向劳动者每月支付两倍的工资，并与劳动者补订书面劳动合同；劳动者不与用人单位订立书面劳动合同的，用人单位应当书面通知劳动者终止劳动关系，并依照劳动合同法第四十七条的规定支付经济补偿。

前款规定的用人单位向劳动者每月支付两倍工资的起算时间为用工之日起满一个月的次日，截止时间为补订书面劳动合同的前一日。

（二）要点简析

1. 未按时签订劳动合同应支付两倍的工资

根据国务院发布的《劳动合同法实施条例》第六条规定，用人单位自用工之日起超过一个月不满一年未与劳动者订立书面劳动合同的，应当自用工之日起满一个月的次日起向劳动者每月支付两倍的工资。前文案例 2 中，劳务公司未及时签订劳动合同，故一审法院认定劳务公司应支付原告之父 2016 年 5 月、6 月、7 月三个月期间的双倍工资。

2. 劳动者承诺不参加社保因违法而无效

根据《社会保险法》第四条规定，用人单位和劳动者应依法参加社会保险，缴纳社会保险费。前文案例 2 中，虽然劳动者向用人单位出具了承诺书，承诺不参加社会保险，相关费用由用人单位支付给个人，但是用人单位为劳动者缴纳社会保险是法律规定的强制义务，不因当事人的意思而变更。因此，劳动者的承诺书因违反法律强制性规定而无效，用人单位依法应当为劳动者缴纳社会保险，未缴纳的应当依法承担相应的赔偿责任。

三、管理建议

1. 加强劳务派遣公司的监管

前文案例 2 中，法院认为供电公司是接受劳务公司劳务派遣的用工单位，与原告之父不存在劳动关系，原告要求供电公司在本案中与被告劳务公司共同承担民事责任的主张于法无据，法院不予支持。虽然法院未支持原告对供电公司的诉求，但供电公司毕竟还是参与了诉讼，投入了人力、物力。为此，建议供电公司加强对劳务公司的监管，掌握劳务公司履行合同的能力和行为，尽量避免因劳务公司不合法用工而影响供电公司的情况。

2. 处理员工遗产应征得所有继承人的同意

前文案例 2 中，原告之父去世后，用人单位应当支付的补偿款属于原告之父的遗产。根据《民法典》第一千一百二十七条，配偶、子女、父母是第一顺序继承人。原告之父的遗产应当由其遗产继承人继承，原告与原告的母亲、兄弟姐妹等均为第一顺序继承人。故用人单位对该部分款项的处理应当获得所有第一顺序继承人的同意。用工单位在原告未到场签字的情况下就与其他亲属签订协议书，该协议事后也未取得原告认可，应当认定无效。被告公司在协议签订后支付的补偿费、特殊困难补助金 2 万元，应当从赔偿款中扣除。

第三节　上下班途中主责交通事故不能认定为工伤

一、案情简介

案情 1　本人主责的交通事故不能认定为工伤

案号：（2022）新 32 民终 292 号

2019 年 3 月 28 日努某与圣某公司签订劳动合同，合同期限为 2019 年 3 月 29 日至 2020 年 3 月 29 日，努某于 2019 年 3 月 29 日开始在圣某公司工作。2019 年 8 月 15 日北京时间 16：30 分左右，努某驾驶三轮电动车从墨某县的房子往公司方向行驶，快到公司时，由于原告（努某）驾驶的三轮车头撞到电线杆，电动车翻车导致原告受伤。事故发生后，努某前往墨某县人民医院检查，并从2019年8月16日至2019年8月28日在和某骨科专科医院住院治疗13天，总产生的治疗检查费9098.69元。新某司法鉴定中心做出（2020）608号鉴定书，鉴定原告伤残鉴定为十级残疾，二次手续费和其他费用为6000元，误工期为180日，营养期为60日，护理期为90日。

本案中，努某虽是上下班途中发生的交通事故，但是因为努某本人驾驶三轮电动车撞到路边的电线杆导致其从三轮电动车上摔倒受伤，本人负主要责任，不符合《工伤保险条例》第十四条第六项“在上下班途中，受到非本人主要责任的交通事故或者城市轨道交通、客运轮渡、火车事故伤害的”的规定，不能认定为工伤。

案情2 本人主责的交通，事故受害人自行承担相关损失

案号：（2012）东民初字第620号、（2014）聊民一终字第263号、（2015）鲁民申字第686号

2010年12月16日19时许，原告办理业务后回到办事处，与同事一起吃过晚饭后驾车回住处，途中将右侧行人撞倒致伤，原告驾车逃离现场。不久，原告驾驶车辆驶出路外侧翻受伤。2011年1月16日，道路交通事故认定书认定原告负交通事故的全部责任。原告申请工伤未果，诉至法院。该案经过一审、二审、再审，最终法院认为，原告驾驶未经安全技术检验的机动车上路，将行人撞伤后逃逸；在逃逸的过程中再次发生事故，致肇事车辆倾覆，造成本人受伤，原告应对自身受到的伤害负全部责任，其伤不符合《工伤保险条例》的规定，不能认定为工伤。

二、法律分析

（一）关键法条

1.《民法典》

第一千一百九十一条　用人单位的工作人员因执行工作任务造成他人损害的，由用人单位承担侵权责任。用人单位承担侵权责任后，可以向有故意或者重大过失的工作人员追偿。

劳务派遣期间，被派遣的工作人员因执行工作任务造成他人损害的，由接受劳务派遣的用工单位承担侵权责任；劳务派遣单位有过错的，承担相应的责任。

2.《工伤保险条例》

第十四条　职工有下列情形之一的，应当认定为工伤：

（一）在工作时间和工作场所内，因工作原因受到事故伤害的；

（二）工作时间前后在工作场所内，从事与工作有关的预备性或者收尾性工作受到事故伤害的；

（三）在工作时间和工作场所内，因履行工作职责受到暴力等意外伤害的；

（四）患职业病的；

（五）因工外出期间，由于工作原因受到伤害或者发生事故下落不明的；

（六）在上下班途中，受到非本人主要责任的交通事故或者城市轨道交通、客运轮渡、火车事故伤害的；

（七）法律、行政法规规定应当认定为工伤的其他情形。

第十七条　职工发生事故伤害或者按照职业病防治法规定被诊断、鉴定为职业病，所在单位应当自事故伤害发生之日或者被诊断、鉴定为职业病之日起30日内，向统筹地区社会保险行政部门提出工伤认定申请。遇有特殊情况，经报社会保险行政部门同意，申请时限可以适当延长。

用人单位未按前款规定提出工伤认定申请的，工伤职工或者其近亲属、工会组织在事故伤害发生之日或者被诊断、鉴定为职业病之日起1年内，可以直接向用人单位所在地统筹地区社会保险行政部门提出工伤认定申请。

按照本条第一款规定应当由省级社会保险行政部门进行工伤认定的事项，根据属地原则由用人单位所在地的设区的市级社会保险行政部门办理。

用人单位未在本条第一款规定的时限内提交工伤认定申请，在此期间发生符合本条例规定的工伤待遇等有关费用由该用人单位负担。

3.《最高人民法院关于审理工伤保险行政案件若干问题的规定》法释〔2014〕9号

第六条 对社会保险行政部门认定下列情形为“上下班途中”的，人民法院应予支持：

（一）在合理时间内往返于工作地与住所地、经常居住地、单位宿舍的合理路线的上下班途中；

（二）在合理时间内往返于工作地与配偶、父母、子女居住地的合理路线的上下班途中；

（三）从事属于日常工作生活所需要的活动，且在合理时间和合理路线的上下班途中；

（四）在合理时间内其他合理路线的上下班途中。

（二）要点简析

1. 上下班途中部分事故属于工伤是对劳动者的扩大保护

相对于普通的侵权责任赔偿，工伤保险的范围有所扩大，充分体现了对劳动者的保护。对于未参加工伤保险的临时性劳务，成立承揽关系而非劳动关系，此时劳动者在赶往工作地点的途中，不受工伤保护。通俗地说，如果只是个人之间的劳务，如家中请个钟点工、请人安装防盗窗等，那么在钟点工或安装工赶往雇主家途中所受到的伤害，雇主不必承担责任，钟点工或安装工也不能参照《工伤保险条例》第十四条第六款申报工伤。但如果雇主与具有用工主体资格的家政公司、装修公司建立了合同关系，钟点工或安装工是正规家政或装修公司的员工，公司为其缴纳了工伤保险，受公司指派到雇主家中上班，那么家政公司或装修公司的工作人员在前往工作地点途中所受到的伤害应属于工伤，可以按照相关规定申报工伤保险待遇。

2. 对“上下班途中”的认定有所扩大

2011 年开始实施的《工伤保险条例》规定“在上下班途中，受到非本人主要责任的交通事故或者城市轨道交通、客运轮渡、火车事故伤害”应当认定为工伤，但对哪些情况可以属于“上下班途中”，没有做出细化的规定，造成了各地认定的差异。《最高人民法院关于审理工伤保险行政案件若干问题的规定》对何种情况属于“上下班途中”，做了较为细致的解释，把“合理时间、合理路线”等情形认定为“上下班途中”，方便了实务操作。

通俗地说，下班后在合理的时间内去买菜、接孩子放学、到父母家中吃饭，都可以算作上下班途中，一旦发生非本人主要责任的交通事故受到伤害，即可认定为工伤。当然，合理时间、合理路线发生本人主要责任的交通事故，还是不能认定为工伤。

3. 应注意上下班途中和工作途中的交通事故的性质区别

上下班途中和工作途中的交通事故性质不同。对上下班途中，仅保护“非本人主要责任的交通事故”。但对于工作途中，则是职务行为，不论是否属于“非本人主要责任的交通事故”，都应参照《工伤保险条例》第十四条第二款认定为工伤。一旦造成第三人人身损害，单位还应该按照《民法典》第一千一百九十一条，承担侵权赔偿责任。具体到工作中，如果某员工运送材料去工地或从工地回来、自驾车去乡下装表接电等，属于从事与工作有关的预备性或者收尾性工作。在这期间发生交通事故，则不论是否属于“非本人主要责任的交通事故”，都应认定为工伤；如果此时还造成他人伤害，则单位应承担侵权赔偿责任。而上下班途中发生非本人主要责任的交通事故，仅员工本人可以被认定为工伤，单位不必为除员工以外的第三人受到的伤害承担责任。

除了在工作时间和工作场所内，因工作原因受到事故伤害应当认定为工伤外，相比普通的侵权纠纷，工伤对劳动者的扩大保护还表现在对工作时间前后在工作场所内、从事与工作有关的预备性或者收尾性工作受到事故伤害，或者因工外出期间、由于工作原因受到伤害或者发生事故下落不明等情况，都属于工作时间和工作场所内，因工作原因受到事故伤害，属于应当认定为工伤的情形。

三、管理建议

1. 注意申报时效，及时申报上下班途中的工伤

根据《工伤保险条例》第十七条第一款，用人单位申请工伤认定的期限是30日。对于上下班途中的工伤认定申请，特别容易超时限。因为上下班途中交通事故造成的伤害是否可以认定为工伤，关键看是否属于“非本人主要责任”，但交通事故责任认定往往需要一定的时间，如案情2，交通事故认定即花费30天时间。因此，对上下班途中交通事故造成伤害的工伤申报，应特别注意时效。用人单位为受事故伤害的职工申请工伤认定的期限是确定的，对于上下班途中发生交通事故的员工，如30日内事故责任未明确的，也应及时提出工伤认定的申请。在事故责任未明确以前，社会保险行政部门可以做出中止的决定，但不影响工伤认定的申请的提出。一旦逾期提出认定申请，用人单位则可能要根据《工伤保险条例》第十七条第四款，承担逾期期间发生的本应由工伤保险基金支付的工伤待遇等有关费用。

2. 规范单位内部考勤制度和日常管理

“上下班途中”的认定主要考虑三个要素：一是以上下班为目的；二是上下班时间是否合理；三是往返于工作地和居住地的路线是否合理。上下班有一个时间区域，可能早一点，也可能晚一点，这“一点”是多少，由于现实生活的复杂性，法律对此并未做出明确规定。为避免“合理时间”

认定纠纷，建议各单位尽量完善本单位的考勤制度和日常管理，对工作时间有明确的管理和考核，以便于更准确地认定员工上下班的“合理时间”。

3. 规范单位员工的用车管理

供电企业员工驾车上下班已是常态。交通事故一旦造成他人损害，不仅要考虑职工本人是否可以申报工伤，还关系到单位是否应为他人损害承担责任。交通事故受到的伤害是否认定为工伤，关系到此次“交通”是否属于职务行为，是单位是否承担赔偿责任的关键，需引起重视。建议各单位加强员工车辆管理，提醒、督促员工做好车辆的保险、保养等事项，避免员工上下班途中发生交通事故，加重责任。

四、参考案例

案例 双方自愿签订《解除劳动关系协议书》合法有效，但工伤待遇仍应支付

案号：（2016）鄂2827民初257号、（2016）鄂2827民初1467号、（2017）鄂28民终534号、（2017）鄂民申2546号

原告于1984年进入县电力公司所属的电站工作。2003年9月，县电力公司按上级政策下文解除了与原告的劳动关系，并给予了一次性补偿。原告不服县电力公司与其解除劳动关系的决定，向人民法院起诉被驳回诉讼请求。2005年3月，县电力公司因工作需要，安排原告做代管电工，但于当年10月清退。因原告认为不应该被清退，从2006年至2009年之间多次到县电力公司及劳动部门反映，于2009年10月14日与被告签订了《解除劳动关系协议书》，协议约定双方解除劳动关系，被告为原告缴纳养老保险费至2005年12月31日，对原告给予经济补偿。

另，原告于2002年因工受伤，直到2007年3月，原告的工伤才经鉴定为伤残九级，此时原、被告之间的劳动合同已解除。原告诉至法院请求被告支付工资、赔偿金、工伤待遇等，并办理养老退休等相关手续。一

审法院认为：原告要求确认与被告于 2009 年 10 月 14 日签订的《解除劳动关系协议书》无效的诉讼请求，于法无据，不予支持。原、被告双方于 2009 年 10 月 14 日以后不存在劳动关系，无需另行支付经济补偿金等。但被告未及时按照工伤保险的规定申报工伤认定和伤残等级鉴定，应承担相应的责任。判决被告按工伤待遇支付各项经济补偿金共计 32021.40 元。二审维持原判。2017 年 11 月 13 日，原告的再审申请被驳回。

第四节 醉驾被追究刑事责任，单位可解除劳动合同

一、案情简介

案情 员工被追究刑事责任，用人单位有权解除劳动合同

案号：（2016）苏 0117 民初 839 号、（2016）苏 01 民终 5063 号

从 2006 年 4 月 1 日起，原告何某入职被告某保安公司后被安排在某派出所从事保安工作，双方最后一份劳动合同期限从 2013 年 1 月 1 日至 2017 年 12 月 31 日。2013 年 8 月 5 日，何某因犯危险驾驶罪被某人民法院判处拘役一个月，罚金人民币一千元，拘役时间为 2013 年 7 月 30 日至 2013 年 8 月 29 日，何某未将被判处刑罚的事实告知某保安公司。2015 年 12 月，某市公安局在警务辅助人员信息化比对时发现何某受过刑事处罚，并将该情况通知某公安分局。2015 年 12 月 24 日，某保安公司在通知本单位工会后解除了与何某之间的劳动合同，并向何某出具了解除劳动合同的证明。

一审法院认为根据《中华人民共和国劳动合同法》（以下简称《劳动合同法》）第三条第一款规定以及第三十九条规定，何某因危险驾驶被判处刑罚后向某保安公司隐瞒，违反诚实信用原则，用人单位在获知实情后依法解除劳动关系符合法律规定。

二审法院认为何某因犯危险驾驶罪，用人单位享有对劳动合同的法定解除权。何某无法证明某保安公司明知其酒驾一事仍与其签订劳动合同，用人单位解除劳动合同符合法律规定，遂驳回上诉，维持原判。

二、法律分析

（一）关键法条

1.《中华人民共和国刑法》(以下简称《刑法》)

第一百三十三条　违反交通运输管理法规，因而发生重大事故，致人重伤、死亡或者使公私财产遭受重大损失的，处三年以下有期徒刑或者拘役；交通运输肇事后逃逸或者有其他特别恶劣情节的，处三年以上七年以下有期徒刑；因逃逸致人死亡的，处七年以上有期徒刑。

第一百三十三条之一　在道路上驾驶机动车，有下列情形之一的，处拘役，并处罚金：

（一）追逐竞驶，情节恶劣的；

（二）醉酒驾驶机动车的；

（三）从事校车业务或者旅客运输，严重超过额定乘员载客，或者严重超过规定时速行驶的；

（四）违反危险化学品安全管理规定运输危险化学品，危及公共安全的。

机动车所有人、管理人对前款第三项、第四项行为负有直接责任的，依照前款的规定处罚。

有前两款行为，同时构成其他犯罪的，依照处罚较重的规定定罪处罚。

2.《劳动合同法》

第三条　订立劳动合同，应当遵循合法、公平、平等自愿、协商一致、诚实信用的原则。

依法订立的劳动合同具有约束力，用人单位与劳动者应当履行劳动合同约定的义务。

第四条 用人单位应当依法建立和完善劳动规章制度，保障劳动者享有劳动权利、履行劳动义务。

用人单位在制定、修改或者决定有关劳动报酬、工作时间、休息休假、劳动安全卫生、保险福利、职工培训、劳动纪律以及劳动定额管理等直接涉及劳动者切身利益的规章制度或者重大事项时，应当经职工代表大会或者全体职工讨论，提出方案和意见，与工会或者职工代表平等协商确定。

在规章制度和重大事项决定实施过程中，工会或者职工认为不适当的，有权向用人单位提出，通过协商予以修改完善。

用人单位应当将直接涉及劳动者切身利益的规章制度和重大事项决定公示，或者告知劳动者。

第三十九条 劳动者有下列情形之一的，用人单位可以解除劳动合同：

（一）在试用期间被证明不符合录用条件的；

（二）严重违反用人单位的规章制度的；

（三）严重失职，营私舞弊，给用人单位造成重大损害的；

（四）劳动者同时与其他用人单位建立劳动关系，对完成本单位的工作任务造成严重影响，或者经用人单位提出，拒不改正的；

（五）因本法第二十六条第一款第一项规定的情形致使劳动合同无效的；

（六）被依法追究刑事责任的。

第四十三条 用人单位单方解除劳动合同，应当事先将理由通知工会。用人单位违反法律、行政法规规定或者劳动合同约定的，工会有权要求用人单位纠正。用人单位应当研究工会的意见，并将处理结果书面通知工会。

第四十八条 用人单位违反本法规定解除或者终止劳动合同，劳动者要求继续履行劳动合同的，用人单位应当继续履行；劳动者不要求继续履行劳动合同或者劳动合同已经不能继续履行的，用人单位应当依照本法第八十七条规定支付赔偿金。

第五十条 用人单位应当在解除或者终止劳动合同时出具解除或者终止劳动合同的证明，并在十五日内为劳动者办理档案和社会保险关系转移手续。

劳动者应当按照双方约定，办理工作交接。用人单位依照本法有关规定应当向劳动者支付经济补偿的，在办结工作交接时支付。

用人单位对已经解除或者终止的劳动合同的文本，至少保存二年备查。

第八十七条 用人单位违反本法规定解除或者终止劳动合同的，应当依照本法第四十七条规定的经济补偿标准的二倍向劳动者支付赔偿金。

3.《最高人民法院关于审理劳动争议案件适用法律问题的解释（一）》

第四十四条 因用人单位作出的开除、除名、辞退、解除劳动合同、减少劳动报酬、计算劳动者工作年限等决定而发生的劳动争议，用人单位负举证责任。

第四十七条 建立了工会组织的用人单位解除劳动合同符合劳动合同法第三十九条、第四十条规定，但未按照劳动合同法第四十三条规定事先通知工会，劳动者以用人单位违法解除劳动合同为由请求用人单位支付赔偿金的，人民法院应予支持，但起诉前用人单位已经补正有关程序的除外。

（二）要点简析

1. 醉驾被依法追究刑事责任的，用人单位可解除劳动合同

根据《劳动合同法》第三十九条第（六）项规定，劳动者被依法追究刑事责任的，用人单位可以解除劳动合同。根据《刑法》第一百三十三条规定，在道路上醉酒驾驶机动车的，处拘役，并处罚金。所以如果员工在道路上达到“醉驾”的程度被依法追究刑事责任，被法院判处刑罚的，用人单位可以解除劳动合同。如果员工只是一般酒驾，被处以行政处罚，没有构成犯罪被依法追究刑事责任的，用人单位一般不能以该项理由解除劳动合同。

2. 用人单位可以违反规章制度或劳动合同约定为由解除劳动合同

在实践中，员工醉驾被依法追究刑事责任，用人单位可根据《劳动合同法》第三十九条的规定解除劳动合同。虽然该条规定的是“可以”解除劳动合同，但对于用人单位来说，员工有上述行为其就享有了法定的解除权，完全有权利解除劳动合同。同时，用人单位也可以员工违反相关规章制度或劳动合同约定为由解除劳动合同，前提是规章制度有明确规定或者劳动合同有明确约定上述劳动合同解除的情形，否则不能以员工违反用人单位规章制度或者违反劳动合同约定而解除劳动合同。

当然，用人单位单方解除劳动合同应履行必要的程序，如应当事先将理由通知工会，并且将解除通知书送达当事员工等，避免因程序瑕疵造成违法解除劳动合同，从而承担赔偿责任。

3. 员工醉驾被依法追究刑事责任，用人单位应一次性处理完毕

在互联网信息高度发达的今天，员工醉驾被依法追究刑事责任一事很容易被用人单位知道。如果用人单位在已知该事件后没有及时和员工解除劳动合同，那么事后不能以同一事件为由单方解除劳动合同。

当然，在证明用人单位“已知”还是“未知”员工醉驾被依法追究刑事责任这个问题上，原则上应该“谁主张谁举证”，由用人单位承担其“未知”的举证责任，由员工承担用人单位“已知”的举证责任。

三、管理建议

1. 用人单位单方解除劳动合同应履行相关程序

用人单位和员工可以协商解除劳动合同，两者也可以提前通知解除或单方解除劳动合同。用人单位以员工醉驾被依法追究刑事责任为由解除劳动合同属于劳动合同解除中的用人单位单方解除劳动合同（过失性辞退）情形。根据《劳动合同法》第四十三条的规定，用人单位单方解除劳动合同，应当事先将理由通知工会。用人单位违反法律、行政法规规定或者劳动合同约定的，工会有权要求用人单位纠正。用人单位应当研究工会的意见，并将处理结果书面通知工会。因此，用人单位单方解除劳动合同应履行“事先将解除劳动合同的理由通知工会”程序，否则将会被法院认定为解除劳动合同程序违法，属违法解除劳动合同。对此，《劳动合同法》第四十八条规定，劳动者要求继续履行劳动合同的，用人单位应当继续履行；劳动者不要求继续履行劳动合同或者劳动合同已经不能继续履行的，用人单位应当依照本法第八十七条规定支付赔偿金。当然，根据《最高人民法院关于审理劳动争议案件适用法律若干问题的解释（一）》第四十七条规定，用人单位未事先通知工会，劳动者以用人单位违法解除劳动合同为由请求用人单位支付赔偿金的，人民法院应予支持，但起诉前用人单位已经补正有关程序的除外。也就是说，用人单位在解除劳动合同当时没有事先通知工会，但事后在起诉前补正通知程序的，用人单位可以不必支付赔偿金。

在司法实践中，除了事先通知工会外，还要求用人单位向员工送达解除劳动合同的通知。

2. 制定规章制度应履行民主程序，做好公示、告知工作

在实践中，用人单位除了援引《劳动合同法》第三十九条第一款第六项规定解除劳动合同外，还会以违反规章制度为由解除劳动合同。用人单位在规章制度中明确规定解除劳动合同的情形包括员工被依法追究刑事责任、严重违反规章制度等。当醉驾符合上述规定时，用人单位可以此为由解除劳动合同。

对此，用人单位事先应履行相关民主程序，做好宣贯、培训、告知等工作。根据《劳动合同法》第四条规定，用人单位在制定、修改或者决定有关劳动报酬、工作时间、休息休假、劳动安全卫生、保险福利、职工培训、劳动纪律以及劳动定额管理等直接涉及劳动者切身利益的规章制度或者重大事项时，应当经职工代表大会或者全体职工讨论，提出方案和意见，与工会或者职工代表平等协商确定。用人单位应当将直接涉及劳动者切身利益的规章制度和重大事项决定公示，或者告知劳动者。用人单位制定的规章制度如有关于解除劳动合同的相关内容，也应属于直接涉及劳动者切身利益的规章制度，应当经职工代表大会或者全体职工讨论，提出方案和意见，与工会或者职工代表平等协商确定，履行必要的民主程序。用人单位还应将规章制度进行公示或者告知员工，可通过入职（岗前）培训、规章制度考试、日常培训、口袋书学习、例会宣贯等形式，同时注意留存书面、照片、视频、电子证据。

另外，用人单位可与员工在劳动合同中约定解除劳动合同的情形。根据《劳动合同法》第三条的规定，订立劳动合同，应当遵循合法、公平、平等自愿、协商一致、诚实信用的原则。用人单位与员工在劳动合同中约定解除劳动合同的情形也应遵循上述原则。

3. 用人单位应及时处理员工醉驾事件

员工醉驾被依法追究刑事责任，若员工借故请假而实际上是被执行拘役刑罚的，用人单位在当时可能并不一定会发现员工的上述犯罪行为。此时，用人单位为“未知”。若用人单位当时就已知晓员工醉驾被依法追究刑事责任，却未与其解除劳动合同，以其他方式处理（如内退、留用察看、降职等），继续履行劳动合同或者仍与之签订劳动合同，那么用人单位在日后不能再次以上述理由与员工解除劳动合同。否则就会发生一事被多次处理的现象，违反诚信、公平原则。

四、参考案例

案例 1 规章制度未明确规定的，用人单位不可解除劳动关系

案号：（2015）佛南法民一初字第 2048 号、（2016）粤 06 民终 4093 号

2010 年 8 月 23 日，被告何某入职原告某学校，何某于 2014 年因酒驾被行政拘留，某学校当时并没有对此做出处理。2015 年 7 月 15 日某学校以何某教学质量低下，教学业绩差，绩效考核不合格，且存在酒驾被行

政拘留的行为为由解除与何某的劳动关系。

一审法院认为，某学校提交的规章制度未对“教学质量低下”做出明确具体的评判标准，没有规定对考核不合格的员工直接予以辞退，绩效考核结果只是由某学校单方出具，没有经过何某确认，也没有直接有效送达何某，某学校主张何某绩效考核不合格不成立。何某是于2014年因酒驾被行政拘留的，但是某学校当时并没有对此做出处理，而是直至2015年7月才以该事由作为解除劳动关系的原因之一，理据不充分，不予采纳。某学校辞退何某理由不充分，应支付违法解除劳动关系的赔偿金予何某。二审法院驳回上诉，维持原判。

案例2 解除劳动合同程序违法，用人单位应支付经济补偿金

案号：（2016）桂0325民初533号、（2017）桂03民终589号

2012年7月1日，被告陆某进入原告某公交公司从事驾驶员工作。双方签订书面劳动合同，合同期限为：自2012年7月1日起至2015年6月30日止。2015年4月30日，某公交公司根据公司《企业职工奖惩制度》的规定，认为陆某醉酒驾驶营运车辆被取消企业车辆准驾资格，已经不符合公交车驾驶员的聘用条件，符合企业与其解除劳动合同的情形，从2015年5月1日起解除与陆某的劳动合同。

一审法院以某公交公司与陆某解除劳动合同程序上违法，判定其支付解除劳动合同经济补偿金。某公交公司上诉认为一审认定事实遗漏“陆某承认醉驾被公安部门处理”的事实。二审法院认为，陆某在一审庭审中承认在合同期间有酒后驾车行为，但该陈述与本案主要事实无关联性，二审法院对某公交公司此异议事实不予以确认。二审法院认为某公交公司未能证明其履行了将单方解除劳动合同的理由通知工会及向陆某送达解除劳动合同通知等义务，解除劳动合同程序存在违法，遂驳回上诉，维持原判。

案例 3 用人单位可根据劳动合同约定解除劳动合同

案号:(2014)达民初字第 177 号、(2014)鄂民终字第 325 号

2012 年 3 月 2 日，原告王某与被告某有限公司续签了《劳动合同书》，约定合同期限为五年，从 2012 年 3 月 2 日至 2017 年 3 月 2 日。该合同第八条第五款第(6)项约定乙方有被依法追究刑事责任这种情况的，甲方可以解除本合同。王某于 2013 年 8 月 14 日因危险驾驶被判处拘役一个月。某有限公司于 2013 年 9 月 30 日对王某做出了开除的决定。

王某主张某有限公司于 2013 年 9 月 27 日对其做出留用察看一年，察看期间发最低生活保障金的处理；又于 9 月 30 日对王某做出了开除决定。某有限公司既然于 9 月 27 日已经对其做出了处理，就不应该在 9 月 30 日对其再处理。一审法院对王某主张的 9 月 27 日某有限公司已做出处理的情况，未予认定为案件事实。

一审法院认为依照双方签订的《劳动合同书》约定，王某被追究刑事责任，某有限公司可以解除劳动合同。二审法院驳回上诉，维持原判。

第五节 职工未申请年休假单位也应统筹安排

一、案情简介

案情 安排职工年休假是用人单位的职责

案号:(2016)黑 0109 民初 1272 号、(2018)黑 01 民终 3177 号

2012 年 7 月 9 日，原告到被告处从事工程师工作，基本工资 5600 元。2013 年至 2015 年，原告未休带薪年假。2016 年 3 月 25 日，被告向原告送达解除合同通知欲单方解除双方的劳动合同，未与原告达成一致。

被告向劳动人事争议仲裁委员会申请仲裁。仲裁委受理并做出了裁决。原告对仲裁裁决不服，故诉至法院。

原告向法院提出诉讼请求：判令被告立即给付原告未休带薪年假工资23220元（2013年至2015年的月工资5600÷21.7天×10天×300%×3个年度）。被告不同意原告的诉讼请求，辩称，根据被告处的工作制度，员工提出休年假，应该向单位提出书面申请，经批复后可休，且当年度的年休假必须当年休完；超过当年度，过期不补休，原告未按规定提出休年假，现在主张年休假已超过诉讼时效，且冬休已经享受了年假。请求驳回原告诉请。一审法院查明：未休年休假明细表是原告单方制作的，不予采信；公司员工带薪年休假管理办法，没有向原告传达的记录，不能确定原告知晓该文件内容，不予采信。一审法院认为：安排职工年休假是用人单位的职责，不应依劳动者申请，更不应将职工未申请休年休假作为免除用人单位支付未休年休假工资报酬的理由。故支持原告要求给付未休年休假工资的请求。法律规定的月计薪天数为21.75天〔（全年365天－52周的双休日104天）÷12个月〕。原告称其2002年开始参加工作，但未举示证据予以证明，故其应休年休假为5天。扣除已支付的年休假当日工资，被告应给付原告2013年至2015年未休年休假工资7724.14元（2013年至2015年月工资5600元÷21.75天×5天×200%×3个年度）。二审维持原判。

二、法律分析

（一）关键法条

1.《中华人民共和国劳动法》（以下简称《劳动法》）（2009年8月27日）

第四十四条　有下列情形之一的，用人单位应当按照下列标准支付高于劳动者正常工作时间工资的工资报酬：

（一）安排劳动者延长工作时间的，支付不低于工资的150%的工资报酬；

（二）休息日安排劳动者工作又不能安排补休的，支付不低于工资的200%的工资报酬；

（三）法定休假日安排劳动者工作的，支付不低于工资的300%的工资报酬。

2.《劳动合同法》

第三十条 用人单位应当按照劳动合同约定和国家规定，向劳动者及时足额支付劳动报酬。

用人单位拖欠或者未足额支付劳动报酬的，劳动者可以依法向当地人民法院申请支付令，人民法院应当依法发出支付令。

3.《职工带薪年休假条例》

第三条 职工累计工作已满1年不满10年的，年休假5天；已满10年不满20年的，年休假10天；已满20年的，年休假15天。

国家法定休假日、休息日不计入年休假的假期。

第五条 单位根据生产、工作的具体情况，并考虑职工本人意愿，统筹安排职工年休假。

年休假在1个年度内可以集中安排，也可以分段安排，一般不跨年度安排。单位因生产、工作特点确有必要跨年度安排职工年休假的，可以跨1个年度安排。

单位确因工作需要不能安排职工休年假的，经职工本人同意，可以不安排职工休年假。对职工应休未休的年休假天数，单位应当按照该职工日工资收入的300%支付年休假工资报酬。

第七条 单位不安排职工休年休假又不依照本条例规定给予年休假工资报酬的，由县级以上地方人民政府人事部门或者劳动保障部门依据职权责令限期改正；对逾期不改正的，除责令该单位支付年休假工资报酬外，单位还应当按照年休假工资报酬的数额向职工加付赔偿金；对拒不支付年休假工资报酬、赔偿金的，属于公务员和参照公务员法管理的人员所在单位的，对直接负责的主管人员以及其他直接责任人员依法给予处分；属于其他单位的，由劳动保障部门、人事部门或者职工申请人民法院强制执行。

4.《企业职工带薪年休假实施办法》

第三条　职工连续工作满 12 个月以上的，享受带薪年休假（以下简称年休假）。

第四条　年休假天数根据职工累计工作时间确定。职工在同一或者不同用人单位工作期间，以及依照法律、行政法规或者国务院规定视同工作期间，应当计为累计工作时间。

第九条　用人单位根据生产、工作的具体情况，并考虑职工本人意愿，统筹安排年休假。用人单位确因工作需要不能安排职工年休假或者跨 1 个年度安排年休假的，应征得职工本人同意。

第十条　用人单位经职工同意不安排年休假或者安排职工休假天数少于应休年休假天数的，应当在本年度内对职工应休未休年休假天数，按照其日工资收入的 300% 支付未休年休假工资报酬，其中包含用人单位支付职工正常工作期间的工资收入。

用人单位安排职工休年休假，但是职工因本人原因且书面提出不休年休假的，用人单位可以只支付其正常工作期间的工资收入。

第十一条　计算未休年休假工资报酬的日工资收入按照职工本人的月工资除以月计薪天数（21.75 天）进行折算。

前款所称月工资是指职工在用人单位支付其未休年休假工资报酬前 12 个月剔除加班工资后的月平均工资。在本用人单位工作时间不满 12 个月的，按实际月份计算月平均工资。

职工在年休假期间享受与正常工作期间相同的工资收入。实行计件工资、提成工资或者其他绩效工资制的职工，日工资收入的计发办法按照本条第一款、第二款的规定执行。

5.《最高人民法院关于审理劳动争议案件适用法律问题的解释（一）》

第十二条　劳动争议仲裁机构逾期未作出受理决定或仲裁裁决，当事人直接提起诉讼的，人民法院应予受理，但申请仲裁的案件存在下列事由的除外：

（一）移送管辖的；

（二）正在送达或者送达延误的；

（三）等待另案诉讼结果、评残结论的；

（四）正在等待劳动争议仲裁机构开庭的；

（五）启动鉴定程序或者委托其他部门调查取证的；

（六）其他正当事由。

当事人以劳动争议仲裁机构逾期未作出仲裁裁决为由提起诉讼的，应当提交该仲裁机构出具的受理通知书或者其他已接受仲裁申请的凭证、证明。

第二十条 劳动争议仲裁机构作出的同一仲裁裁决同时包含终局裁决事项和非终局裁决事项，当事人不服该仲裁裁决向人民法院提起诉讼的，应当按照非终局裁决处理。

第三十五条 劳动者与用人单位就解除或者终止劳动合同办理相关手续、支付工资报酬、加班费、经济补偿或者赔偿金等达成的协议，不违反法律、行政法规的强制性规定，且不存在欺诈、胁迫或者乘人之危情形的，应当认定有效。

前款协议存在重大误解或者显失公平情形，当事人请求撤销的，人民法院应予支持。

6.《关于职工全年月平均工作时间和工资折算问题的通知》劳社部发〔2008〕3号

月计薪天数＝（365天－104天）÷12月＝21.75天

（二）要点简析

1. 员工因未申请而未休年假，用人单位应给付相应工资

带薪年休假简称年休假，是指劳动者连续工作一年以上，就可以享受一定时间的带薪年假。如前述关键法条所示，《企业职工带薪年休假实施办法》第九条和第十条规定，用人单位应根据生产、工作的具体情况，并

考虑职工本人意愿，统筹安排年休假。用人单位经职工同意不安排年休假或者安排职工年休假天数少于应休年休假天数的，应当在本年度内对职工应休未休年休假天数，按照其日工资收入的300%支付未休年休假工资报酬。《职工带薪年休假条例》第七条规定，单位不安排职工休年休假又不依照本条例规定给予年休假工资报酬的，由县级以上地方人民政府人事部门或者劳动保障部门依据职权责令限期改正。主动安排职工休年假是单位的强制义务，单位应当积极制定并公示年度职工休假计划，督促职工休假。对于劳动者未主动申请的，也不能视为自动放弃。除非用人单位安排休假，但职工因本人原因且通过书面形式正式向单位提出不休年休假的，方可视为自行放弃。本案中，原告虽未主动要求休假，但单位也未主动安排，所以不能认定原告放弃休假。

2. 员工更换工作单位后的工作年限应连续计算

《企业职工带薪年休假实施办法》第四条规定："年休假天数根据职工累计工作时间确定。职工在同一或者不同用人单位工作期间，以及依照法律、行政法规或者国务院规定视同工作期间，应当计为累计工作时间。"即：换了工作单位的员工，其年休假天数无需重新计算在新单位的连续工作年限，且在原单位当年已部分休过年休假的，在新单位仍可按规定继续休年休假，只不过需要按规定折算：在新单位当年年休假天数＝当年度在本单位剩余日历天数 ÷365 天 × 员工本人全年应当享受的年休假天数。如果折算后不足1整天的，不享受年休假。

3. 单位难以安排年休假，除正常发放工资外还应赔偿两倍工资

《职工带薪年休假条例》第五条第一款规定：单位根据生产、工作的具体情况，并考虑职工本人意愿，统筹安排职工年休假。年休假在1个年度内可以集中安排，也可以分段安排，一般不跨年度安排。《企业职工带薪年休假实施办法》第九条明确：用人单位确因工作需要不能安排职工年休假或者跨1个年度安排年休假的，应征得职工本人同意。可见，虽然如何安排休假是用人单位的权利，但也应当统筹兼顾工作需要和员工个人意愿，且一般不得跨年度安排，除非征得职工同意。虽然《职工带薪年休假条例》规定应按职工日工资收入的300%支付年休假工资报酬，但其中包含用人单位支付职工正常工作期间的工资收入。原告已经正常领取了工资，因此，只能主张两倍的未休假工资报酬。

三、管理建议

1. 认真核查确定员工的工作年限

员工在其他单位的工作年限影响年休假的天数。派遣制用工的工作年限核查相对复杂。户籍在当地的员工，单位可以通过核查员工档案来确定，户籍不在当地的外地员工，则采取入职申明的方法让员工填写《员工基本情况表》，由本人填写就业经历和累计工作年限，单位通过背景调查后再根据员工的履历给予员工相应的带薪年休假。根据《劳动合同法》第八条、第二十六条和第八十六条的规定，用人单位有权了解劳动者与劳动合同直接相关的基本情况。因此，劳动者应当为自己入职时填写的履历负责，如果弄虚作假，单位可以要求劳动者承担相应的赔偿责任。

2. 建立完整的年休假制度

带薪年假是法律赋予劳动者的休息权利，员工何时休年假是自主决定的，但《职工带薪年休假条例》第五条规定："单位根据生产、工作的具体情况，并考虑职工本人意愿，统筹安排职工年休假。年休假在1个年度内可以集中安排，也可以分段安排。"因此，对于休假的问题，最好由双方协商而定，兼顾公私利益。建立完整的年休假制度，包括明确的休假条件要求、审批手续以及未休假的工资报酬，做到有章可循，防止出现休假混乱或员工不满的情况。

3. 单位有义务统筹安排员工年休假

企业有统筹安排员工休带薪年休假的权利，也有统筹安排员工年休假的义务。一般可由员工申请或者要求员工每年年初申报年休假计划，企业再根据员工的计划进行统筹安排。下半年度员工仍然没有休完年假的，企业方应及时提醒或者直接进行统筹安排。这种方式既兼顾了员工的心理，又能防止不必要的法律风险。

四、参考案例

案例 员工未申请年休假，用人单位也应主动安排

案号：（2016）黑 0109 民初 1271 号、（2018）黑 01 民终 3057 号

原告于 2011 年 7 月入职被告处从事工程师岗位，月工资 5300 元，合同期限至 2017 年 1 月 31 日。原告在被告处工作期间，2012 年至 2014 年未休年休假，被告拖欠原告带薪年假工资。2016 年 3 月 25 日，被告向原告送达了解除合同通知，单方解除双方的劳动合同。被告主张根据企业带薪年休假管理制度，劳动者拟休年假应当履行事先请假程序，以便公司安排顶替其工作的人员。原告未提出休假申请，主张给其带薪休假待遇与公司制度相悖。2016 年 3 月，原告向劳动人事争议仲裁委员会申请仲裁，仲裁委受理并做出了裁决；但原告对裁决不服，诉至法院。原告诉至法院要求被告支付带薪年假工资 21960 元。一审法院认为，安排职工年休假是用人单位的职责，不应依靠劳动者申请，更不应将职工未申请休年休假作为免除用人单位支付未休年休假工资报酬的理由。故对原告要求给付未休年休假工资的请求予以支持。法律规定的月计薪天数为 21.75 天［（365 天 - 52 周 ×2）÷12 个月］。原告的社会保险自 2011 年 9 月开始缴纳，至 2016 年劳动合同解除，原告工龄为 5 年，应休年假为 5 天 / 年，扣除已支付的年休假当日工资，被告应给付原告 2012 年至 2014 年期间三年未休年休假工资即 3655.17 元。二审维持原判。

第六节 用人单位与劳动者为解除劳动合同签订的经济补偿协议有效

一、案情简介

案情 经济补偿协议对双方具有法律约束力

案号:(2017)粤0402民初337号、(2017)粤04民终1625号201802

原告于2011年5月5日入职，工作内容包括劳动合同备案、社会保险相关事宜等。原被告未签订书面劳动合同，但办理了劳动合同备案，备案的合同期限届满日期为2016年9月30日。双方于2016年9月30日签署了协议书，协商一致于2016年9月30日起终止双方的劳动关系。被告公司支付原告经济补偿金5.5个月工资12650元。原告书面承诺自愿于本协议签订之日起与被告终止劳动关系，并放弃因与被告存在劳动关系而对被告享有的一切权利。后原告以被告违法解除劳动合同等为由申请劳动仲裁，被驳回仲裁请求。原告不服劳动仲裁裁决，在法定期限内提出起诉。

一审法院认为，原被告之间已履行的协议不违反法律、行政法规的强制性规定，且不存在欺诈、胁迫或者乘人之危的情形，应当认定有效。一审判决驳回原告的诉讼请求。二审维持原判。

二、法律分析

(一) 关键法条

1.《劳动合同法》

第二十六条 下列劳动合同无效或者部分无效:

（一）以欺诈、胁迫的手段或者乘人之危，使对方在违背真实意思的情况下订立或者变更劳动合同的；

（二）用人单位免除自己的法定责任、排除劳动者权利的；

（三）违反法律、行政法规强制性规定的。

对劳动合同的无效或者部分无效有争议的，由劳动争议仲裁机构或者人民法院确认。

2.《中华人民共和国劳动争议调解仲裁法》（以下简称《劳动争议调解仲裁法》）

第四条　发生劳动争议，劳动者可以与用人单位协商，也可以请工会或者第三方共同与用人单位协商，达成和解协议。

3.《最高人民法院关于审理劳动争议案件适用法律问题的解释（一）》

第三十五条　劳动者与用人单位就解除或者终止劳动合同办理相关手续、支付工资报酬、加班费、经济补偿或者赔偿金等达成的协议，不违反法律、行政法规的强制性规定，且不存在欺诈、胁迫或者乘人之危情形的，应当认定有效。

前款协议存在重大误解或者显失公平情形，当事人请求撤销的，人民法院应予支持。

4.《企业劳动争议协商调解规定》

人力资源和社会保障部发布，自2012年1月1日起施行。

第十一条　协商达成一致，应当签订书面和解协议。和解协议对双方当事人具有约束力，当事人应当履行。

经仲裁庭审查，和解协议程序和内容合法有效的，仲裁庭可以将其作为证据使用。但是，当事人为达成和解的目的作出妥协所涉及的对争议事实的认可，不得在其后的仲裁中作为对其不利的证据。

（二）要点简析

1. 用人单位与劳动者自愿签订协议有效

根据《最高人民法院关于审理劳动争议案件适用法律问题的解释

（一）》第三十五条，劳动者与用人单位就解除或者终止劳动合同办理相关手续、支付工资报酬、加班费、经济补偿或者赔偿金等达成的协议，不违反法律、行政法规的强制性规定，且不存在欺诈、胁迫或者乘人之危情形的，应当认定有效。前文案例中，原告作为一名完全民事行为能力人，在签署协议书的同时，应对实施该民事行为所产生的法律后果有充分的认知及预见能力。况且原告的工作内容包括劳动合同备案等相关人事工作，对是否签订书面劳动合同，应尽到比其他非从事相关工作的人员更高的注意义务，对签订协议书后产生的法律后果应比其他非从事人事工作的人员更了解。双方签订并已履行了协议，原告要求被告公司另行赔付，有违诚信原则。据此对原告的各项诉讼请求，一审法院不予支持。

2. 双方签订了协议后，仍可提起仲裁或诉讼

劳动者和用人单位在劳动关系存续期间所产生的权利、义务属于民事权利和民事义务，属于私法范畴，在不违反法律规定的情况下，当事人可以进行自由处分。但是签订了协议并不代表用人单位或劳动者就不能反悔、申请仲裁和诉讼。只是双方当事人申请仲裁和诉讼后，如果协议不违反法律、行政法规的强制性规定，且起诉方不能证明存在欺诈、胁迫或者乘人之危、重大误解或者显失公平等情形的，法院一般认为协议有效，应当履行。

三、管理建议

1. 用人单位应避免与劳动者签订无效的协议或条款

用人单位在与劳动者签订和解协议时，担心劳动者再申请仲裁或者起诉，在协议中约定：劳动者签订本协议后，不得再向劳动部门进行投诉，不得申请仲裁和提起诉讼。如前所述，申请仲裁和提起诉讼属于公法权利，不属于民事权利义务，当事人不能自由处分。因此，如果协议约定当事人任何一方不得再提起诉讼、仲裁，由于该约定违反了法律规定，属于无效条款。因此，如果用人单位为了防止此类纠纷，可以约定：本协议签订后，劳动者放弃超出上述约定的款项的权利，双方劳动关系存续及解除而引起的劳动关系权利和义务已一次性全部了结。

2. 签订协议对项目的约定应尽量完整和明确

劳动争议的项目包括薪酬、加班工资、年休假、工伤赔偿、经济补偿金、经济赔偿等。劳动者可以就其中一项或多项提起仲裁或诉讼。如先起一案主张工伤保险待遇，再另起一案主张经济赔偿金。在处理过程中，用人单位可能出现误判，与劳动者就已发生的争议签订协议，导致同一当事人的案件重复发生。为了稳妥起见，用人单位可以穷尽列举劳动者可能获得的赔偿项目，并进行兜底约定。

四、参考案例

案例　双方关于处分用工待遇的协议合法有效

案号：（2015）衡蒸民一初字第 282 号、（2016）湘 04 民终 396 号、（2015）衡蒸民一初字第 283 号、（2016）湘 04 民终 449 号

2007 年 1 月，被告梁某等人被派遣至电业局从事专职驾驶员工作。2010 年 12 月 31 日，被告与原派遣公司终止劳动合同。2011 年 11 月 27 日，被告梁某被派遣至原告下属某供电公司车辆管理所从事专职驾驶员工作，原告发放给被告一张“某电业局”的工作证及一张“某电业局”的出入证。工作证上载明被告所属部门为车辆管理所、所属公司为某供电公司。2012 年 1 月 1 日，被告梁某与某供电公司签订《劳动合同书》，合同为固定期限从 2011 年 11 月 27 日起至 2013 年 11 月 26 日止。合同第三条第（二）项约定：“被告梁某为综合计算工时工作制。”2013 年 12 月 20 日，被告梁某以“因身体原因，不能胜任本职工作”为由向原告递交《辞职报告》，并出具有其签名的承诺书一份，内容为：“于 2013 年 12 月 20 日收到某供电公司支付的 21382 元款项后，本人将不再以任何用工相关问题为

由向某供电公司主张任何相关权利，也与某供电公司不存在任何债权债务关系。特此承诺。”2014 年 9 月 29 日，被告梁某申请劳动仲裁，请求某供电公司、劳务派遣公司支付加班双倍工资报酬 108393.38 元、带薪年休假工资报酬 8629.95 元。2015 年 6 月 1 日，劳动仲裁裁决某供电公司支付被告加班工资差额 19074 元及年休假工资 2940 元。某供电公司不服向法院起诉。一审法院认为，被告已向某供电公司书面承诺双方之间不存在任何债权债务关系，也不再以任何用工问题向原告主张任何相关权利，故原告无需支付被告加班工资 19074 元及年休假工资 2940 元。二审驳回梁某的上诉，维持原判。

第七节　技术岗位女职工等同干部岗位（55 周岁退休）

一、案情简介

案情　技术岗位女职工退休年龄为 55 周岁

案号：（2015）彭法行初字第 00074 号、（2016）渝 04 行终 38 号

原告于 1980 年被招收进入某县电力公司，先后在电气技术员、电气助理工程师等岗位工作，2008 年至 2013 年 3 月任供电公司农网办工程资料档案管理专责。2013 年 2 月 28 日，供电公司以原告将于 2013 年 3 月 27 日达到国家法定退休年龄 50 周岁为由通知原告，要求其办理相关交接手续。原告收到后认为自己应执行 55 岁退休政策，向县人社局、县信访办等单位提交申请及信访材料，并与供电公司多次协商，2013 年 3 月 25 日供电公司做出《关于农网办 ××（原告）同志退休问题的处理意见》，主要内容为公司 2013 年至 2016 年三年内对女职工退休年龄规定执行现

状，如有改变，原告将返回公司重新工作。2013 年 6 月 19 日供电公司认为原告属女工人身份，达到 50 岁退休年龄，向县人社局申报办理原告退休审批手续，该申报表载明申报单位为供电公司，参保人员为原告，申报人意见栏无申请人签名。

供电公司同时向县人社局提交了公司关于原告退休的通知文件，原告的工作岗位说明，关于女职工退休执行情况的报告。县人社局收到相关材料后于 2013 年 8 月 21 日做出准予原告正常退休的决定，退休时间为 2013 年 4 月。2014 年 12 月原告要求供电公司履行承诺，安排其回公司上班，供电公司拒绝，原告提起民事诉讼。在诉讼过程中供电公司称县人社局已对原告审批退休，原告遂于 2015 年 5 月提起行政诉讼，要求撤销县人社局做出的退休审批决定。一审法院认为，技术岗位等同于干部岗位，故原告退休应按干部的退休年龄和条件执行。县人社局按工人的退休年龄对原告做出退休审批决定，认定事实和适用法律错误，其所做退休审批决定不合法。判决撤销县人社局于 2013 年 8 月 21 日对原告做出的退休审批决定。二审维持原判。

二、法律分析

（一）关键法条

1.《劳动争议调解仲裁法》

第二十七条 劳动争议申请仲裁的时效期间为一年。仲裁时效期间从当事人知道或者应当知道其权利被侵害之日起计算。

…………

劳动关系存续期间因拖欠劳动报酬发生争议的，劳动者申请仲裁不受本条第一款规定的仲裁时效期间的限制；但是，劳动关系终止的，应当自劳动关系终止之日起一年内提出。

2.《关于贯彻执行〈中华人民共和国劳动法〉若干问题的意见》

46. 关于在企业内录干、聘干问题，劳动法规定用人单位内的全体职工统称为劳动者，在同一用人单位内，各种不同的身份界限随之打破。应该按照劳动法的规定，通过签订劳动合同来明确劳动者的工作内容、岗位等。用人单位根据工作需要，调整劳动者的工作岗位时，可以与劳动者协商一致，变更劳动合同的相关内容。

75. 用人单位全部职工实行劳动合同制度后，职工在用人单位内由转制前的原工人岗位转为原干部（技术）岗位或由原干部（技术）岗位转为原工人岗位，其退休年龄和条件，按现岗位国家规定执行。

3.《国务院关于安置老弱病残干部的暂行办法》

第四条　党政机关、群众团体、企业、事业单位的干部，符合下列条件之一的，都可以退休。

（一）男年满六十周岁，女年满五十五周岁，参加革命工作年限满十年的；

（二）男年满五十周岁，女年满四十五周岁，参加革命工作年限满十年，经过医院证明完全丧失工作能力的；

（三）因工致残，经过医院证明完全丧失工作能力的。

4.《国务院关于工人退休、退职的暂行办法》

第一条　全民所有制企业、事业单位和党政机关、群众团体的工人，符合下列条件之一的，应该退休。

（一）男年满六十周岁，女年满五十周岁，连续工龄满十年的。

（二）从事井下、高空、高温、特别繁重体力劳动或者其他有害身体健康的工作，男年满五十五周岁、女年满四十五周岁，连续工龄满十年的。

本项规定也适用于工作条件与工人相同的基层干部。

（三）男年满五十周岁，女年满四十五周岁，连续工龄满十年，由医院证明，并经劳动鉴定委员会确认，完全丧失劳动能力的。

（四）因工致残，由医院证明，并经劳动鉴定委员会确认，完全丧失劳动能力的。

5.《全民所有制企业聘用制干部管理暂行规定》1991 年 10 月 12 日由中央组织部，人事部颁布

第二条　本规定所称聘用制干部是指从全民所有制企业（以下简称企业）的工人（包括合同制工人）中聘用到干部岗位上任职工作的人员。

第二十三条　聘用制干部受聘十年（本规定颁布之前已被聘用的，可连续计算）并在聘用岗位上退休、退职的，原则上可执行国发（1978）104 号文件规定，按《国务院关于安置老弱病残干部的暂行办法》办理退休、退职手续；根据本人自愿，也可以按《国务院关于工人退休、退职的暂行办法》办理退休、退职手续。

6.《人事部政策法规司关于〈全民所有制企业聘用制干部管理暂行规定〉有关问题的说明》

本条所说的干部岗位，包括管理岗位和专业技术岗位。

7.《最高人民法院关于执行〈中华人民共和国行政诉讼法〉若干问题的解释》法释〔2000〕8 号

第四十一条　行政机关作出具体行政行为时，未告知公民、法人或者其他组织诉权或者起诉期限的，起诉期限从公民、法人或者其他组织知道或者应当知道诉权或者起诉期限之日起计算，但从知道或者应当知道具体行政行为内容之日起最长不得超过 2 年。

复议决定未告知公民、法人或者其他组织诉权或者法定起诉期限的，适用前款规定。

（二）要点简析

1. 原身份为工人但有职称的女职工退休年龄应参照干部岗位执行

在本案之前，原工人身份，但已在管理、技术岗位工作的女职工的退休年龄，一直存在较大争议。根据 1978 年颁布至今仍有效的《国务院关于安置老弱病残干部的暂行办法》和《国务院关于工人退休、退职的暂行办法》，女干部的正常退休年龄为55周岁，女工人的退休年龄为50周岁。但随着我国劳动制度改革的深入发展，企业全面实行劳动合同制后，取消了干部、工人的身份界定。根据《关于贯彻执行〈中华人民共和国劳动法〉若干问题的意见》第46条，在同一用人单位内，各种不同的身份界限随之打破。

前文案例中，原告应该是50周岁退休还是55周岁退休，主要取决于其岗位是管理还是工人。前文案例中，法院认为，原告从事的岗位是否属管理岗位，应结合其所在单位的内部规定进行认定。原告的岗位是工程资料管理，岗位类别是专业技术。根据劳部发〔1995〕309号《关于贯彻执行〈中华人民共和国劳动法〉若干问题的意见》第75条的规定，用人单位全部职工实行劳动合同制度后，职工在用人单位内由转制前的原工人岗位转为原干部（技术）岗位或由原干部（技术）岗位转为原工人岗位，其退休年龄和条件，按现岗位国家规定执行。企业岗位的确定只有工人岗位和干部（技术）岗位，该条已明确技术与干部是并列关系，技术岗位等同于干部岗位（即管理岗位），因此原告的退休应按管理岗位条件执行55周岁退休。法院判决撤销县人社局的退休审批决定。具体认定还可参考文后最高院的判例。

2. 退休审批表未送达且不是劳动争议，诉讼时效为两年

根据《劳动争议调解仲裁法》第二十七条，劳动争议申请仲裁的时效期间为一年。前文案例中，人社局于2013年8月21日审批原告退休，原告于2015年5月才提起诉讼，已超过1年。但因为人社局没有证据证明退休审批表、退休证和计算表已按照规定送达原告，存在行政机关做出具体行政行为时未告知公民、法人或者其他组织的情形，诉讼时效根据《最高人民法院关于执行〈中华人民共和国行政诉讼法〉若干问题的解释》第四十一条，从一年变成两年，因此原告起诉未超过诉讼时效。

三、管理建议

1. 规范单位员工职称评定、聘任工作

《劳动法》实施后，企业内部岗位序列及具体岗位名称、职级、待遇等如何设置系企业用工自主权的运用，将哪些岗位人员归类或对应为管理、工人应由用人单位自行决定。单位职称评定、聘任涉及每个职工的切身利益。供电企业应严格按上级有关规定，根据核准的岗位设置方案，科学制订并实施方案，依照按需设岗、竞聘上岗、按岗聘用的原则完成人员定岗、定级、聘用等工作，避免因工作不规范引发纠纷。

2. 退休审批表等文件应由本人签名方为送达

前文案例中，县人社局认为原告起诉超过起诉期限的，则应承担举证责任。县人社局提交的退休文书送达通知书（留存联）载明退休人员签字栏是余某的签名，余某系供电公司的经办人员，县人社局声称退休审批决定是委托供电公司向原告送达，但并无证据证明供电公司已将退休审批表送达给原告，则未送达的后果应由县人社局承担。

四、参考案例

案例 女职工退休年龄按照岗位确定

案号：（2016）晋 01 行初 94 号、（2017）晋行终 185 号、（2017）最高法行申 7070 号

原告王某于 1966 年 4 月 4 日出生，1989 年 8 月从电力学校毕业分配至供电公司，先后在校表工、自动化工、计量资产岗位工作。王某与单位签订合同期限为无固定期限。2016 年 3 月 25 日，省人社厅依据劳部发〔1995〕309 号文件，审核王某从 2016 年 3 月起办理退休手续。王某认为其从电力学校毕业分配至供电公司工作，是干部身份，应按 55 周岁退休。人社厅认为，实行全员劳动合同制前，按“身份”办理退休；实行全员劳

动合同制后，尤其是《劳动法》颁布后，按“退休时所在岗位”办理退休。王某不服诉至法院，未获一审、二审支持。王某不服，向最高人民法院申请再审。

最高人民法院认为：实行全员劳动合同制后，工作岗位分为工人岗位和管理岗位。女职工退休年龄不以身份确定，应按岗位确定。王某自1989年8月参加工作以来，一直从事生产技能岗位相关工作，系工人岗位，应当按退休时所在岗位办理退休。因此，按照工人的退休标准进行审核、批准退休并无不当。驳回王某的再审申请。

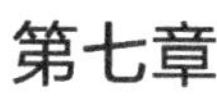

第七章 公司合同纠纷

第一节　逾 30 天签订或仅违反管理性法律规定的合同仍有效

一、参考案例

案例 1　中标通知书发出后超过 30 天签订的合同仍然有效

案号：(2022)鄂 01 民终 13189 号

2015 年 12 月 10 日，启某招标咨询有限公司受东某建交局委托制作招标文件，投标邀请函载明项目名称为：武某新技术开发区城市地下管线普查暨信息平台建设项目第 2 包，本包预算 130 万元，投标报价采用固定总价形式。2016 年 1 月 4 日，启某招标咨询有限公司向中某公司发出中标通知书，内容为其受东某建交局委托，确认中某公司为中标人，中标内容：第 2 包城市地下管线普查暨信息平台建设监理，中标金额 110 万元，请中某公司接到通知书后 30 日内与采购人签订合同，并按招标文件要求和投标文件承诺履行合同。2016 年 4 月 29 日，中某公司、东某建交局签订《武某新技术开发区城市地下管线普查暨信息平台建设监理项目合同书》。

一审法院认为，中某公司、东某建交局 2016 年 4 月 29 日签订的合同书合法有效，受法律保护。按照《中华人民共和国招标投标法》(以下简称《招标投标法》) 第四十六条第一款的规定，招标人和中标人应当自中标通知书发出之日起三十日内，按照招标文件和中标人的投标文件订立书面合同。招标人和中标人不得再行订立背离合同实质性内容的其他协议。但从《招标投标法》第五十九条规定的法律责任来看，《招标投标法》第四十六条的规定并非效力性规定，属于管理性规定，故不能以此认定该合同关于按实际工作量计价的约定无效。

二审法院驳回上诉，维持原判。

案例 2　违反管理性强制性规定而非效力性强制性规定的合同有效

案号：（2018）粤 15 民终 435 号

南某管理处与德某公司于 2012 年 2 月 15 日签订《南某旅游区合作开发合同书》，约定合作开发经营期间的利益分配按旅游区大门门票收入进行分成。签订合作开发合同后，德某公司对合同项目进行了投资。2013 年 7 月 11 日，双方重新签订《合同书》。双方重新签订合同书后，南某管理处已按合同书的约定支付德某公司利益分成款至 2016 年 12 月份。尚欠分成款 2709867 元至现未付。德某公司诉至法院。

南某管理处提交了一份《德某公司建设投入设施、设备移交清单》，拟证明德某公司投入的设施设备都是公共基础设施和旅游配套设施，该项目经南某管理处评估，仅值 120 万元左右，主张双方签订的合同将导致国有资产的流失、损害国家利益。同时，南某管理处主张双方签订合同书之时，未进行资产评估，未办理评估手续，违反了《国有资产评估管理办法》第三条第二款关于国有企业联营、股份经营应进行资产评估的规定，应认定合同无效。另外，南某管理处主张合同中的项目未依法进行招标投标程序，应认定无效。

一审法院认为，上诉人提出所签订的合同因违反法律法规的强制性规定而应为无效，因上诉人所提的法律法规强制性规定属于管理性强制性规定，而非效力性强制性规定，并不影响双方所签订的合同的效力。上诉人所提的涉案合同违反了《合同法》的公平合理的基本原则，但上诉人已超过行使撤销权的时效。判决：南某管理处给付德某公司收入分成款 2709867 元。二审维持原判。

二、关键法条

1.《民法典》

第一百四十六条 行为人与相对人以虚假的意思表示实施的民事法律行为无效。

以虚假的意思表示隐藏的民事法律行为的效力，依照有关法律规定处理。

第一百四十七条 基于重大误解实施的民事法律行为，行为人有权请求人民法院或者仲裁机构予以撤销。

第一百四十八条 一方以欺诈手段，使对方在违背真实意思的情况下实施的民事法律行为，受欺诈方有权请求人民法院或者仲裁机构予以撤销。

第一百四十九条 第三人实施欺诈行为，使一方在违背真实意思的情况下实施的民事法律行为，对方知道或者应当知道该欺诈行为的，受欺诈方有权请求人民法院或者仲裁机构予以撤销。

第一百五十条 一方或者第三人以胁迫手段，使对方在违背真实意思的情况下实施的民事法律行为，受胁迫方有权请求人民法院或者仲裁机构予以撤销。

第一百五十一条 一方利用对方处于危困状态、缺乏判断能力等情形，致使民事法律行为成立时显失公平的，受损害方有权请求人民法院或者仲裁机构予以撤销。

第一百五十三条 违反法律、行政法规的强制性规定的民事法律行为无效。但是，该强制性规定不导致该民事法律行为无效的除外。

违背公序良俗的民事法律行为无效。

第一百五十四条 行为人与相对人恶意串通，损害他人合法权益的民事法律行为无效。

2.《招标投标法》

第四十六条 招标人和中标人应当自中标通知书发出之日起三十日内，按照招标文件和中标人的投标文件订立书面合同。招标人和中标人不得再行订立背离合同实质性内容的其他协议。

招标文件要求中标人提交履约保证金的，中标人应当提交。

三、要点简析

（一）违反管理性强制性规定的合同仍然有效

《民法典》第一百五十三条规定，违反法律、行政法规的强制性规定的民事法律行为无效。违反法律、行政法规的强制性规定属于合同无效的法定情形。《民法典》第一百五十三条规定的“强制性规定”是指效力性强制性规定。

所谓效力性强制性规定，指法律及行政法规明确规定违反了这些禁止性规定将导致合同无效或者合同不成立的规范；或者是法律及行政法规虽然没有明确规定违反这些禁止性规范后将导致合同无效或者不成立，但是违反了这些禁止性规范后如果使合同继续有效将损害国家利益和社会公共利益的规范。管理性强制性规定，指法律及行政法规没有明确规定违反此类规范将导致合同无效或者不成立，而且违反此类规范后如果使合同继续有效也并不损害国家或者社会公共利益，而只是损害当事人的利益的规范。如本节案例 2，法院认为《国有资产评估管理办法》第三条属于管理性规定而非效力性强制性规定；案例 2 中双方所签订的合作开发合同，系双方对合作开发经营旅游区行为的约定，不属于建设工程施工合同，不涉及项目工程招投标问题，因此也没有违反关于招投标的效力性强制性规定，因此双方签订的合同有效。

（二）中标通知书发出后超过 30 天签订的合同仍然有效

《招标投标法》第四十六条规定，招标人和中标人应当自中标通知书发出之日起三十日内，按照招标文件和中标人的投标文件订立书面合同。如果招标文件规定了投标有效期，招标人应当在投标有效期内完成评标并与中标人签订合同。如果超过了投标有效期，则投标文件对中标人不再具有法律约束力，中标人有权拒绝签订合同并无需承担违约责任。但是，如果招标人和中标人双方超过三十日还是签订了合同，该合同的效力仍应得到认可。明确这一点很有现实意义。实践中，中标通知书发出后超过三十日再签订合同的情况并不少见。如本节案例1，法院认为，《招标投标法》规定招标人和中标人应当自中标通知书发出之日起三十日内按照招标文件和中标人的投标文件订立书面合同，目的是限定一定时间约束当事人尽快订立合同，并未规定在限定时间内未签订书面合同而导致合同无效的法律后果。因此，并不能仅因双方当事人根据招标文件和中标人的投标文件内容签订的合同超过了该规定时间即认定无效。

第二节 履约保证金应严格按照招标文件的规定交纳或退还

一、参考案例

案例1 履约保证金不属于定金，不必双倍返还

案号：（2019）川05民终378号

2015年10月26日，某投公司向某卫公司发出中标通知书，确定某卫公司为北部安置点项目勘察、设计标段的中标人。2015年11月23日，某卫公司提交履约保证金756400元。合同签订后，某投公司未在合同约定的期限内向某卫公司提供北部安置点项目的基础资料，且在2016年2月14日某投公司的上级主管部门决定暂缓实施北部安置点项目勘察设计工作后，某投公司及时通知某卫公司停止勘察设计工作，至此某卫公司还未进入北部安置点项目的施工现场开展勘察工作。2016年12月13日，

某投公司将履约保证金退回某卫公司。某卫公司诉至法院主张某投公司应以交缴的履约保证金的金额支付双倍违约金。

一审法院认为，履约保证金不属于定金，不具有双倍返还的性质，合同中也没有某投公司违约应双倍返还履约保证金的约定，某卫公司主张的违约金不能成立。二审维持关于履约保证金部分的判决。

案例 2　未按规定支付履约保证金，投标保证金不予退还

案号：（2019）皖 03 行终 47 号

2017 年 12 月 12 日，某北物流园区项目在某市公共资源交易中心开标，原告某钢公司中标。2018 年 1 月 19 日，招标人发出《中标通知书》。2018 年 5 月 2 日，招标人向被告某市公共资源交易监督管理局递交了一份《关于中标人拒不履约情况的报告》称中标人未按招标文件规定支付履约保证金，申请被告约谈中标人说明情况，否则将按招标文件规定没收其投标保证金。2018 年 6 月 4 日，被告做出《行政处罚决定书》，决定对某钢公司处中标项目金额千分之五的罚款，并取消中标资格，投标保证金不予退还。原告不服，遂向法院提起诉讼。

一审法院认为，原告在规定的期限内放弃了陈述和申辩的权利。原告提出因百姓阻止不让进现场、施工有风险而未与招标人签订合同，但其未提交相应的证据予以证明。被告做出的《行政处罚决定书》证据确凿，适用法律正确，程序合法。判决驳回原告的诉讼请求。二审驳回上诉，维持原判。

案例 3　不按招标文件提交履约保证金视为放弃中标

案号：（2016）川 15 民终 984 号

2015 年 4 月 29 日，被告资源交易中心就义务教育阶段学生作业本公开招标，招标文件规定投标保证金不能转为履约保证金，履约保证金应在领取成交通知书时（合同签订前）交纳。原告川某公司被确定为中标供应商。之后，原告派工作人员到被告资源交易中心领取《中标通知书》，

被告资源交易中心告知“应先交履约保证金才发《中标通知书》”，并于2015年7月20日书面通知原告川某公司于7月23日交纳履约保证金并领取《中标通知书》。

2015年7月28日，原告以无法确定履约保证金金额和应在签订采购合同时交纳履约保证金为由，函告被告资源交易中心先发放《中标通知书》，双方由此产生争议。

一审法院认为，虽然公开招标结果公告中只有中标单价，中标总金额在领取《中标通知书》时不能确定，但招标文件明确赋予了被告解释权，被告要求履约保证金按招标文件最高限价的5%交纳，金额是确定的，且不违反法律规定。本案中的招标文件已明确载明了应先交纳履约保证金，凭交纳履约保证金票据领取《中标通知书》，该文字表述意思清楚，原告没有按招标文件交纳履约保证金，应视为放弃中标。判决驳回原告的诉讼请求。二审维持原判。

二、法律分析

（一）关键法条

1.《招标投标法》

第四十六条 招标人和中标人应当自中标通知书发出之日起三十日内，按照招标文件和中标人的投标文件订立书面合同。招标人和中标人不得再行订立背离合同实质性内容的其他协议。

招标文件要求中标人提交履约保证金的，中标人应当提交。

第六十条 中标人不履行与招标人订立的合同的，履约保证金不予退还，给招标人造成的损失超过履约保证金数额的，还应当对超过部分予以赔偿；没有提交履约保证金的，应当对招标人的损失承担赔偿责任。

中标人不按照与招标人订立的合同履行义务，情节严重的，取消其二年至五年内参加依法必须进行招标的项目的投标资格并予以公告，直至由工商行政管理机关吊销营业执照。

因不可抗力不能履行合同的，不适用前两款规定。

2.《招标投标法实施条例》

第五十五条 国有资金占控股或者主导地位的依法必须进行招标的项目，招标人应当确定排名第一的中标候选人为中标人。排名第一的中标候选人放弃中标、因不可抗力不能履行合同、不按照招标文件要求提交履约保证金，或者被查实存在影响中标结果的违法行为等情形，不符合中标条件的，招标人可以按照评标委员会提出的中标候选人名单排序依次确定其他中标候选人为中标人，也可以重新招标。

第五十八条 招标文件要求中标人提交履约保证金的，中标人应当按照招标文件的要求提交。履约保证金不得超过中标合同金额的10%。

第六十六条 招标人超过本条例规定的比例收取投标保证金、履约保证金或者不按照规定退还投标保证金及银行同期存款利息的，由有关行政监督部门责令改正，可以处5万元以下的罚款；给他人造成损失的，依法承担赔偿责任。

第七十四条 中标人无正当理由不与招标人订立合同，在签订合同时向招标人提出附加条件，或者不按照招标文件要求提交履约保证金的，取消其中标资格，投标保证金不予退还。对依法必须进行招标的项目的中标人，由有关行政监督部门责令改正，可以处中标项目金额10‰以下的罚款。

3.《评标委员会和评标方法暂行规定》

第四十八条 国有资金占控股或者主导地位的项目，招标人应当确定排名第一的中标候选人为中标人。排名第一的中标候选人放弃中标、因不可抗力提出不能履行合同，或者招标文件规定应当提交履约保证金而在规定的期限内未能提交，或者被查实存在影响中标结果的违法行为等情形，不符合中标条件的，招标人可以按照评标委员会提出的中标候选人名单排序依次确定其他中标候选人为中标人。依次确定其他中标候选人与招标人预期差距较大，或者对招标人明显不利的，招标人可以重新招标。

招标人可以授权评标委员会直接确定中标人。

国务院对中标人的确定另有规定的，从其规定。

4.《工程建设项目施工招标投标办法》

第六十二条 招标人和中标人应当在投标有效期内并在自中标通知书发出之日起三十日内，按照招标文件和中标人的投标文件订立书面合同。招标人和中标人不得再行订立背离合同实质性内容的其他协议。

招标人要求中标人提供履约保证金或其他形式履约担保的，招标人应当同时向中标人提供工程款支付担保。

招标人不得擅自提高履约保证金，不得强制要求中标人垫付中标项目建设资金。

（二）要点简析

1. 招标人应按规定收取履约保证金

履约保证金的比例是有规定的，一般情况下工程造价越高比例应该越低，因此具有相对的固定性，招标人不能漫天要价，必须符合法律的规定。根据《招标投标法实施条例》第五十八条、第六十六条规定，履约保证金不得超过中标合同金额的10%。招标人超过规定的比例收取履约保证金的，由有关行政监督部门责令改正，可以处5万元以下的罚款；给他人造成损失的，依法承担赔偿责任。

2. 履约保证金不同于定金

履约保证金的目的是担保承包商完全履行合同，主要担保工期和质量符合合同的约定。承包商顺利履行完毕自己的义务，招标人必须全额返还承包商。履约保证金的功能，在于承包商违约时，赔偿招标人的损失。如果承包商违约，将丧失收回履约保证金的权利，且并不以此为限。如果约定了双倍返还或具有定金独特属性的内容，符合定金法则，则是定金；如果没有出现“定金”字样，也没有明确约定适用定金性质的处罚之类的约定，已经交纳的履约保证金就不是定金。如本节案例1。

3. 中标人不按约定履行合同，履约保证金不予退还

履约保证金是为了保证中标人能够履行合同约定而设置的担保。如果中标人不履行与招标人订立的合同，履约保证金不予退还，给招标人造成的损失超过履约保证金数额的，还应当对超过部分予以赔偿；没有提交履约保证金的，应当对招标人的损失承担赔偿责任。此外，中标人不按照与招标人订立的合同履行义务，情节严重的，取消其二年至五年内参加依法必须进行招标的项目的投标资格并予以公告，直至由工商行政管理机关吊销营业执照。

三、防控重点

（一）履约保证金应在招标文件中明确规定

履约保证金是确保中标人履约的一种财力担保。招标人可自行选择是否收取履约保证金，并非强制性规定。招标人必须在招标文件中明确规定了要求中标单位提交履约保证金时，此项条款方为有效。如果在招标文件中没有明确规定，在中标后不得追加。这就维护了招标文件意思表示的真实性和投标人的权益，投标人可以根据自身情况选择是否投标。

（二）招标人设置履约保证金应遵循公平原则

履约保证金强调的是保证招标人的利益或投资者的利益，为了平衡招标人和中标人的利益，招标人和中标人双方都应对履约做出相应的保证。根据《工程建设项目施工招标投标办法》第六十二条，招标人要求中标人提供履约保证金或其他形式履约担保的，招标人应当同时向中标人提供工程款支付担保。招标人不得擅自提高履约保证金，不得强制要求中标人垫付中标项目建设资金。

（三）投标人应按招标文件规定提交履约保证金

根据《招标投标法实施条例》第五十八条、第七十四条规定，招标文件要求中标人提交履约保证金的，中标人应当按照招标文件的要求提交。中标人无正当理由不与招标人订立合同，在签订合同时向招标人提出附加条件，或者不按照招标文件要求提交履约保证金的，取消其中标资格，投标保证金不予退还。对依法必须进行招标的项目的中标人，由有关行政监督部门责令改正，可以处中标项目金额 10‰ 以下的罚款。前文案例 2 便属此情况。

（四）投标保证金是否转为履约保证金应有明确规定

按《招标投标法实施条例》规定，投标保证金限额为招标项目估算价的 2%；履约保证金限额为中标合同金额的 10%。因此一般情况下履约保证金金额会高于投标保证金。投标人在投标有效期内放弃投标或中标后放弃的，招标人可不退还其全部投标保证金，但应退还其履约保证金。如果中标人的投标保证金可转为履约保证金，一旦投标保证金金额偏少时，转入履约保证金阶段由中标人补交差额。总之，任何方式都应在招标文件中有明确规定。

第三节　被授权人对外签订的合同应由授权人承担法律责任

一、参考案例

案例 1　授权人对被授权人疏于管理应承担相应的责任

案号：（2019）新 28 民终 536 号

被告某海公司授权侯某代表公司全权办理某段电气化铁路供电工程施工项目的投标、签约、执行等具体工作，并签署全部有关文件、协议及合同。2016 年年初，侯某成立工程项目处，并以某海公司分公司名义对外经营。侯某聘用孙某担任项目处财务人员。匡某为承揽电力架线工程转账支付孙某 20 万元保证金。孙某向匡某出具加盖某海公司印鉴的收据。后某海公司更名为润某公司。因未能承揽架线工程，又无法收回保证金，匡某诉至法院。

一审法院认为：因匡某未取得建设工程相应资质，某海公司欲将其承建的 35 千伏输变电部分工程交由匡某施工，违反法律禁止性规定，双方的行为无效。合同无效，匡某交付的 20 万元保证金，润某公司应予返还。润某公司将涉案电力项目交由侯某负责，侯某成立工程项目处并以某海公司分公司名义对外长期经营，润某公司疏于管理，致使项目处对外出具的收条加盖的公章本非公司真实印文，润某公司具有明显的过错。虽然匡某提供的收据上的印文并非某海公司真实印鉴，但相应的责任不能由匡某承担。判决被告润某公司退还原告匡某保证金 20 万元。二审维持原判。

案例 2　出具授权委托书的单位应承担被授权人职务行为的责任

案号：（2019）鄂 03 民终 1093 号

2016 年 12 月 9 日，某宇公司中标某农村配电网建设与改造工程施工框架协议采购部分标段。某宇公司中标后与王某于 2016 年 12 月 18 日签订了一份《电力工程安全施工协议书》。在施工过程中，某宇公司的委托代理人李某要求与王某解除合同。2017 年 3 月 11 日，经李某与王某协商，对王某已完成的工程量、工程价值及购置的相关车辆及设备进行了价值确认后，由李某向王某出具借条一份，载明：今借到王某人民币壹拾五万圆整。随后王某将所购置的相关车辆办理过户到李某名下，相关设备亦全部留给某宇公司，撤离工地。该借条出具后，李某仅支付王某 8 万元，尚欠 7 万元未付，后经王某多次催要无果，诉至法院要求某宇公司承担责任。另查明，某宇公司向李某出具的授权委托书经公证处公证。

一审认为，本案李某向王某出具的借条，因双方没有借贷关系，实际为李某向王某出具结算工程款及购买王某为工程施工购置的车辆、机械器具等费用。因李某系某宇公司的委托代理人，其行为在委托期限内属职务行为；且王某所施工的工程也是某宇公司所承建，李某购买王某的施工车辆及机械器具也用于某宇公司所承建的工地。因此，李某的行为后果依法由其公司承担。判决某宇公司支付王某工程款 70000 元。二审维持原判。

案例 3 被伪造印章单位不承担授权责任

案号:（2018）甘 11 民终 1250 号

在工程未进行公开招投标的情况下，杨某于 2013 年 10 月 6 日以朝某公司名义与弘某公司签订了《某水电站发电引水洞工程施工合同》。后弘某公司与杨某发生矛盾致工程停工。至诉讼时弘某公司比双方确认的杨某停工前的应付工程款超付 111677 元。因杨某未按约定继续施工，导致案涉工程不能按期验收、结算。

杨某以朝某公司名义和弘某公司签订的涉案工程施工合同，朝某公司对此合同予以否认。经法院委托司法鉴定，该合同中的朝某公司印章印文与该公司印章印文不是同一枚印章盖印。据此，一审法院认定朝某公司与弘某公司之间不存在合同关系，朝某公司不承担合同责任。二审维持该认定。

案例 4 单位签订合同加盖公章款项汇入个人账户，单位承担责任

案号:（2018）鲁 14 民终 441 号

被告庆某公司于 2014 年 12 月 29 日注册成立，法定代表人为陈某。2015 年 12 月，庆某公司与原告尚某公司就电线电缆产品采购事项签订《协议书》，约定甲方向乙方收取履约保证金 100 万元。协议签订后，尚某公司徐某分六次汇入庆某公司的授权代表人崔某个人账户 50 万元。崔某将 48 万元转入陈某个人账户。后庆某公司没有按照协议约定采购电线电缆产品。尚某公司向一审法院起诉请求判令被告向原告归还履约保证金

50万元以及迟延履行利息。

一审法院认为，原告提交的证据不能证明其向被告庆某公司支付50万元履约保证金的事实。判决驳回原告尚某公司的诉讼请求。

二审法院认为，2015年12月，庆某公司与尚某公司签订的《协议书》加盖了庆某公司的公章，该协议合法有效。崔某系经庆某公司授权签订协议的全权代表。双方签订的协议约定了庆某公司收取保证金的收款人为崔某。应当认定崔某的收款行为是代表庆某公司的职务行为。改判庆某公司退还尚某公司50万元及利息。

案例5　招标代理机构与招标人成立委托代理关系

案号:（2019）云23民终87号

2017年6月21日，某市国土局与大某招标公司共同对外发布了某市不动产登记城市规划区内建设用地及房屋存量数据整合项目的招标文件。2017年7月7日，某省某局三〇八队向大某招标公司分两次转入投标保证金合计20万元。某省某局三〇八队未中标。经催要，大某招标公司退还一个标段的投标保证金10万元，剩余一个标段的投标保证金10万元至今未退还。另查明，大某招标公司向原告收取投标保证金后未转交给某市国土局，某市国土局亦未向大某招标公司支付招标代理服务费。

一审法院认为，某市国土局、大某招标公司共同对外发布的招标文件均明确大某招标公司受某市国土局委托收取投标保证金，故大某招标公司在本案中不承担责任。判决由被告某市国土局退还原告投标保证金10万元，并支付资金占用费5077元。

二审法院认为，某市国土局按政府相关要求与大某招标公司签订采购项目委托代理协议，双方之间建立委托代理关系。由实际收取投标保证金的代理机构退还保证金与《合同法》第四百零二条的规定并不矛盾。二审改判由大某招标公司退还原告投标保证金10万元并支付资金占用费5077元。

案例 6 营业班长以打折名义设私账收电费属表见代理

案号:（2013）梧民二终字第 71 号

2003 年 12 月份，被告广某公司向原告某供电公司申请安装电表要求供电，要求安装营业用电 40kW 电表 1 只。方某时任原告的客户服务中心营业班副班长，为达到侵吞公款的目的，他利用其工作身份，以能帮大用户办理八折电费为名，拿他人身份证到银行开设两个账户，让被告等多家实际用电户不再通过原来的银行账户交电费，而将每月电费交到方某开设的账户中。与此同时，方某利用负责审核电费数据的职务之便，将各用电户缴交电费的情况设置为“已缴费”。各用电户每月收到的原告发出的客户电费通知单显示电量、电价、电费、已扣费等内容，说明已足额交清电费。原告起诉请求被告交纳电费。

一审法院审理认为：方某时任原告的客户服务中心营业班副班长期间，虽然没有代表原告对外签订电费打折优惠的代理权，但是，方某的身份、其打折的幅度和理由及用电户每月收到原告盖有公章的客户电费通知单，客户电费通知单显示电量、电价、电费、已扣费等内容，时间从 2004 年 2 月至 2007 年 5 月已近 3 年之久等情况，使用电户完全有理由相信方某是有代理权的，属表见代理，应认定该代理行为有效。判决驳回原告诉讼请求。

二审法院认为，按八折收取电费的后果即方某表见代理行为的后果已实际发生，该后果在客观上已归属于某供电公司承担。判决驳回上诉，维持原判。

二、法律分析

(一) 关键法条

《民法典》

第一百六十一条 民事主体可以通过代理人实施民事法律行为。

依照法律规定、当事人约定或者民事法律行为的性质，应当由本人亲自实施的民事法律行为，不得代理。

第一百六十二条　代理人在代理权限内，以被代理人名义实施的民事法律行为，对被代理人发生效力。

第一百六十三条　代理包括委托代理和法定代理。

委托代理人按照被代理人的委托行使代理权。法定代理人依照法律的规定行使代理权。

第一百六十四条　代理人不履行或者不完全履行职责，造成被代理人损害的，应当承担民事责任。

代理人和相对人恶意串通，损害被代理人合法权益的，代理人和相对人应当承担连带责任。

第一百六十五条　委托代理授权采用书面形式的，授权委托书应当载明代理人的姓名或者名称、代理事项、权限和期间，并由被代理人签名或者盖章。

第一百六十七条　代理人知道或者应当知道代理事项违法仍然实施代理行为，或者被代理人知道或者应当知道代理人的代理行为违法未作反对表示的，被代理人和代理人应当承担连带责任。

第一百七十一条　行为人没有代理权、超越代理权或者代理权终止后，仍然实施代理行为，未经被代理人追认的，对被代理人不发生效力。

相对人可以催告被代理人自收到通知之日起三十日内予以追认。被代理人未作表示的，视为拒绝追认。行为人实施的行为被追认前，善意相对人有撤销的权利。撤销应当以通知的方式作出。

行为人实施的行为未被追认的，善意相对人有权请求行为人履行债务或者就其受到的损害请求行为人赔偿，但是，赔偿的范围不得超过被代理人追认时相对人所能获得的利益。

相对人知道或者应当知道行为人无权代理的，相对人和行为人按照各自的过错承担责任。

第一百七十二条 行为人没有代理权、超越代理权或者代理权终止后，仍然实施代理行为，相对人有理由相信行为人有代理权的，代理行为有效。

第九百二十五条 受托人以自己的名义，在委托人的授权范围内与第三人订立的合同，第三人在订立合同时知道受托人与委托人之间的代理关系的，该合同直接约束委托人和第三人；但是，有确切证据证明该合同只约束受托人和第三人的除外。

第九百二十六条 受托人以自己的名义与第三人订立合同时，第三人不知道受托人与委托人之间的代理关系的，受托人因第三人的原因对委托人不履行义务，受托人应当向委托人披露第三人，委托人因此可以行使受托人对第三人的权利。但是，第三人与受托人订立合同时如果知道该委托人就不会订立合同的除外。

受托人因委托人的原因对第三人不履行义务，受托人应当向第三人披露委托人，第三人因此可以选择受托人或者委托人作为相对人主张其权利，但是第三人不得变更选定的相对人。

委托人行使受托人对第三人的权利的，第三人可以向委托人主张其对受托人的抗辩。第三人选定委托人作为其相对人的，委托人可以向第三人主张其对受托人的抗辩以及受托人对第三人的抗辩。

（二）要点简析

1. 代理与委托授权的概念

代理是指以他人的名义，在授权范围内对被代理人实施直接发生法律效力的法律行为。

代理包括委托代理、法定代理和指定代理。委托代理人按照被代理人的委托行使代理权，法定代理人依照法律的规定行使代理权，指定代理人按照人民法院或者指定单位的指定行使代理权。

委托代理通过委托授权的形式，由授权人将代理权授予被授权人，由被授权人在授权范围内进行代理行为。供电企业作为企业法人，常见的代理行为主要是委托代理。本节所涉的案例，均为委托代理，包括招标代理机构受托为招标人代理招标业务。

代理人在代理权限内，以被代理人的名义实施民事法律行为。被代理人对代理人的代理行为承担民事责任。

2. 表见代理的被代理人应承担法律责任

根据《民法典》第一百七十二条，表见代理是指行为人没有代理权、超越代理权或者代理权终止后以被代理人名义订立合同，相对人有理由相信行为人有代理权的，该代理行为有效。如本节案例 6，营业班长利用工作之便设私账收取电费的行为，让用电户以为电费已交至供电公司，对用电户来说，这种行为是有效的，相应的后果应由供电公司承担。

3. 无权代理的被代理人不承担法律责任

没有代理权、超越代理权或者代理权终止后的代理行为，只有经过被代理人的追认，被代理人才承担法律责任。未经追认的行为，由行为人承担法律责任。如本节案例 3，被委造印章的单位没有把相关权利授予杨某的意思表示，杨某没有代理权，属于无权代理，朝某公司不予追认，则不需要承担被伪造印章的法律责任。当然，如果有证据证明朝某公司明知杨某以其公司的名义实施民事行为而不作否认表示的，视为同意。

4. 挂靠或借用资质参加投标实质是违法代理，双方应负连带责任

挂靠或借用资质，是指被挂靠或被借用资质的企业允许他人在一定期限内使用自己的名义从事经营活动的行为。在工程建设和物资采购领域，挂靠或借用资质都是法律所不允许的行为。挂靠与借用资质经营现象普遍存在，当前国家正在严厉打击、查处该类行为。以项目部、授权委托形式承接工程的，多少都可以寻到挂靠、借用资质的蛛丝马迹。

根据《民法典》第一百六十七条，代理人知道被委托代理的事项违法仍然进行代理活动的，或者被代理人知道代理人的代理行为违法不表示反对的，由被代理人和代理人负连带责任。挂靠者在不符合法律规定的情况下借用他人名义进行经营，第三人往往基于对被挂靠方的信任才与之交易；被挂靠方明知挂靠方行为不合法，为收取挂靠费用而允许他人以自己名义从事经营，使第三人陷入错误判断中，由此造成的后果，理应由二者共同承担，以保护善意第三人，规范市场交易秩序。《最高人民法院关于适用〈中华人民共和国民事诉讼法〉的解释》第五十四条、第五十九规定，个体工商户、个人合伙或私营企业挂靠集体企业并以集体企业的名义从事生产经营活动的，在诉讼中，该个体工商户、个人合伙或私营企业与其挂靠的集体企业为共同诉讼人；第六十五条规定，借用业务介绍信、合同专用章、盖章的空白合同书或者银行账户的，出借单位和借用人为共同诉讼人。

三、防控重点

代理行为在供电企业较为常见。公司的法定代表人常需要授权委托公司副总经理或其他人员以公司的名义或以法定代表人的名义行使职权，如审批经费项目、签订供用电合同及其他合同等。为促进公司依法经营，防范经营风险，供电企业在办理授权委托时应注意以下几点。

（一）正确办理授权委托书

授权委托书是被授权委托人的权利证明书。一是要明确是法人授权还是仅为法定代表人授权。法人授权的授权委托书是受托人接受法人的委托行事，委托书上一般加盖公章并有法定代表人的签字。法定代表人的授权委托书，一般来说是由法定代表人个人签署，授权某个人代行其作为法定代表人的某个权利。供电企业的授权一般为法人授权，应由企业法人的法定代表人签发，加盖单位印章。二是授权事项应明确。授权委托书应实行统一格式、统一编号。授权委托书的内容应包含授权委托书编号；授权委托人单位、姓名、职务和被授权人单位、姓名、职务；委托事项及权限；

委托期限。任何人不得对书面授权委托书进行修改、涂改、复印。修改、涂改、复印后的授权委托书无效。

（二）加强授权委托事项的管理

一是统一归口管理。授权委托书的归口管理部门一般为本单位的法律事务管理部门，负责根据法定代表人的决定，办理出具授权委托书事宜。相关部门应当就授权事项的合法性、授权文书格式和表述等事宜征求法律事务室意见。

二是规范各单位和人员申请、使用授权委托书的行为。不同额度的合同应由公司法定代表人或法定代表人授权委托的代理人在其授权范围内代为签署。

三是规范一次性授权委托。为简化工作流程、提高办事效率，公司法定代表人可就供用电合同、小额合同签订事宜等进行一次性批量授权。其他事项包括诉讼代理、项目审批等宜实行一事一授权形式。

四是谨慎办理承办人员授权。代表公司对外签订合同的人员，应当办理法定代表人的直接书面授权。下属单位或分公司需要办理授权委托书的，原则上只对单位负责人授权。如因特殊情况确需对具体承办人员进行直接授权的，须在授权申请中注明。

五是要加强授权监督。各级供电企业应建立健全授权、转授权的监督检查机制，在尽职监督、合规检查及内控评价中，将授权、转授权执行情况作为一项重要内容，每年定期进行授权、转授权执行情况检查，形成报告。严格责任追究制度，严肃查处越权审批等严重违规行为。

（三）把好资质审核关，严查挂靠行为

工程挂靠、借用资质包含巨大风险，工程质量无法保证。供电企业应坚决抵制挂靠、借用资质这种违法代理行为。如严查承包商的社保缴纳对应情况、所有工程款必须进入施工企业指定账号、要求缴纳履约保证金等。

第四节　招标前后签订“黑白合同”，一般以中标合同为准

一、参考案例

案例 1　中标人单方出具的承诺书与招标文件相背离的，承诺书无效

案号：（2023）辽 01 民终 3216 号

2019 年 7 月 3 日，原告与被告签订《某铁路局“三供一业”分离移交供热项目（二期工程）维修改造工程某州供暖项目保温管及管件买卖合同》。2019 年 6 月 25 日，原告为被告出具《承诺书》，由原告加盖公章，法定代表人苑某签字确认。《承诺书》内容载明，我方（原告）为某铁路局“三供一业”分离移交供热项目（二期工程）维修改造工程某州供暖项目保温管及管件采购的中标人，现我方对即将与贵司签订的保温管及管件买卖合同承诺如下：①服从本合同所签的物资在工程竣工终审（政府财政审计或国家审计）审定的单价与数量组成的最终审定总价，并承担审计结果中的单价、数量审计风险；②保证提供最终审定总价相应全额发票，并以该金额的 90% 作为合同最终结算金额，10% 作为折扣；③每批次结算付款比例不高于结算金额的 80%，剩余 20% 根据终审结果，扣除第二条中的折扣金额后作为终审结算尾款及质保金，在工程结束后按照合同约定向我方支付。

一审法院认为：被告提供的《承诺书》及承诺函均加盖原告单位公章及法定代表人签字，原告虽提出异议，但并不申请鉴定，亦无证据推翻上述证据，故对被告提供的《承诺书》及承诺函予以采信；原告主张该承诺

函及《承诺书》无效，没有事实及法律依据，不予采信。根据原告出具的《承诺书》及承诺函，可证明由原告承担审减风险，并以供最终审定总价的 90% 作为合同最终结算金额。

二审法院认为，在签订正式合同之前，上诉人向被上诉人出具承诺书，该承诺书约定的 10% 折扣内容，属于订立背离合同实质性内容即合同价款的其他协议，违反《招标投标法》第四十六条的强制性规定，依法应为无效。事实上在此后的承诺函中，双方也没有再提及 10% 折扣的问题。原审对此认定不当，本院二审予以纠正。

案例 2　签订两份合同，以中标备案合同为准

案号:（2019）浙民终 42 号

2012 年 12 月，双某公司通过招标方式与华某公司签订《建设工程施工合同》，约定“山水某邸总包”工程合同工期总日历天数 700 天，合同价款暂定 26000 万元。该合同经县建筑业管理处备案。2013 年 1 月 8 日，双某公司、华某公司又签订《建设工程施工合同》，约定工期总日历天数 850 天，合同价款暂定 20000 万元。2013 年 1 月 18 日，王某与华某公司签订内部承包合同，约定华某公司承建的“山水某邸总包”工程，以内部经济责任制的形式委托给王某施工。2016 年 12 月 30 日，涉案工程经竣工验收合格。2017 年 2 月 27 日，王某就工程款支付诉至法院（另一案）。一审判令华某公司给付王某工程款 36240264.18 元，双某公司承担连带清偿责任，王某对涉案土建及安装工程依法处置后的价款享有优先受偿权。二审维持原判。现双某公司起诉要求华某公司支付工期延误违约金 4000 万元，王某承担连带支付责任。

一审法院认为，双某公司通过招标方式与华某公司签订的于 2012 年 12 月 31 日备案的《建设工程施工合同》，华某公司、王某提交的证据尚不足以证实存在违法招投标情形，该合同内容也未违反国家法律、行政法规的强制性规定，应属有效。双某公司与华某公司在订立备案合同之后，

又于2013年1月8日就同一建设工程另行订立《建设工程施工合同》，且该合同中工程价款、工程期限均有实质性变更，故该合同不应作为双方结算的依据。现有证据尚不足以认定施工工期延长系华某公司违约导致，华某公司与王某签订的内部承包合同系不同的合同关系，王某不应就华某公司相关违约责任承担连带责任。判决驳回双某公司的诉讼请求。

二审法院认为，根据2013年12月2日双某公司向华某公司出具的《关于山水某邸分包工程的函》，载明双某公司通过邀请招标方式确定案涉工程中的消防、弱电、桩基、幕墙、外墙门窗工程承包人，并要求由华某公司与消防、弱电、桩基工程承包人签订分包合同；幕墙、外墙门窗工程则由双某公司、华某公司与分包人签订合同。鉴于工程总工期内涉及多项分包工程的施工，且分包工程的承包人系指定，相关图纸会审也需合理协调时间，这些综合因素导致工期延误，责任不能归结于华某公司单方。上诉人主张由华某公司承担总体工期延误的违约金4000万元，依据并不充分。判决驳回上诉，维持原判。

案例3 先施工后补充招投标签订的合同为无效合同

案号:（2019）最高法民终44号

望某管委会与青某公司于2013年3月协商确定，由青某公司承包城市副中心道路工程项目。2013年4月10日，青某公司按照望某管委会的指示开工。2013年8月，因受当地村民阻挠被迫停工。青某公司完成案涉工程97%的工程量。望某管委会于2014年6月24日完成案涉工程的招投标，同年7年7月向青某公司送达《中标通知书》，之后双方签订《建设工程施工合同》。后双方因工程结算涉讼。

一审法院认为，案涉工程系政府计划投资9000万元的城市基础设施项目，属于必须招投的工程。在施工合同签订前，青某公司已于2013年4月10日对案涉工程进行了施工，因此，双方当事人的上述行为实为“先定后招”的“串标”行为。双方签订的施工合同属于无效合同。双方关于支付逾期工程款违约金的约定，因合同无效亦归于无效。

二审法院认为，虽然案涉施工合同无效，但法律后果只是对当事人不产生约束力，并不意味着相关条款不能作为参照。尤其是在案涉合同仅因违反法律法规强制性规定而无效、当事人均认可合同真实性的情况下，合同条款中对客观事实的陈述和对已发生事实的处理安排，仍可作为人民法院认定案件事实和当事人真实意思表示的重要参考。认定合同所涉关于已竣工日期、付款时间节点等内容系双方事后对已发生的事实的表述和确认，可以证明案件事实和当事人的真实意思表示。

案例4　非必须招标项目，签订“黑白合同”不以中标备案合同为结算依据

案号：（2018）川01民终14736号

2014年7月1日，固某公司与恒某公司签订《建设工程施工合同1》，约定工程金额为2208万元。同日，恒某公司作为招标人向固某公司发出《中标通知书》，确定固某公司为案涉项目中标人，中标价为2944.5698万元。2014年7月8日，恒某公司与固某公司再次签订《建设工程施工合同2》，约定由固某公司承建案涉工程，合同价款为2944.5698元。固某公司于2014年8月11日将《建设工程施工合同2》交区建设工程招标投标监督办公室备案。

2014年9月8日，固某公司与恒某公司签订《补充协议书》，增加建设投资258504元。2014年9月12日，恒某公司将该补充协议交区建设工程招标投标监督办公室备案。案涉项目在本次招标备案程序启动前，业主事先已确定固某公司作为中标单位，招标备案由固某公司协助办理。

一审法院认为，恒某公司并非国有企业，本案亦非公共工程纠纷且案涉工程并未经过实际招标投标程序，不能因此必然得出固某公司与恒某公司应当按照备案的《建设工程施工合同2》作为双方工程款结算合同的结果。而应当根据双方真实意思表示确定按照哪一份《建设工程施工合同》

作为双方工程款结算依据。根据恒某公司提交的未备案的《建设工程施工合同1》可以看出，双方在签订该合同时对于案涉工程1#生产车间、2#生产车间、综合楼等工程的工程款的具体金额均予以明确的约定，结合固某公司向恒某公司发出的的工程进度款请款单等证据可以认定，该合同才是双方真实意思表示，且该合同并不违反法律规定，应属有效。认定双方应按照2014年7月1日签订的《建设工程施工合同1》计算工程款。二审维持该认定。

二、法律分析

（一）关键法条

《最高人民法院关于审理建设工程施工合同纠纷案件适用法律问题的解释》

第二十一条 当事人就同一建设工程另行订立的建设工程施工合同与经过备案的中标合同实质性内容不一致的，应当以备案的中标合同作为结算工程价款的根据。

《最高人民法院关于审理建设工程施工合同纠纷案件适用法律问题的解释（一）》

第二条 招标人和中标人另行签订的建设工程施工合同约定的工程范围、建设工期、工程质量、工程价款等实质性内容，与中标合同不一致，一方当事人请求按照中标合同确定权利义务的，人民法院应予支持。

招标人和中标人在中标合同之外就明显高于市场价格购买承建房产、无偿建设住房配套设施、让利、向建设单位捐赠财物等另行签订合同，变相降低工程价款，一方当事人以该合同背离中标合同实质性内容为由请求确认无效的，人民法院应予支持。

第二十二条 当事人签订的建设工程施工合同与招标文件、投标文件、中标通知书载明的工程范围、建设工期、工程质量、工程价款不一致，一方当事人请求将招标文件、投标文件、中标通知书作为结算工程价款的依据的，人民法院应予支持。

第二十三条 发包人将依法不属于必须招标的建设工程进行招标后，与承包人另行订立的建设工程施工合同背离中标合同的实质性内容，当事人请求以中标合同作为结算建设工程价款依据的，人民法院应予支持，但发包人与承包人因客观情况发生了在招标投标时难以预见的变化而另行订立建设工程施工合同的除外。

（二）要点简析

1. 黑白合同的危害

黑白合同是指合同当事人就同一事项订立两份以上的内容不相同的合同，一份对内，一份对外。对外为建设单位、施工单位按照《招标投标法》的规定，依据招投标文件签订的在建设工程管理部门备案的建设工程施工合同。其主要特点是经过合法的招投标程序，该合同在建设工程管理部门备案，形式合法。对内是双方为规避政府管理，私下签订的建设工程施工合同，未经过合法的招投标程序且该合同未在建设工程行政管理部门备案。建设工程施工合同履行期间长，影响因素多，关于招标投标等方面的规定较为严格。为规避这些规定，建筑市场上存在围标串标、明招暗定、“黑白合同”等违法违规行为，扰乱市场秩序，也会影响建设工程质量。

2. 黑白合同的效力

2005 年 1 月 1 日《最高人民法院关于审理建设工程施工合同纠纷案件适用法律问题的解释》规定，当事人就同一建设工程另行订立的建设工程施工合同与经过备案的中标合同实质性内容不一致的，应当以备案的中标合同作为结算工程价款的根据。2021 年 1 月日《最高人民法院关于审理建设工程施工合同纠纷案件适用法律问题的解释（一）》第二条则规定，招标人和中标人另行签订的建设工程施工合同约定的工程范围、建设工期、工程质量、工程价款等实质性内容，与中标合同不一致，一方当事人请求按照中标合同确定权利义务的，人民法院应予支持。

因此，必须招标的项目如签订“黑白合同”，效力的认定有所变化。2004 年至 2019 年 2 月 1 日前，以备案合同为准。2019 年 2 月以后，一般以中标合同为准。

3. 建设工程施工合同备案制度已取消

2018 年 5 月，国务院办公厅下发《关于开展工程建设项目审批制度改革试点的通知》，试点取消建设工程施工合同备案制度，对民间投资的房屋建筑工程试行由建设单位自主决定发包方式。2018 年 9 月，住房城乡建设部做出《关于修改〈房屋建筑和市政基础设施工程施工招标投标管理办法〉的决定》，决定删除该办法第 47 条第 1 款中的“订立书面合同后 7 日内，中标人应当将合同送工程所在地的县级以上地方人民政府建设行政主管部门备案”的规定。

4. 非必须招标的项目合同以真实意思表示为准

如本节案例 4，对于不是必须招标的项目，不能必然得出应当按照备案的《建设工程施工合同 2》作为双方工程款结算合同的结果，而应当根据双方真实意思表示确定按照哪一份《建设工程施工合同》作为双方工程款结算依据。该案裁判于 2019 年 1 月 21 日。2019 年 2 月 1 日《最高人民法院关于审理建设工程施工合同纠纷案件适用法律问题的解释（二）》生效后，关于不属于必须招标的建设工程进行招标后中标合同的效力改为：发包人将依法不属于必须招标的建设工程进行招标后，与承包人另行订立的建设工程施工合同背离中标合同的实质性内容，当事人请求以中标合同作为结算建设工程价款依据的，人民法院应予支持，但发包人与承包人因客观情况发生了在招标投标时难以预见的变化而另行订立建设工程施工合同的除外。

5. 先施工再招标的合同无效但可以作为结算参考

如本节案例 3，一审法院认为，案涉工程属于必须招标的工程，双方存在先定后招的串标行为。双方签订的施工合同属于无效合同。无效合同自始无效。二审法院认为，虽然案涉施工合同无效，但法律后果只是对当事人不产生约束力，并不意味着相关条款不能作为参照。尤其是在案涉合同仅因违反法律法规强制性规定而无效、当事人均认可合同真实性的情况下，合同条款中对客观事实的陈述和对已发生事实的处理安排，仍可作为人民法院认定案件事实和当事人真实意思表示的重要参考，因此认定合同所涉关于竣工日期、付款时间节点等内容系双方事后对已发生事实的表述和确认，可以证明案件事实和当事人真实意思表示。最高人民法院（2013）民申字第884号案例也采取这一裁判思路，认为涉案标前合同、中标合同均无效，但由于标前合同是当事人的真实意思表示，实际施工中双方也主要是依据标前合同的约定来履行，且从标前合同的内容看，其结算依据也主要是依照定额据实结算。因此，在一定情况下，将标前合同作为结算工程价款的一个参照也并不违背双方真实意思表示。

三、防控重点

国家明令禁止黑白合同。电网企业应规范招标投标行为，杜绝黑白合同。工程施工合同备案制度取消后，国家通过《最高人民法院关于审理建设工程施工合同纠纷案件适用法律问题的解释（一）》第二条和第二十二条明确，招标人和中标人另行签订的建设工程施工合同约定的工程范围、建设工期、工程质量、工程价款等实质性内容，与中标合同不一致，应当按照中标合同确定当事人的权利义务。当事人签订的建设工程施工合同的实质性内容与招标文件、投标文件、中标通知书的记载不一致，以招标文件、投标文件、中标通知书作为结算建设工程价款的依据，对杜绝黑白合同、明招暗定现象将起到明显的作用。

第五节 固定总价合同也可调整工程款

一、参考案例

案例1 固定总价合同如遇工程量增加，可按鉴定意见调整工程款

案号：（2018）甘民终150号、（2019）最高法民申357号

2015年6月28日，原告昊某公司与被告泰某公司签订了一份建筑工程施工总承包合同，约定合同总价为37103500元。合同签订以后，昊某公司开始施工，并于2016年9月30日完成2、3号楼的施工。后因2、3号楼实际建筑面积超过合同约定，双方因工程款支付产生矛盾，原告诉至法院。

一审法院认为，因双方当事人对2、3号楼增加的工程造价存在争议，法院依法委托信某工程造价咨询有限公司对昊某公司施工的2、3号楼实际增加变更部分的工程造价进行了鉴定，2、3号楼增加变更项目的工程造价为1851654.24元。故案涉2、3号楼的总工程款总计40615834.24元，扣除泰某公司已支付的32684139.08元，泰某公司还应向昊某公司支付工程款7931695.16元。因昊某公司仅诉请了7673622.3元，故应以诉讼请求为准，判决泰某公司应向昊某公司支付工程款7673622.3元及利息。

泰某公司上诉主张扣减未完工项目工程款、窗户制作安装费、电料款，此为保修期内的责任。二审法院经审理后扣减电料款323565.7元，改判泰某公司向昊某公司支付工程款7608129.46元。

最高院再审认为，案涉合同虽为固定总价合同，但双方对案涉工程

2、3 号楼主体建筑面积进行了实际测量，两栋楼的主体建筑面积都有所增加，双方也都认可实际测量的建筑面积。对于增加变更的项目鉴定机构并非仅依据变更签证单进行鉴定，同时也进行了现场勘查。泰某公司在原审鉴定的时候对此并没有提出异议，而其在再审申请时也没有提供足以推翻该鉴定结论的证据，故原审法院做出的判决并无不当，泰某公司的该项再审申请主张不能成立。裁定驳回泰某公司的再审申请。

案例 2　固定总价合同增项工程有业主代表签字，应计入工程款总额

案号：（2018）最高法民终 1250 号

2015 年 3 月，嘉某公司发布案涉工程招标文件，载明招标方式为固定总价招标；要求招标期间各投标人均自行踏勘现场，招标人据此认为投标人已经充分了解施工现场实际情况，招标人不接受因投标人对招标范围的理解偏差、对施工现场的踏勘不全面等因素导致的任何索赔和合同价款的调整。天某公司参与投标，以固定总价 192939084 元中标，双方以 191552736 元签订了施工合同，约定合同价格形式为固定总价（中标价一次性包死）。工程于 2016 年 8 月 30 日通过嘉某公司组织的竣工验收。同年 9 月 5 日，天某公司向嘉某公司提交了一份《工程联系单》，要求支付合同价为 191552736 元及另外完成合同范围以外增项工程造价 1329412 元合计总价 192882148 元的余款。因嘉某公司未按合同约定及承诺书付款，天某公司提起本案诉讼。

某省高院一审认为，双方签订的《建设工程施工合同》约定合同价格形式为固定总价（中标价一次性包死），因此工程价款应认定为 191552736 元。天某公司完成合同外增项工程的联系单上有嘉某公司的授权委托代理人潘某签字，故该合同外增项工程造价 1329412 元应计入工程款总额。判决嘉某公司支付天某公司工程款 192882148 元及逾期付款违约金。

最高院判决驳回上诉，维持原判。

案例3 固定总价合同三方签字的签证单应当计价，签字不全应现场比对

案号：（2017）新29民终869号

2009年9月30日，甲方乌某县金某矿业开发有限公司与乙方博某机电工程有限责任公司就乌某35千伏、10千伏输变电工程签订建设工程施工合同，约定35千伏部分合同价款760万元、10千伏部分合同价款280万元。甲方负责办理土地征用、租用、青苗和树木赔偿、房屋拆迁等工作，乙方不得以任何理由增加工程量，施工图以外任何施工甲方都不予计量，经甲方同意变更设计图纸的除外。2010年6月10日，上诉人与被上诉人协商同意增加了乌某10千伏输变电工程的工程量。2010年7月8日，乌某输变电工程经双方同意竣工验收。因双方对工程增加的工程量持有异议，诉讼期间一审法院委托鉴定。

一审法院认为，拖欠工程款应当清偿。双方当事人对35千伏、10千伏附属工程的工程款提出异议，一审法院通过委托鉴定机构对博某机电工程有限责任公司提供的20份关于35千伏输电线路的经济技术签证单进行鉴定，确认没有建设方与施工方和第三方确认的签证单，有监理方和施工方签章的17份，仅有施工方签章的3份。对三方共同签字的签证单应当计价，没有建设单位签字的经济签证单主要依据对整个35千伏线路通过鉴定机构工作人员到现场进行全面勘察，与提供的施工图纸施工比对，对实际发生的签证单给予计价。通过现场勘探进行评估，认定变更、增加项目金额为1211864.33元。伐树款及青苗补偿款经鉴定机构及一审法院工作人员实地勘探后确定价款为143967元。

案例4 固定价格合同的鉴定争议部分，有监理单位签字也应变更

案号：（2018）津民终146号、（2019）最高法民申1564号

2011年8月2日，原告霍某第二工程公司与被告大某房地产开发中

心签订大某房地产开发中心港东新某限价商品住房项目建设合同，约定合同价款采用固定价格合同方式确定，投标单价在合同实施期间不因市场变化因素而变动，工程细项单价一次包死；工程量据实调整，计入结算价，风险费用已包括在合同造价内，合同造价内均不包括施工过程中因施工图的重大设计变更所发生的施工费用。后原告因工程款支付问题诉至法院。

一审法院认为，本案备案合同为固定价格合同。根据备案合同约定合同价款136635753元，变更增项造价无争议部分为2897939元，有争议部分为1050785元；有争议部分因依据的工程签证单有监理方签字确认而无被告方签字确认，根据建设工程施工过程的一般情形，监理单位有权代表发包人确认施工量等事项，大某房地产开发中心否认争议签证对应的工程但就此未提出相反证据，一审法院对于有争议部分变更增项予以支持；霍某第二工程公司主张依据鉴定意见中数据甩项工程造价为1416609元（合同造价136635753元－已完成合同造价135219144元），大某房地产开发中心否认但就此未提供相反证据，一审法院确认甩项工程造价为1416609元。故对应变更增项工程造价为3974572元，甩项工程造价为1416609元。判决大某房地产开发中心支付霍某第二工程公司工程款14034514.2元及逾期付款违约金。

大某房地产开发中心上诉。二审驳回上诉，维持原判。再审申请被驳回。

二、法律分析

（一）关键法条

《最高人民法院关于审理建设工程施工合同纠纷案件适用法律问题的解释（一）》

第十九条　当事人对建设工程的计价标准或者计价方法有约定的，按照约定结算工程价款。

因设计变更导致建设工程的工程量或者质量标准发生变化，当事人对该部分工程价款不能协商一致的，可以参照签订建设工程施工合同时当地建设行政主管部门发布的计价方法或者计价标准结算工程价款。

建设工程施工合同有效，但建设工程经竣工验收不合格的，依照民法典第五百七十七条规定处理。

第二十九条 当事人在诉讼前已经对建设工程价款结算达成协议，诉讼中一方当事人申请对工程造价进行鉴定的，人民法院不予准许。

第三十条 当事人在诉讼前共同委托有关机构、人员对建设工程造价出具咨询意见，诉讼中一方当事人不认可该咨询意见申请鉴定的，人民法院应予准许，但双方当事人明确表示受该咨询意见约束的除外。

第三十一条 当事人对部分案件事实有争议的，仅对有争议的事实进行鉴定，但争议事实范围不能确定，或者双方当事人请求对全部事实鉴定的除外。

第三十二条 当事人对工程造价、质量、修复费用等专门性问题有争议，人民法院认为需要鉴定的，应当向负有举证责任的当事人释明。当事人经释明未申请鉴定，虽申请鉴定但未支付鉴定费用或者拒不提供相关材料的，应当承担举证不能的法律后果。

一审诉讼中负有举证责任的当事人未申请鉴定，虽申请鉴定但未支付鉴定费用或者拒不提供相关材料，二审诉讼中申请鉴定，人民法院认为确有必要的，应当依照民事诉讼法第一百七十条第一款第三项的规定处理。

第三十三条 人民法院准许当事人的鉴定申请后，应当根据当事人申请及查明案件事实的需要，确定委托鉴定的事项、范围、鉴定期限等，并组织当事人对争议的鉴定材料进行质证。

第三十四条 人民法院应当组织当事人对鉴定意见进行质证。鉴定人将当事人有争议且未经质证的材料作为鉴定依据的，人民法院应当组织当事人就该部分材料进行质证。经质证认为不能作为鉴定依据的，根据该材料作出的鉴定意见不得作为认定案件事实的依据。

（二）要点简析

1. 建设工程按照约定计价方法结算工程价款

根据《最高人民法院关于审理建设工程施工合同纠纷案件适用法律问题的解释（一）》第十九条，当事人对建设工程的计价标准或者计价方法有约定的，按照约定结算工程价款。建设工程的计价方法主要有四种，一是固定总价。建设工程施工合同订立时承包范围已经明确，施工方根据承包范围（施工图或工程量清单）进行预算，并确定总的工程造价。二是固定单价。发包方承担工程量变化的风险，施工方承担报价的风险。三是成本加酬金。工程最终的结算按照工程实际造价加上一定比例的酬金来计算。四是可调价格。对可调价格的因素及调整方法进行明确约定，工程竣工后据实结算。

2. 固定总价合同因业主方原因引起的增项价款应予计入

固定总价合同的价款约定后，除业主增减工程量和设计变更外，合同总价一律不调整。合同总价一经固定，只要业主方不改变合同施工内容，合同约定的价款就是承发包双方最终的结算价款。对于业主来说，这样的价款确定形式可以节省大量的计量、核价工作，从而能集中精力抓好工程进度和施工质量。因此，固定总价合同与固定单价合同、按实结算合同、成本加酬金合同相比更能保护业主的利益。

固定总价合同发生业主增减工程量和设计变更的，合同总价应当予以调整。如本节案例 1，最高法裁判意见认为，案涉合同虽为固定总价合同，但双方对案涉工程 2、3 号楼主体建筑面积进行了实际测量，两栋楼的主体建筑面积都有所增加，双方也都认可实际测量的建筑面积。对于增加变更的项目价款，一审法院委托鉴定机构进行鉴定，确定已完工程量及增加的工程量，进而确定泰某公司应支付工程总价款，并无不当。案例 2 中，法院认为，双方签订的《建设工程施工合同》约定合同价格形式为固定总价（中标价一次性包死），但天某公司完成合同外增项工程的联系单上有嘉某公司的授权委托代理人签字，故该合同外增项工程造价应计入工程款总额。

3. 固定总价合同的价格的风险主要由承包商承担

对承包商而言，固定总价合同一经签订，承包商首先要承担的是价格风险。承包方询价失误、合同履行过程中的价格上涨风险均自行承担，业主不会给予补偿。如本节案例 4，法院认为，鉴定意见计算的人工费调整，从项目名称、鉴定人适用的计算依据分析，前述费用的实质是诉争工程基于建设主管部门发布的相关市场价格信息所做出的调整，依照备案合同的约定，人工费调整属于价格风险范围，不能作为调整价格的依据。当然，工程材料、人工费市场不会永远只涨不跌，因此签订固定总价合同对业主同样具有一定的价格风险。

4. 固定总价合同的工程量漏项风险一般由承包商承担

在固定总价合同中，业主往往只提供施工图纸和说明，承包商在报价时要自己计算工程量，再根据申报的综合单价，得出合同总价。即便业主提供工程量清单，也仅仅是承包商投标报价的参考，业主往往声明不对工程量的计算错误负责，并且会在合同中明确只有业主变更设计和增减工程量可以调整合同价款，工程量漏算、错算的风险由承包商承担。即在固定总价合同的情况下，招标时的工程量清单仅供参考，按清单所报的综合单价仅仅是为了发生变更时计算变更造价，施工单位履行合同的具体内容就是按照招标时的图纸和投标的施工组织设计在约定工期内完成符合国家验收标准的工程。设计图纸上有的工程内容都应当完成，而不是只看清单。但是，如果由于业主提供的设计图纸模糊或不完善引起的清单漏项，在一定范围内属于设计变更，承包商有权利主张变更增项内容的工程款。

5. 固定总价的工程变更的签证应经发包方、承包方及监理方三方确认

如上所述，固定总价合同的工程量漏项风险一般由承包商承担，只有业主变更设计和增减工程量可以调整合同价款。但现实中的发包、承包双方往往对某项工程是属于设计变更还是工程量漏项产生争议。如果属于业主设计变更的，应由承包方负举证责任，提供有效的签证。对于无法确定具体责任的部分，应委托有资质的第三方机构对工程造价进行鉴定。

关于固定总价合同签证单和第三方机构鉴定效力的认定，本节案例1和案例3的裁判意见做了较好的说明。案例1中，法院认定变更签证单及增加部分的工程量时，并非完全依据该鉴定结论进行认定，对有变更签证单且现场勘查能确定的工程造价进行了确认，对仅有变更签证单但现场勘查不能确定的工程造价及现场勘查不能确定项目的造价未进行确认。案例3中，上诉人认为10千伏输电线路合同价款是固定价款，不应该对工程造价进行鉴定，依照双方签订的合同约定，本合同价款采取规定价格方式确定，乙方不得以任何理由增加工程量。法院通过委托鉴定机构对原告公司提供的20份关于35千伏输电线路的经济技术签证单进行鉴定，认为对三方共同签字的签证单应当计价，没有建设单位签字的经济签证单主要依据对整个35千伏线路通过鉴定机构工作人员到现场进行全面勘察、与提供的施工图纸施工比对，对实际发生的签证单应当计价。

6. 发包、承包双方就工程价款结算达成一致协议的，不支持鉴定

发包方与承包方就建设工程价款结算达成一致协议时，内容都是当事人对结算价款的真实意思表示，双方应当恪守承诺，自觉履行协议约定的权利义务责任，法院对此予以尊重和保护。但是如果发包、承包双方就建设工程价款结算达成协议后，一方事后反悔，申请法院进行工程造价鉴定企图推翻之前的协议，则按照诚实信用及禁止反言原则，依据《最高人民法院关于审理建设工程施工合同纠纷案件适用法律问题的解释（一）》第二十九条，法院不予准许工程造价鉴定申请，以此制裁当事人滥用申请鉴定诉讼权利，维护诉讼秩序。当然，如果当事人能够举证证明之前达成的结算协议存在欺诈、胁迫等无效或可撤销情形的，在结算协议被认定无效或者被撤销后对双方自始不存在约束力时，当事人有申请鉴定等正当的诉讼权利。

三、管理建议

供电企业应准确界定固定总价合同的适用范围，妥善处理总价合同的工程变更与项目资金管控的关系。

一般来说，固定总价合同适用于以下情况：一是工程量小、工期短；二是工程过程中环境因素变化小，工程条件稳定并合理；三是工程结构、技术简单，风险小，报价估算方便；四是工程投标期相对宽裕，承包商可以作详细的现场调查、复核工作量、分析招标文件、拟定计划；五是合同条件完备，双方的权利和义务清楚。

签订固定总价合同不仅业主风险较小，也有利于供电企业的内部项目预算及资金管控、财务结算。但是输变电工程点多、面广、线长，工程变更较为常见。项目资金下达后，如需变更，项目申报、财务处理较为烦琐。如果产生工程量或价格纠纷，增项部分资金受制于项目规划、资金计划等内部管控措施的限制，一般难以落实资金，从而影响工程进展。因此，供电企业在签定固定总价合同时，应做到工程范围清楚明确，工程设计较细，图纸完整、详细、清楚。

第八章

招投标管理

第一节　应招未招、化整为零等规避招标的合同无效

一、参考案例

案例1　200万元以上国有资产投资的电站工程应招未招，施工合同无效

案号：（2017）川3422民初39号

原告龙某公司于2011年4月15日与原木某县电力公司签订鲁某电站建筑承包施工合同后施工。该工程最终决算金额为3335436.80元，被告已支付2700000.00元，尚欠原告工程款655436.80元，原告多次找被告催要此款。被告木某县供电分公司以鲁某电站债务并未包含在原木某县电力公司划转的资产范围内为由，一直未予支付。原告诉至法院。

法院认为，木某县电力公司于2013年12月整体上划为四某电力公司的全资子公司，虽鲁某电站工程的债权债务不在划转资产范围内，但木某县供电分公司对其上划前的债权债务承担责任。原告提交的《施工合同》，证明鲁某电站引水系统工程由原告承建。该工程估价在200万元以上。根据《工程建设项目招标范围和规模标准规定》，施工单项合同估算价在200万元人民币以上的国有资金项目为依法必须招标的项目。故双方未经招标签订的合同应属无效，原被告双方应承担相应责任。虽然施工合同无效，但该工程已于2012年7月水毁，无法适用无效合同的办法处理。2013年5月、6月，双方自愿结算应认定该工程已验收合格，参照双方在结算时依据的计价标准计算总工程量。判决被告木某县供电分公司支付原告工程款595485.98元及相应的利息。

注：2001 年 5 月 1 日发布的《工程建设项目招标范围和规模标准规定》，2018 年 6 月 1 日起《必须招标的工程项目规定》施行后废止。“施工单项合同估算价在 200 万元人民币以上”调整为“施工单项合同估算价在 400 万元人民币以上”。

案例 2　公车购置应当招标，分别签订单项租赁合同属于规避招标

案号：（2019）云 25 民终 816 号

某河公司是国有控股子公司。2012 年 3 月 6 日，某河公司根据本公司项目前期工作点多面广，车辆不能满足工作需要等情况召开总经理办公会议，决定“鼓励员工集资购买车辆，按市场行情租赁给公司”。2012 年 4 月 15 日，该公司与 3 位社会自然人分别签订《车辆租赁合同》，租用 3 台现代 ix 35 车辆，1 台别克。约定合同期限满后车辆的产权、使用权归公司所有。2013 年间，该公司 27 名职工集资购买 3 台帕拉丁车辆，以员工罗某的名义与公司签订了《车辆租赁合同》。2015 年 5 月 15 日至 6 月 5 日，上级督查认为某河公司存在通过职工集资违规变相购置公务车辆，向特定关系人输送利益、部分项目应招未招等问题，对相关责任人员做出党纪、政纪处分。27 名公司职工与公司签订的租车合同已解除，车辆已清退，但赵某等三名社会自然人与该公司间的车辆租赁合同未能解除。原告赵某等三人以被告某河公司拖欠原告 2014 年 4 月 15 日至 2016 年 4 月 14 日的租金 513600 元未付为由，诉至法院。

一审法院认为，本案被告属变相购置公务用车。根据《工程建设项目招标范围和规模标准规定》第七条规定，使用国有资金项目的重要设备材料等货物采购，单项合同估算在 200 万元人民币以上的，必须进行招标。被告作为国有企业，将依法必须招标的采购项目以分别签订单项合同的方式规避招标，违反了法律、行政法规的强制性规定，本案原被告双方签订的《车辆租赁合同》属于无效合同。原告主张按合同约定由被告支付相应租金，不予支持。鉴于本案被告至今占有租用车辆，且双方约定租期

届满时车辆归被告所有，相互返还不符合本案实际，结合原告购车价，参照本地方租车市场行情，按车辆归被告所有，被告按每月每辆车7000元支付车辆占用期间相应租金的方式进行处理，以平衡双方利益。二审维持原判。

案例3 医院是公用事业项目，未经招标签订的《合作框架协议》无效

案号：（2018）最高法民再414号

2013年5月30日，某针灸医院为甲方，瑞某公司为乙方签订《合作框架协议》，约定以正式招投标的方式，由瑞某公司承建某针灸医院理疗后勤办公楼和职工公寓住宅楼、后勤办公楼，资金全部由乙方垫付，在商住楼竣工验收合格并能出售的情况下，甲方用住宅楼抵给乙方。一审法院认为，本案所涉工程项目属于关系社会公共利益、公众安全的公用事业项目，必须依法进行招标。判决《合作框架协议》因未履行招标手续而无效。二审、再审维持该项判决。

案例4 国有参股公司使用财政资金建设的公共基础设施也应招标

案号：（2019）豫15民终25号

原告某达公司与被告某方公司于2016年5月19日签订某保税物流中心项目总承包合同书，约定原告将某保税物流中心项目发包给被告承建。被告承接该工程后先行垫资建设。因工程款结算纠纷，某达公司诉至法院，请求确认双方签订的合同无效。

一审法院认为，涉案项目某保税物流中心项目不属于我国法律规定的强制招标的范围，双方采用议标方式签订本合同，被告已按合同约定先行垫资，双方已实际履行多年，且被告已经承建完成部分工程，故原、被告签订的承包合同为有效合同；但由于原、被告双方均已无力继续履行合同，合同目的不能实现，故该合同应予以解除，原告拖欠被告的工程款待双方结算后由原告向被告支付或双方通过诉讼形式解决。判决解除原被告

签订的项目总承包合同书。

二审中，某达公司提供证据证明其系国有参股企业，国有股东占有49% 股权，其使用的资金实质均为财政资金。二审法院认为，某保税物流中心项目涉及的工程项目所用的资金，系区财政局专项出借用于土地摘牌、工程建设的财政资金，该工程涉及的项目均为具有一定行政管理职能的公共基础设施。案涉工程项目是使用专项国有资金必须进行招标的工程建设项目，双方签订的某保税物流中心项目总承包合同违反法律强制性规定，应当招标而未招标，依法确认该合同无效。

案例 5 应招未招施工合同无效，但超付的工程款应予返还

案号:（2018）甘 11 民终 1250 号

在工程未进行公开招投标的情况下，杨某于 2013 年 10 月 6 日以朝某公司（乙方）名义与弘某公司（甲方）签订了《某水电站发电引水洞工程施工合同》。后弘某公司与杨某发生矛盾工程停工。至诉讼时弘某公司比双方确认的杨某停工前的应付工程款超付 111677 元。因杨某未按约定继续施工，导致案涉工程不能按期验收、结算。

一审法院认为，实际施工人杨某未取得建筑施工企业资质。弘某公司在签订合同前未进行招标。《某水电站发电引水洞工程施工合同》估价 216 万元，属于我国法律规定的强制招标的范围而没有招标，故该合同无效。弘某公司应当招标而未招标，明知杨某无资质而允许杨某挂靠有资质的企业签订合同，应承担合同无效的主要责任。杨某无资质而挂靠有资质的企业签订合同，应承担合同无效的次要责任。因双方均有过错，双方应当各自承担相应责任。故对弘某公司主张返还工程款等诉讼请求和杨某主张支付拖欠的工程款等反诉请求均不予支持。

二审法院认为，过错责任的具体量化应充分权衡双方在签订、履行合同过程中的具体实情来判定，一审判决概而论之，对弘某公司与杨某的请求均予以驳回不当，应予纠正。改判由杨某向弘某公司返还超付的工

程款、垫付的电费、建筑施工人员团体意外伤害保险费等共计254003.35元。

二、法律分析

（一）关键法条

1.《招标投标法》

第三条 在中华人民共和国境内进行下列工程建设项目包括项目的勘察、设计、施工、监理以及与工程建设有关的重要设备、材料等的采购，必须进行招标：

（一）大型基础设施、公用事业等关系社会公共利益、公众安全的项目；

（二）全部或者部分使用国有资金投资或者国家融资的项目；

（三）使用国际组织或者外国政府贷款、援助资金的项目。

前款所列项目的具体范围和规模标准，由国务院发展计划部门会同国务院有关部门制订，报国务院批准。

法律或者国务院对必须进行招标的其他项目的范围有规定的，依照其规定。

第四条 任何单位和个人不得将依法必须进行招标的项目化整为零或者以其他任何方式规避招标。

2.《招标投标法实施条例》

第二十四条 招标人对招标项目划分标段的，应当遵守招标投标法的有关规定，不得利用划分标段限制或者排斥潜在投标人。依法必须进行招标的项目的招标人不得利用划分标段规避招标。

3.《民法典》

第一百五十三条 违反法律、行政法规的强制性规定的民事法律行为无效。但是，该强制性规定不导致该民事法律行为无效的除外。

违背公序良俗的民事法律行为无效。

4.《最高人民法院关于审理建设工程施工合同纠纷案件适用法律问题的解释（一）》

第一条　建设工程施工合同具有下列情形之一的，应当依据民法典第一百五十三条第一款的规定，认定无效：

（一）承包人未取得建筑业企业资质或者超越资质等级的；

（二）没有资质的实际施工人借用有资质的建筑施工企业名义的；

（三）建设工程必须进行招标而未招标或者中标无效的。

承包人因转包、违法分包建设工程与他人签订的建设工程施工合同，应当依据民法典第一百五十三条第一款及第七百九十一条第二款、第三款的规定，认定无效。

5.《必须招标的工程项目规定》

中华人民共和国国家发展和改革委员会令第16号，2018年6月1日起执行。

第二条　全部或者部分使用国有资金投资或者国家融资的项目包括：

（一）使用预算资金200万元人民币以上，并且该资金占投资额10%以上的项目；

（二）使用国有企业事业单位资金，并且该资金占控股或者主导地位的项目。

第三条　使用国际组织或者外国政府贷款、援助资金的项目包括：

（一）使用世界银行、亚洲开发银行等国际组织贷款、援助资金的项目；

（二）使用外国政府及其机构贷款、援助资金的项目。

第四条　不属于本规定第二条、第三条规定情形的大型基础设施、公用事业等关系社会公共利益、公众安全的项目，必须招标的具体范围由国务院发展改革部门会同国务院有关部门按照确有必要、严格限定的原则制订，报国务院批准。

第五条　本规定第二条至第四条规定范围内的项目，其勘察、设计、施工、监理以及与工程建设有关的重要设备、材料等的采购达到下列标准之一的，必须招标：

（一）施工单项合同估算价在400万元人民币以上；

（二）重要设备、材料等货物的采购，单项合同估算价在200万元人民币以上；

（三）勘察、设计、监理等服务的采购，单项合同估算价在100万元人民币以上。

同一项目中可以合并进行的勘察、设计、施工、监理以及与工程建设有关的重要设备、材料等的采购，合同估算价合计达到前款规定标准的，必须招标。

6.《必须招标的基础设施和公用事业项目范围规定》

发改法规规〔2018〕843号，2018年6月6日发布。

第二条 不属于《必须招标的工程项目规定》第二条、第三条规定情形的大型基础设施、公用事业等关系社会公共利益、公众安全的项目，必须招标的具体范围包括：

（一）煤炭、石油、天然气、电力、新能源等能源基础设施项目；

（二）铁路、公路、管道、水运，以及公共航空和A1级通用机场等交通运输基础设施项目；

（三）电信枢纽、通信信息网络等通信基础设施项目；

（四）防洪、灌溉、排涝、引（供）水等水利基础设施项目；

（五）城市轨道交通等城建项目。

7.《工程建设项目招标范围和规模标准规定》

2000年5月1日中华人民共和国国家发展计划委员会令第3号，《必须招标的工程项目规定》施行后废止，供对照参考。

第七条 本规定第二条至第六条规定范围内的各类工程建设项目，包括项目的勘察、设计、施工、监理以及与工程建设有关的重要设备、材料等的采购，达到下列标准之一的，必须进行招标：

（一）施工单项合同估算价在200万元人民币以上的；

（二）重要设备、材料等货物的采购，单项合同估算价在100万元人民币以上的；

（三）勘察、设计、监理等服务的采购，单项合同估算价在50万元人民币以上的；

（四）单项合同估算价低于第（一）、（二）、（三）项规定的标准，但项目总投资额在3000万元人民币以上的。

（二）要点简析

1. 规避招标的主要情形

化整为零。化整为零是规避招标的主要方式。化整为零主要表现有：一是拆分工程。将造价大的主体工程人为拆分为各种子工程，造成各子工程造价均低于招标限额，从而规避招标。《招标投标法实施条例》第二十四条明确规定，依法必须进行招标的项目的招标人不得利用划分标段规避招标。二是拆分批次货物、服务。如本节案例2，某国有公司将依法必须招标的一批公车采购项目，以分别签订单项合同的方式规避招标，违反了法律、行政法规的强制性规定。三是降低预算造价，人为调低工程预算，使项目采购额低于公开招标的数额标准，采取非招标方式确定项目实施单位后，通过工程签证、变更，提高工程造价。四是巧立名目，对于技术不复杂的通用设备采购项目，以特殊用途、特殊技术要求的名义，要求只能由某一承包商或供应商提供为由，规避公开招标采购。

应招未招。相对于化整为零来说，应招未招显得更为“简单粗暴”一些。如本节的案例1和案例3～5，本应招标的项目，业主方不履行招标手续，而是直接发包或签订合同。除了故意规避招标的情形外，应当招标而未招标情况的主要原因是有些项目业主不清楚是否应当招标。如2018年发布的《必须招标的基础设施和公用事业项目范围规定》列入的非国有资金投资的新能源基础设施项目，在2000年版的《工程建设项目招标范围和规模标准规定》中没有列为应当招标的项目；如非国有资本的商品住宅、医院等项目，在2000年的规定中为必须招标的项目，而2018年版的

《必须招标的基础设施和公用事业项目范围规定》则未列为必须招标的项目。以上变化如未及时掌握，很可能发生应招未招的情况。

在招投标类纠纷中，应招未招的法律纠纷多于化整为零的情况。从裁判文书网案例看，化整为零的项目具有很强的隐蔽性，合意各方为了用拆分项目、划分标段等手段达到化整为零不招标的效果，往往需要较多的洽谈和商议，具有先天的良好关系，因此形成法律纠纷的案件相对较少。

2. 规避招标的法律后果

合同无效的民事责任。属于法律规定的强制招标范围的工程建设项目而未进行招投标的，双方签订的建设工程合同为无效合同。根据《民法典》第一百五十五条、第一百五十七条，“无效的或者被撤销的民事法律行为自始没有法律约束力”“民事法律行为无效、被撤销或者确定不发生效力后，行为人因该行为取得的财产，应当予以返还；不能返还或者没有必要返还的，应当折价补偿。有过错的一方应当赔偿对方由此所受到的损失；各方都有过错的，应当各自承担相应的责任”。可见，对造成合同无效的责任不能单纯归责于一方，原、被告双方都应负相应的责任，即双方均应对造成的损失承担相应的过错责任。

规避招标的行政处罚。根据《招标投标法》第四十九条，将必须进行招标的项目化整为零或者以其他任何方式规避招标的，责令限期改正，可以处项目合同金额千分之五以上千分之十以下的罚款；对全部或者部分使用国有资金的项目，可以暂停项目执行或者暂停资金拨付；对单位直接负责的主管人员和其他直接责任人员依法给予处分。

三、防控重点

规范招投标对保证电网工程质量，提高电网物资采购和服务的效率效益，预防和治理腐败具有重要意义。在电力工程建设项目及与工程建设项目有关的物资采购中，规避招标违反了公开、公平、公正和诚实信用原则，是一种违法违规行为，必须坚决予以制止。

（一）供电企业应注意招标项目规模标准的调整

供电企业输变电工程、物资采购、服务等项目使用国有资金投资，达到国家规定的规模标准的，必须公开招标。如本节所列法条，2018 年 6 月 1 日《必须招标的工程项目规定》执行后，电力作为能源基础设施项目，必须招标的规模标准均提高一倍，其中施工单项合同估算价由 200 万元以上调整为 400 万元以上，重要设备、材料等货物的采购单项合同估算价由 100 万元以上调整为 200 万元以上，勘察、设计、监理等服务的采购单项合同估算价由 50 万元以上调整为 100 万元以上。这是因为《工程建设项目招标范围和规模标准规定》从 2000 年以来已执行了将近 20 年，相应的标准已不适应社会经济高速发展，增加了市场主体的负担，因此做出了调整。

此外，各地供电企业根据实际情况，也制定了内部的招投标工作规范，对要求公开招标项目的规模标准作了更为严格的规定。如某市级供电公司要求单项合同估算金额在 10 万元人民币及以上的物资采购项目、单项合同估算金额在 20 万元人民币及以上的工程和服务采购项目必须公开招标。此类规定属于单位内部规定，仅对本单位有约束力。

（二）非国有资本投资的能源基础设施项目也应公开招投标

根据 2018 年 6 月 6 日发布的《必须招标的基础设施和公用事业项目范围规定》第二条，虽然不属于全部或者部分使用国有资金投资或者国家融资且不属于使用国际组织或者外国政府贷款、援助资金的项目，但属于大型基础设施、公用事业等关系社会公共利益、公众安全的项目，只要达到相应的规模标准，也应招标。也就是说，随着电力体制改革的逐步深入，民营资本投资煤炭、石油、天然气、电力、新能源等能源基础设施项目，因其关系社会公共利益、公众安全，也应招标。供电企业的集体企业在承接此类工程建设或物资采购项目时，应充分考虑到招标投标的法律规定和要求，避免发生合同无效、资金回收等纠纷。

（三）严肃追究，规范电网建设工程的采购行为

我国推行招投标制度，特别是政府立法、出台各项招投标制度，归根结底是为建立公开有序的市场。对强制招标的项目进行招标，目的就是消除因为规避招标而引起的不良影响或不利后果，从而培育公平竞争、健康运行的市场秩序。

部分企业试图不经过公开招标，通过各种手段承揽工程、货物等采购项目，导致造价超标、过程混乱，扰乱了正常的市场秩序，应严肃责任追究。责任追究主要体现在两个方面：一是给予相关人员处分。如某省《关于违反招标投标法律法规行为的纪律责任追究办法》规定，招标人对必须进行招标的项目不招标，将必须进行招标的项目化整为零，或者以其他任何方式规避招标的，给予其直接负责的主管人员和其他直接责任人员党内警告，行政警告或者记过处分；情节严重的，给予党内严重警告，行政记大过或者降级处分。二是责令限期改正。相关的行政监督部门对于有上述违法行为的项目单位，要求其在一定期限内对其规避招标的行为予以纠正。

四、参考文件

1.《国务院办公厅关于促进建筑业持续健康发展的意见》（国办发〔2017〕19号）

完善招标投标制度。加快修订《工程建设项目招标范围和规模标准规定》，缩小并严格界定必须进行招标的工程建设项目范围，放宽有关规模标准，防止工程建设项目实行招标“一刀切”。在民间投资的房屋建筑工程中，探索由建设单位自主决定发包方式。将依法必须招标的工程建设项目纳入统一的公共资源交易平台，遵循公平、公正、公开和诚信的原则，规范招标投标行为。进一步简化招标投标程序，尽快实现招标投标交易全过

程电子化，推行网上异地评标。对依法通过竞争性谈判或单一来源方式确定供应商的政府采购工程建设项目，符合相应条件的应当颁发施工许可证。

2.《国家电网公司招标活动管理办法》

第七条 下列建设工程项目，包括项目的勘察、设计、施工、监理、服务以及设备、物资材料的采购等，必须招标：

（一）施工单项合同估算价在200万元人民币以上的；

（二）设备、材料等货物的采购，单项合同估算价在100万元人民币以上的；

（三）勘察、设计、监理、服务的单项合同估算价在50万元人民币以上的；

（四）单项合同估算价低于第（一）、（二）、（三）项规定的标准，但项目总投资额在3000万元人民以上的。

非建设工程项目单项合同估算价在20万元人民币以上的设备、物资、办公用品采购及委托服务等项目必须进行招标。

国家法律、法规以及国家电网公司相关制度规定的其他必须进行招标的项目。

第二节 限制或排斥潜在投标人违法，中标可能无效

一、参考案例

案例1 电气设备招标指定参考品牌，并不必然导致合同无效

案号：（2015）庐民二初字第00064号

2012年12月，某大学为其大楼高低压配电成套设备采购项目委托省政府采购中心（以下简称采购中心）公开招标。采购中心针对供应商的询问发布答疑公告，明确充气式环保防爆电容器MKPg系列产品投标人可

向招标文件选定的三家参考品牌厂家订制该系列产品；消弧消谐PT柜应采用招标文件选定的三家参考品牌，本次招标不选定参考品牌之外的产品。2012年12月28日，高某公司中标。

2014年4月，高某公司分期向某大学供货。2014年5月28日，涉案项目监理单位就高低压成套设备质量验收存在的质量问题向某大学一附院出具“监理工程师联系单”，指出：①电力电容成套柜，投标品牌为合资品牌柯某，现所提供的产品为国产品牌雷某；②消弧消谐PT柜，投标品牌为众某科技有限公司，所提供的产品标示不清。2014年6月5日，某大学一附院致函高某公司，指出其提供的部分产品的品牌违背招标文件及投标文件的要求，要求其于6月20日前整改到位。此后，高某公司未按照投标品牌更换电力电容柜及消弧消谐PT柜。某大学诉至法院。

一审法院认为：高某公司未按投标文件承诺品牌提供相应设备，构成违约。高某公司关于某大学在招标书上指定设备品牌的行为无效的抗辩意见，根据《招标投标法》第二十条“招标文件不得要求或者标明特定的生产供应者以及含有倾向或者排斥潜在投标人的其他内容”及第五十一条“招标人以不合理的条件限制或者排斥潜在投标人的，对潜在投标人实行歧视待遇的……，责令改正，可以处一万元以上五万元以下的罚款”的规定，某大学一附院即便存在指定品牌的行为，也并不属于《合同法》第五十二条规定的因违反法律、行政法规的强制性规定致合同无效的情形，故对高某公司的该项抗辩意见不予采信。判决原告向被告交付由众某科技有限公司生产的消弧消谐PT柜两台、由柯某公司生产的合资品牌电力电容成套柜12台。被告同时返还原告已交付的本公司生产的消弧消谐PT柜两台、雷某公司生产的电力电容成套柜12台。

案例2 二审改判规定外省企业应有更高的施工资质不合法

案号：（2017）闽05民终4796号

2016年7月1日，某县体育中心发布体育场膜结构整修工程项目招标公告。根据招标公告，该招标项目要求投标人须具备有效的不低于三级钢结构工程专业承包资质和《施工企业安全生产许可证》；投标人为省外建筑施工企业的，须具备住房和城乡建设部核准的资质。原告华某膜结构公司因资质证书资格审查不符合要求被取消其第一中标候选人资格，诉至法院。

一审法院认为，涉讼工程招标公告要求，“投标人为省外建筑施工企业的，须具备住房和城乡建设部核准的资质”。原告不具备住房和城乡建设部核准的资质，就不符合招标公告中要求的资质，某县体育中心根据利害关系人提出的异议对其进行资格审查后取消其中标候选人的资格，依据合法。判决驳回华某膜结构公司的诉讼请求。

二审法院认为，案涉的招标文件要求“投标人须具备有效的不低于三级钢结构工程专业承包资质和《施工企业安全生产许可证》；投标人为省外建筑施工企业的，须具备住房和城乡建设部核准的资质”，这是违反法律规定的行为。一审以违反法律规定的要求作为资格审查的标准，明显错误，应予以纠正。改判被告应赔偿原告损失 4278.5 元。

案例 3 招标文件参数设置存在不公平和排他性的，中标结果无效

案号：（2019）黔 02 行终 25 号

2018 年 5 月 28 日，鑫某公司对区中小学通设备采购项目公开招标。某云公司中标。第三人大某科技公司认为招标文件部分参数设置存在不公平和排他性，为此质疑鑫某公司。2018 年 6 月 22 日，大某科技公司向被告区财政局投诉。被告区财政局委托第三人区教育局邀请专家论证后认为，招标文件部分条款“星号”属于以其他不合理条件限制或者排斥潜在供应商；部分非核心参数要求“提供国家级检测机构出具的检测报告”具有指向性等。2018 年 7 月 27 日，被告区财政局认定本次采购项目中标结果无效，责令重新开展采购活动。原告某云公司不服处理决定，向被告区政府申请行政复议，区政府维持了区财政局做出的处理决定。原告某云公

司不服，向法院提起行政诉讼。

一审法院认为，本案被告区财政局接到第三人大某科技公司的投诉后，经委托专家论证，认定采购文件部分技术参数存在指向性、强化性、排他性，属于不合理条件限制或者排斥潜在供应商的情形，故被告区财政局做出《投诉处理决定书》认定事实清楚、证据确凿，适用法律法规正确，程序合法。被告区政府收到原告的复议申请后，启动复议程序，做出维持被告区财政局的处理决定复议程序合法，维持恰当。判决驳回原告诉讼请求。二审维持原判。

案例 4 设定非定制不变的技术参数不具有倾向性，未认定为限制或排斥潜在投标人

案号：（2018）粤 02 行终 13 号

国某招标公司受市中医院委托采购一批手术医疗设备。《公开招标文件》明确说明：标注“▲”的条款为评标时重要评分指标，不满足者将会被严重扣分，不作为无效投标条款。2017 年 3 月 14 日，国某招标公司在省政府采购网上发布更正公告，变更超声高频外科集成系统设备原参数。滇某公司购买涉案《公开招标文件》后，于 2017 年 3 月 22 日向国某招标公司提交《质疑函》，认为更正 / 变更后的设备参数、配置清单与“其他内容不变”存在对供应商实行差别待遇或歧视待遇，超声高频外科集成系统技术已经明确指向了特定生产商强某医疗器械有限公司等。2017 年 3 月 26 日，国某招标公司就滇某公司的质疑回复称，本项目未设置排斥潜在供应商的“★”条款，所采购设备的参数，是在满足采购人临床实际需求，是经市场调查并且经过专家论证的，未发现贵司所提及指向特定供应商和排斥潜在投标人的情况。2017 年 4 月 12 日，滇某公司向市财政局投诉。市财政局受理滇某公司的投诉后，于 2017 年 5 月 8 日做出《投诉处理决定书》，认为投诉人投诉本项目设置的技术要求不具有倾向性。滇某公司不服，向法院提起行政诉讼。

一审法院认为，涉案《公开招标文件》大部分技术参数及带“▲”号的技术参数均不是定制不变的技术参数，而是在一定范围内的技术参数，已给参与招标活动的供应商提供了可以选择的余地，不具特定指向性，不存在倾向性、排斥性。判决驳回滇某公司的诉讼请求。二审驳回上诉，维持原判。

二、法律分析

（一）关键法条

1.《招标投标法》

第五条　招标投标活动应当遵循公开、公平、公正和诚实信用的原则。

第六条　依法必须进行招标的项目，其招标投标活动不受地区或者部门的限制。任何单位和个人不得违法限制或者排斥本地区、本系统以外的法人或者其他组织参加投标，不得以任何方式非法干涉招标投标活动。

第十八条　招标人可以根据招标项目本身的要求，在招标公告或者投标邀请书中，要求潜在投标人提供有关资质证明文件和业绩情况，并对潜在投标人进行资格审查；国家对投标人的资格条件有规定的，依照其规定。

招标人不得以不合理的条件限制或者排斥潜在投标人，不得对潜在投标人实行歧视待遇。

第二十条　招标文件不得要求或者标明特定的生产供应者以及含有倾向或者排斥潜在投标人的其他内容。

第五十一条　招标人以不合理的条件限制或者排斥潜在投标人的，对潜在投标人实行歧视待遇的，强制要求投标人组成联合体共同投标的，或者限制投标人之间竞争的，责令改正，可以处一万元以上五万元以下的罚款。

第六十二条　任何单位违反本法规定，限制或者排斥本地区、本系统以外的法人或者其他组织参加投标的，为招标人指定招标代理机构的，强制招标人委托招标代理机构办理招标事宜的，或者以其他方式干涉招标投标活动的，责令改正；对单位直接负责的主管人员和其他直接责任人员依法给予警告、记过、记大过的处分，情节较重的，依法给予降级、撤职、开除的处分。

个人利用职权进行前款违法行为的，依照前款规定追究责任。

2.《招标投标法实施条例》

第二十四条 招标人对招标项目划分标段的，应当遵守招标投标法的有关规定，不得利用划分标段限制或者排斥潜在投标人。依法必须进行招标的项目的招标人不得利用划分标段规避招标。

第三十二条 招标人不得以不合理的条件限制、排斥潜在投标人或者投标人。

招标人有下列行为之一的，属于以不合理条件限制、排斥潜在投标人或者投标人：

（一）就同一招标项目向潜在投标人或者投标人提供有差别的项目信息；

（二）设定的资格、技术、商务条件与招标项目的具体特点和实际需要不相适应或者与合同履行无关；

（三）依法必须进行招标的项目以特定行政区域或者特定行业的业绩、奖项作为加分条件或者中标条件；

（四）对潜在投标人或者投标人采取不同的资格审查或者评标标准；

（五）限定或者指定特定的专利、商标、品牌、原产地或者供应商；

（六）依法必须进行招标的项目非法限定潜在投标人或者投标人的所有制形式或者组织形式；

（七）以其他不合理条件限制、排斥潜在投标人或者投标人。

第六十三条 招标人有下列限制或者排斥潜在投标人行为之一的，由有关行政监督部门依照招标投标法第五十一条的规定处罚：

（一）依法应当公开招标的项目不按照规定在指定媒介发布资格预审公告或者招标公告；

（二）在不同媒介发布的同一招标项目的资格预审公告或者招标公告的

内容不一致，影响潜在投标人申请资格预审或者投标。

依法必须进行招标的项目的招标人不按照规定发布资格预审公告或者招标公告，构成规避招标的，依照招标投标法第四十九条的规定处罚。

3.《工程建设项目施工招标投标办法》

第七十条　招标人以不合理的条件限制或者排斥潜在投标人的，对潜在投标人实行歧视待遇的，强制要求投标人组成联合体共同投标的，或者限制投标人之间竞争的，有关行政监督部门责令改正，可处一万元以上五万元以下罚款。

（二）要点简析

1. 限制、排斥潜在投标人或者投标人的主要情形

根据《招标投标法实施条例》第三十二条，结合电网企业实际，电网建设项目或电气产品、设备招标人以不合理的条件限制、排斥潜在投标人或者投标人的情形主要有：

一是电气设备采购为了保证产品设备质量和日常供电的可靠性，可能存在限定或者指定特定的专利、商标、品牌、原产地或者供应商的情况。如案例1。

二是在信息发布方面，可能存在同一招标项目向潜在投标人或者投标人提供有差别的项目信息的情况，以及设定的资格、技术、商务条件与招标项目的具体特点和实际需要不相适应或者与合同履行无关的情况。该情况可能存在于电网下属集体企业参与投标的项目，可能发生在招标公告发布、现场踏勘、投标预备会、招标文件的澄清修改及投标文件的澄清说明等环节。

三是设定投标人资格条件时，可能存在以特定行政区域或者特定行业的业绩、奖项作为加分条件或者中标条件的情况。

四是输变电工程建设项目招标中，可能存在对潜在投标人或者投标人采取不同的资格审查或者评标标准的情况。

另外，限定潜在投标人或者投标人的所有制形式或者组织形式的情况，在电网企业招标投标中并不常见。

2. 限制或者排斥潜在投标人的法律责任

限制或者排斥潜在投标人，招标人应承担的法律责任要点在于，招标人或招标代理机构确有限制或者排斥潜在投标人的行为是否必然导致中标无效。限制或者排斥潜在投标人的后果，在工程建设领域和政府采购领域略有不同，供读者参考。

在工程建设领域，《招标投标法》第五十一规定，招标人以不合理的条件限制或者排斥潜在投标人的，对潜在投标人实行歧视待遇的，强制要求投标人组成联合体共同投标的，或者限制投标人之间竞争的，责令改正，可处一万元以上五万元以下罚款。并没有明确规定招标人确有限制或者排斥潜在投标人的行为将导致中标无效。详见案例 1。

在政府采购领域，《中华人民共和国政府采购法》第七十一条规定，采购人、采购代理机构以不合理的条件对供应商实行差别待遇或者歧视待遇的，“责令限期改正，给予警告，可以并处罚款，对直接负责的主管人员和其他直接责任人员，由其行政主管部门或者有关机关给予处分，并予通报”。根据《中华人民共和国政府采购法》第七十三条，违法行为“影响中标、成交结果或者可能影响中标、成交结果的，按下列情况分别处理：（一）未确定中标、成交供应商的，终止采购活动；（二）中标、成交供应商已经确定但采购合同尚未履行的，撤销合同，从合格的中标、成交候选人中另行确定中标、成交供应商；（三）采购合同已经履行的，给采购人、供应商造成损失的，由责任人承担赔偿责任。”如案例 3。

三、防控重点

（一）电网企业招标文件应合理设置招标条件

在输变电工程建设项目招标条件设置时，招标文件应避免脱离招标项目的具体特点和实际需要，特别是技术和商务条件应避免随意和盲目地设定投标人资格条件。如项目实际不需要特殊专业的业绩，但为某些特定的投标人“量体裁衣”而将特殊专业的业绩设定为必须响应的实质性要求；招标项目为一般通用性技术要求，但招标文件规定要有特种工程专业资质，明显属于限制投标人竞争的行为。考虑到电网建设工程的特殊性，为保证电网建设工程质量安全和管理水平，招标文件在要求满足相应资质等级要求时，可以把是否曾做过相当规模的类似工程作为加分项，但应特别注意不要设置区分省内、省外企业的差别待遇条件。详见案例 2。

在电气设备招标中，招标文件应注意避免设置须在项目所在地行政部门注册、登记、备案等要求；招标文件规定的各项技术标准应当满足项目技术需求，保证公平竞争，避免指定、标明某一特定的专利、商标、品牌、设计、原产地或生产供应商，避免含有倾向或排斥潜在投标人的其他内容。为了保证采购的电气设备产品质量，以确保投运后的运行维护工作顺利开展，可以要求采购达到标准技术参数同一级别性能、同等质量和技术指标的产品，而不是指定制造商，并且制订的技术指标所对应的产品在市场上要具有可选择性。详见案例 4。

（二）加强限制或者排斥潜在投标人的违法行为的查处

在电网建设和物资采购中，为外地企业跨省承揽业务设置障碍，指定专利、商标、品牌、设计、原产地或生产供应商等限制或者排斥潜在投标人都是变相妨碍公平竞争，破坏电网建设和物资采购的公平市场秩序。供电企业作为招标人，一是要加强宣传和培训，让相关责任人员明白和熟悉招标文件的编写必须符合相关规定要求。二是要加强对招标代理机构相关从业人员职业技能和职业道德的培训，不断提高招标文件的编写水平和质量。三是要加强招标文件的审查工作，及时发现问题并督促招标代理机构按规定修改招标文件。四是要加强招标代理机构的绩效考核，给招标文件编写质量不高甚至经常出现问题的招标代理机构以一定的惩罚。

四、参考文件

1.《国务院办公厅关于促进建筑业持续健康发展的意见》

（八）建立统一开放市场。打破区域市场准入壁垒，取消各地区、各行业在法律、行政法规和国务院规定外对建筑业企业设置的不合理准入条件；严禁擅自设立或变相设立审批、备案事项，为建筑业企业提供公平市场环境。完善全国建筑市场监管公共服务平台，加快实现与全国信用信息共享平台和国家企业信用信息公示系统的数据共享交换。建立建筑市场主体黑名单制度，依法依规全面公开企业和个人信用记录，接受社会监督。

2.《住房城乡建设部办公厅关于开展建筑企业跨省承揽业务监督管理专项检查的通知》

二、检查内容

（一）建筑企业跨省承揽业务监督管理相关法规、规章、规范性文件。重点检查是否已按照建市〔2015〕140号文件的要求，取消备案管理制度，实施信息报送制度。

（二）外地建筑企业信息报送管理工作。重点检查信息报送内容是否严格限定在建市〔2015〕140号文件规定的范围；报送信息是否向社会公开；是否随时接收外地建筑企业报送的基本信息材料；是否存在要求建筑企业重复报送信息，或每年度报送信息的情形等。

（三）建筑企业跨省承揽业务监督管理工作。各级住房城乡建设主管部门在建筑企业跨省承揽业务监督管理工作中是否存在建市〔2015〕140号文件第八条所列情形。

3.《关于推动建筑市场统一开放的若干规定》

第四条　各级住房城乡建设主管部门应当按照简政放权、方便企业、规范管理的原则，简化前置管理，强化事中事后监管，给予外地建筑企业与本地建筑企业同等待遇，实行统一的市场监管，推动建筑市场统一开放。

第八条　地方各级住房城乡建设主管部门在建筑企业跨省承揽业务监督管理工作中，不得违反法律法规的规定，直接或变相实行以下行为：

（一）擅自设置任何审批、备案事项，或者告知条件；

（二）收取没有法律法规依据的任何费用或保证金等；

（三）要求外地企业在本地区注册设立独立子公司或分公司；

（四）强制扣押外地企业和人员的相关证照资料；

（五）要求外地企业注册所在地住房城乡建设主管部门或其上级主管部门出具相关证明；

（六）将资质资格等级作为外地企业进入本地区承揽业务的条件；

（七）以本地区承揽工程业绩、本地区获奖情况作为企业进入本地市场条件；

（八）要求企业法定代表人到场办理入省（市）手续；

（九）其他妨碍企业自主经营、公平竞争的行为。

4.《公平竞争审查制度实施细则（暂行）》

第十四条　市场准入和退出标准。

（一）不得设置不合理和歧视性的准入和退出条件，包括但不限于：

1. 设置明显不必要或者超出实际需要的准入和退出条件，排斥或者限制经营者参与市场竞争；

2. 没有法律法规依据或者国务院规定，对不同所有制、地区、组织形式的经营者实施差别化待遇，设置不平等的市场准入和退出条件；

3. 没有法律法规依据或者国务院规定，以备案、登记、注册、名录、年检、监制、认定、认证、审定、指定、配号、换证、要求设立分支机构等形式，设定或者变相设定市场准入障碍；

4. 没有法律法规依据或者国务院规定，设置消除或者减少经营者之间竞争的市场准入或者退出条件。

（二）未经公平竞争不得授予经营者特许经营权，包括但不限于：

1. 在一般竞争性领域实施特许经营或者以特许经营为名增设行政许可；

2. 未明确特许经营权期限或者未经法定程序延长特许经营权期限；

3. 未采取招标投标、竞争性谈判等竞争方式，直接将特许经营权授予特定经营者；

4. 设置歧视性条件，使经营者无法公平参与特许经营权竞争。

（三）不得限定经营、购买、使用特定经营者提供的商品和服务，包括但不限于：

1. 以明确要求、暗示、拒绝或者拖延行政审批、重复检查、不予接入平台或者网络等方式，限定或者变相限定经营、购买、使用特定经营者提供的商品和服务；

2. 在招标投标中限定投标人所在地、所有制、组织形式，排斥或者限制潜在投标人参与招标投标活动；

3. 没有法律法规依据，通过设置项目库、名录库等方式，排斥或者限制潜在经营者提供商品和服务。

（四）不得设置没有法律法规依据的审批或者具有行政审批性质的事前备案程序，包括但不限于：

1. 没有法律法规依据增设行政审批事项，增加行政审批环节、条件和程序；

2. 没有法律法规依据设置具有行政审批性质的前置性备案程序。

（五）不得对市场准入负面清单以外的行业、领域、业务等设置审批程序，主要指没有法律法规依据或者国务院决定，采取禁止进入、限制市场主体资质、限制股权比例、限制经营范围和商业模式等方式，直接或者变相限制市场准入。

第十五条 商品和要素自由流动标准。

（一）不得对外地和进口商品、服务实行歧视性价格和歧视性补贴政策，包括但不限于：

1. 制定政府定价或者政府指导价时，对外地和进口同类商品、服务制定歧视性价格；

2. 对相关商品、服务进行补贴时，对外地同类商品、服务和进口同类商品不予补贴或者给予较低补贴。

（二）不得限制外地和进口商品、服务进入本地市场或者阻碍本地商品运出、服务输出，包括但不限于：

1. 对外地商品、服务规定与本地同类商品、服务不同的技术要求、检验标准，或者采取重复检验、重复认证等歧视性技术措施；

2. 对进口商品规定与本地同类商品不同的技术要求、检验标准，或者采取重复检验、重复认证等歧视性技术措施；

3. 没有法律法规依据或者国务院规定，对进口服务规定与本地同类服务不同的技术要求、检验标准，或者采取重复检验、重复认证等歧视性技术措施；

4. 没有法律法规依据，设置专门针对外地和进口商品、服务的专营、专卖、审批、许可；

5. 没有法律法规依据，在道路、车站、港口、航空港或者本行政区域边界设置关卡，阻碍外地和进口商品、服务进入本地市场或者本地商品运出和服务输出；

6. 没有法律法规依据，通过软件或者互联网设置屏蔽以及采取其他手段，阻碍外地和进口商品、服务进入本地市场或者本地商品运出和服务输出。

（三）不得排斥或者限制外地经营者参加本地招标投标活动，包括但不限于：

1. 不依法及时有效地发布招标信息；

2. 直接明确外地经营者不能参与本地特定的招标投标活动；

3. 对外地经营者设定明显高于本地经营者的资质要求或者评审标准；

4. 通过设定与招标项目的具体特点和实际需要不相适应或者与合同履行无关的资格、技术和商务条件，变相限制外地经营者参加本地招标投标活动。

（四）不得排斥、限制或者强制外地经营者在本地投资或者设立分支机构，包括但不限于：

1. 直接拒绝外地经营者在本地投资或者设立分支机构；

2. 没有法律法规依据或者国务院规定，对外地经营者在本地投资的规模、方式以及设立分支机构的地址、模式等进行限制；

3. 没有法律法规依据，直接强制外地经营者在本地投资或者设立分支机构；

4. 没有法律法规依据，将在本地投资或者设立分支机构作为参与本地招标投标、享受补贴和优惠政策等的必要条件，变相强制外地经营者在本地投资或者设立分支机构。

（五）不得对外地经营者在本地的投资或者设立的分支机构实行歧视性待遇，包括但不限于：

1. 对外地经营者在本地的投资不给予与本地经营者同等的政策待遇；

2. 对外地经营者在本地设立的分支机构在经营规模、经营方式、税费缴纳等方面规定与本地经营者不同的要求；

3. 在节能环保、安全生产、健康卫生、工程质量、市场监管等方面，对外地经营者在本地设立的分支机构规定歧视性监管标准和要求。

5.《工程项目招投标领域营商环境专项整治工作方案》

二、整治范围和内容

（二）整治内容

根据《招标投标法》《招标投标法实施条例》等有关规定，清理、排查、纠正在招投标法规政策文件、招标公告、投标邀请书、资格预审公告、资格预审文件、招标文件以及招投标实践操作中，对不同所有制企业设置的各类不合理限制和壁垒。重点针对以下问题：

1. 违法设置的限制、排斥不同所有制企业参与招投标的规定，以及虽然没有直接限制、排斥，但实质上起到变相限制、排斥效果的规定。

2. 违法限定潜在投标人或者投标人的所有制形式或者组织形式，对不同所有制投标人采取不同的资格审查标准。

3. 设定企业股东背景、年平均承接项目数量或者金额、从业人员、纳税额、营业场面积等规模条件；设置超过项目实际需要的企业注册资本、资产总额、净资产规模、营业收入、利润、授信额度等财务指标。

4. 设定明显超出招标项目具体特点和实际需要的过高的资质资格、技术、商务条件或者业绩、奖项要求。

5. 将国家已经明令取消的资质资格作为投标条件、加分条件、中标条件；在国家已经明令取消资质资格的领域，将其他资质资格作为投标条件、加分条件、中标条件。

6. 将特定行政区域、特定行业的业绩、奖项作为投标条件、加分条件、中标条件；将政府部门、行业协会商会或者其他机构对投标人作出的荣誉奖励和慈善公益证明等作为投标条件、中标条件。

7. 限定或者指定特定的专利、商标、品牌、原产地、供应商或者检验检测认证机构（法律法规有明确要求的除外）。

8. 要求投标人在本地注册设立子公司、分公司、分支机构，在本地拥有一定办公面积，在本地缴纳社会保险等。

9. 没有法律法规依据设定投标报名、招标文件审查等事前审批或者审核环节。

10. 对仅需提供有关资质证明文件、证照、证件复印件的，要求必须提供原件；对按规定可以采用“多证合一”电子证照的，要求必须提供纸质证照。

11. 在开标环节要求投标人的法定代表人必须到场，不接受经授权委托的投标人代表到场。

12. 评标专家对不同所有制投标人打分畸高或畸低，且无法说明正当理由。

13. 明示或暗示评标专家对不同所有制投标人采取不同的评标标准、实施不客观公正评价。

14. 采用抽签、摇号等方式直接确定中标候选人。

15. 限定投标保证金、履约保证金只能以现金形式提交，或者不按规定或者合同约定返还保证金。

16. 简单以注册人员、业绩数量等规模条件或者特定行政区域的业绩奖项评价企业的信用等级，或者设置对不同所有制企业构成歧视的信用评价指标。

17. 不落实《必须招标的工程项目规定》《必须招标的基础设施和公用事业项目范围规定》，违法干涉社会投资的房屋建筑等工程建设单位发包自主权。

18. 其他对不同所有制企业设置的不合理限制和壁垒。

第三节 投标人以低于成本的价格竞标，中标无效

一、参考案例

案例 一审未考虑鉴定意见的例外情况，认定低于成本价竞标，二审改判

案号:（2019）赣 11 民终 37 号

2017 年，被告 1 某兴铜矿就该矿运输部外线通勤业务承包项目邀标。招标文件规定，报价超出标底或明显恶意低于成本报价的，视为无效投标。宇某运输公司、德某客运公司和镇某公司受邀后投标。被告 2 德某客运公司以 6.09 元 / 千米中标。2017 年 12 月 8 日，双方签订承包合同，现已履行完毕，双方已按中标价 6.09 元 / 千米的价格进行结算。原告宇某运输公司诉至法院，要求确认两被告中标及承包合同无效。

一审法院依申请委托鉴定。鉴定意见为每千米营运成本为 7.60 元，并说明本鉴定意见的成本价是根据市场评估而得的社会营业成本，但不排除存在竞标公司因技术专长、材料采购渠道和管理方面等原因其营运成本

低于社会营运平均成本情况。

一审法院认为，此次中标违反招标投标相关法律法规关于中标价不得低于成本价的禁止性规定，判决承包项目中标无效，二被告就该中标事宜签订的承包合同无效。

二审法院认为，所谓“低于成本”，是指低于投标人为完成招标项目所需支出的个别成本。由于每个投标人的管理水平、技术能力与条件不同，即使完成同样的招标项目，其个别成本也不可能完全相同。管理水平高、技术先进的投标人，其生产、经营成本低，有条件以较低的报价参加投标竞争，这是其竞争实力强的表现。实行招标投标的目的，正是为了通过投标人之间的竞争，特别是投标报价方面的竞争，择优选择中标者。因此，只要投标人的报价不低于自身的个别成本，即使是低于行业平均成本，也应当允许并提倡。一审期间，司法鉴定中心做出的每千米营运成本为 7.60 元的鉴定意见，是社会营业成本，并非投标人为完成招标项目所支出的个别成本。该鉴定机构在鉴定意见书中亦确认不排除存在竞标公司因技术专长、材料采购渠道和管理方面等原因令其营运成本低于社会营运平均成本的情况，因此不能认定被告 2 德某客运公司以低于成本价中标。改判撤销一审判决，驳回宇某运输公司的诉讼请求。

二、法律分析

（一）关键法条

1.《招标投标法》

第三十三条 投标人不得以低于成本的报价竞标，也不得以他人名义投标或者以其他方式弄虚作假，骗取中标。

第四十一条 中标人的投标应当符合下列条件之一：

（一）能够最大限度地满足招标文件中规定的各项综合评价标准；

（二）能够满足招标文件的实质性要求，并且经评审的投标价格最低；

但是投标价格低于成本的除外。

2.《招标投标法实施条例》

第五十一条 有下列情形之一的，评标委员会应当否决其投标：

（一）投标文件未经投标单位盖章和单位负责人签字；

（二）投标联合体没有提交共同投标协议；

（三）投标人不符合国家或者招标文件规定的资格条件；

（四）同一投标人提交两个以上不同的投标文件或者投标报价，但招标文件要求提交备选投标的除外；

（五）投标报价低于成本或者高于招标文件设定的最高投标限价；

（六）投标文件没有对招标文件的实质性要求和条件作出响应；

（七）投标人有串通投标、弄虚作假、行贿等违法行为。

3.《评标委员会和评标方法暂行规定》(2013修正)

第二十一条 在评标过程中，评标委员会发现投标人的报价明显低于其他投标报价或者在设有标底时明显低于标底，使得其投标报价可能低于其个别成本的，应当要求投标人作出书面说明并提供相关证明材料。投标人不能合理说明或者不能提供相关证明材料的，由评标委员会认定该投标人以低于成本报价竞标，其投标应作废标处理。

（二）要点简析

编者经搜索裁判文书网，暂未收集到有关涉电的低于成本价竞标被认定为无效的案例。但相关的法理，还是应引起重视。

如果被评标委员会认定为低于企业成本，将作否决投标处理。而被认定为合理低价，则会大大增加中标机会。因此，如何界定投标人的报价是否低于其成本显得尤为重要。现行的判定办法[①]一般将标底价格具体分为三类考核：①不可竞争费用，如规费、税金等；②有限竞争费用，如人工

① 参考来源：中国招标公共服务平台。

工资、材料费、机械使用费、措施费；③完全竞争费用，如施工利润、企业管理费。将不可竞争费用直接计入成本；将完全竞争费用从标底价格中扣除；对于有限竞争费用，应要求投标人提供有关书面证明材料，如采取的技术手段、施工方案、材料采购的渠道、人工工资标准、降低消耗量指标措施等，用以说明编制的依据。应根据投标人提供材料的真实性、可信度及当地的价格水平、市场供求、竞争状况，对有说服力的有限竞争费用进行调整，否则不予调整。将不可竞争费用与调整后的有限竞争费用相加得到投标人的企业个别成本，如果投标人的报价低于认定的企业成本，将按否决投标处理；否则为合理低价。

认定投标报价是否低于成本，是一个专业性比较强、非常重要的问题，没有绝对把握不能轻易判定。在认定报价是否低于成本时，应当认真、负责、科学、公平、公正、严谨地对待，避免出现与本文案例类似的纠纷。

三、防控重点

电网工程和物资采购均事关能源安全、经济发展和社会稳定。低于成本的报价参与竞标的投标人在取得合同后，可能为了节省开支，想方设法采用偷工减料、粗制滥造、以次充好等违法手段不正当地降低成本，不利于保证工程质量，不符合公平、公正和诚实信用的原则，不仅给招标人造成不可挽回的损失，也给投标人企业的远期利益和持续发展造成不良影响。因此，不得低于成本的报价参与竞标的相关规定，有利于维护招标人、投标人的合法利益和自由竞争的良好市场秩序。

（一）精准设定技术要求

电网项目招标的技术参数相对复杂，如果技术要求中的具体指标、参数设置不够详细、精准，就很难对投标人形成有效的约束。而技术参数和技术要求是电网项目和电气设备招标的关键，直接影响投标报价。如开关设备等产品，不同档次产品价格差异较大，如果技术参数设置不完善，投标人往往投机取巧，选择低价产品以降低成本。所以，将技术要求指标化、参数化，将产品档次描述清楚十分重要；但需要注意的是，一定要避免歧视性的条款出现（详见本章第二节相关内容）。

（二）准确界定招标范围

电网建设工程、物资采购的范围较大，涉及的边界条件较为复杂，如果招标范围界定不准或不清晰，投标人就有漏报或故意少报的空间。为此，制定完整、准确的招标采购项目清单，如工程量清单、采购清单、服务事项一览表等，可以在一定程度上防止投标人在招标范围上做文章，防止出现低于成本价投标的情况。

（三）明确设定履约条件

履约条件包括合同履约要求和招标人、中标人提供的履约条件。这些外部条件直接关系投标人报价及合同履约，一旦报价要求不明确，投标人的理解与招标人要求出现偏差，会造成低于成本价投标情况的出现。如变压器采购的履约地点、运费及安装要求等，都将很大程度上影响报价。因此，对于履约条件描述得越清楚、界定越准确，投标人出现低于成本价投标的可能性越小。

（四）加强评标全过程管理

经查询裁判文书网发现，供电企业工程建设项目和货物、服务采购的招投标中，以投标人低于成本的价格参与竞标而否决投标或认定中标无效的案例较少。这充分说明了输变电工程和电气设备的成本因施工企业、设备制造厂家的不同而存在较大的差异，故是否低于投标人个别成本价的认定较为困难。但输变电工程和电气设备如果低于成本价中标，造成恶性竞争的危害往往大于普通的建设工程和货物采购，因此还应十分关注投标人是否低于成本价参与竞标。如何认定“投标人低于成本价投标”，评标委员会要充分发挥其作用。如果投标报价与其他投标人报价或是标底比较后，对于有可能低于其个别成本的报价，评标委员会应要求投标人做出书面说明并提供有关证明材料。

根据《评标委员会和评标方法暂行规定》并结合具体操作，评标委员会可以认定投标人以低于其成本的报价竞标主要情形有：一是评标委员会对投标报价算术错误修正后，要求投标人对修正后报价予以确认而投标人不确认；二是投标人不按评标委员会的要求澄清、说明，以及说明不合理或是无法提供有关证明材料支持其说明，都可视为“以低于成本的价格竞标”。

第四节 挂靠或借资质以他人名义投标，中标无效

一、参考案例

案例1 没有建筑资质进行工程施工或借用他人资质投标的行为均为法律所禁止，均是无效行为

案号：（2022）皖1825民初730号

原、被告经人介绍相识。2021年5月下旬，被告称可以将中标的旌德县国道G330线洞合线灾毁恢复及路面修复工程转包给原告施工，要求原告承担招标代理费及其他后续相应管理费等成本。

刘某茂曾系路通公司的员工。2021年5月，旌德县公路事业发展中心对旌德县国道G330线洞合线灾毁恢复及路面修复工程公开招标。2021年5月20日开标，路通公司于2021年5月25日中标。江某心欲通过刘某茂承包该工程，于同年5月28日通过中国建设银行网上银行向刘某茂

转账，并附言“旌德国道G330灾毁恢复招标代理费”；同日，刘某茂向江某心出具收条1份。载明：“今收到江某心人民币（大写）壹拾万贰仟柒佰元，￥102700.00。事由：本款为旌德县国道G330洞合线灾毁恢复及路面修复工程的招标代理费。具条人：（盖章）刘某茂。”后刘某茂并未将该工程交由江某心施工。

本院认为，根据《最高人民法院关于审理建设工程施工合同纠纷案件适用法律问题的解释（一）》第一条第一款的规定，承包人未取得建筑业企业资质或者超越资质等级的，应当依据《民法典》第一百五十三条第一款的规定，认定无效。根据《中华人民共和国招标投标法》第三十三条规定，“投标人不得以低于成本的报价竞标，也不得以他人名义投标或者以其他方式弄虚作假，骗取中标”。故没有建筑资质进行工程施工或借用他人资质投标的行为均为法律所禁止，均是无效行为，故原、被告之间口头就案涉工程项目达成的合同无效。

案例2 输变电工程发包方明知施工挂靠还与之签订合同，合同无效并承担顺序清偿责任

案号：（2014）中中法民一终字第1336号

广某电力公司具备电力工程施工总承包一级、消防设施工程专业承包二级、机电设备安装工程专业承包等经营资格。广某电力公司承建110千伏上某输变电工程及110千伏顺某输变电工程后，于2010年7月12日、17日经发包方广某电网公司中某供电局同意，将土建工程分包给某州城建公司承建。某州城建公司于2010年6月8日授权梁某自2010年起全权负责某州城建公司资质范围内承接的施工项目，并承担安全、质量责任。2010年7月24日，梁某分别以广某电力工程有限公司110千伏上某输变电工程项目部、广某电力工程有限公司110千伏顺某输变电工程项目部名义与德某公司签订《基础工程施工承包合同》2份。德某公司后多次向梁某、广某电力公司、某州城建公司等追讨工程款未果，遂于2013年10月

9日诉至原审法院，请求判令广某电力公司、梁某向德某公司支付工程款511459.5元及逾期付款违约金。

一审法院认为，工程承包施工合同、工程款收付凭证、授权委托证明书及技术负责人委任书等形成完整证据链，可以证明涉案土建工程由梁某挂靠某州城建公司承包，并以中某公司名义运营，广某电力公司作为工程分包人，且某州城建公司及广某电力公司均明知涉案工程属违法分包。因此，上某变电站土建工程合同、顺某变电站土建合同以及梁某以项目部名义与德某公司签订的2份《基础工程施工承包合同》，实际由梁某挂靠某州城建公司具体施工及分包，故涉案建设工程施工合同均属无效。广某电力公司将顺某变电站及上某变电站土建工程违法分包给梁某实际施工，故广某电力公司应在梁某、某州城建公司不足清偿时负支付责任。判决梁某向德某公司偿付工程款511459.5元及其逾期付款违约金，若梁某不足清偿前述债务，由某州城建公司支付，再不足则由广某电力公司支付。二审维持关于合同效力的认定以及承担清偿责任顺序的判决。

案例3 借用他人资质中标而签订的建筑工程施工合同无效

案号:（2015）鄂恩施中民终字第01015号

某德公司为收取管理费将其资质证书借给官某（即官某挂靠某德公司）进行招投标。2010年，官某借用某德公司的资质投标“某市某公路及某大桥”工程项目并中标。

关于案涉中标效力及案涉所有合同效力问题，一审法院认为，官某借用某德公司的资质投标并与案外人交通局签订了《建设工程施工合同》，某德公司和官某均认可该挂靠事实。官某通过租借等方式获取的资格、资质证书投标，属于《招标投标法》第三十三条规定的以他人名义投标。认定案涉工程中标违反了法律、行政法规的禁止性规定，中标无效。二审维持该项认定。

案例 4 借用他人资质签订的建筑工程施工合同无效

案号:（2019）晋 04 民终 159 号

2017 年 7 月 9 日，某庄村村委会与开某公司签订《建筑工程施工合同》一份，合同约定由开某公司承建某庄村新农村住宅小区建设项目，某庄村村委会同意以自有村集体土地 7.74 亩交给开某公司开发，开某公司负责完成项目审批、工程建设的全部资金及销售等。某庄村村委会由代表人吴某签字，开某公司由郭某签字。庭审中，查明合同的签字人、履行人均为郭某，郭某按工程总造价 1% 向开某公司交纳管理费。郭某与开某公司未签订劳动合同及挂靠合同。长期以来，郭某系自己承揽工程，然后以开某公司名义签订合同及向开某公司按工程造价的 1% 交纳管理费。

一审法院认为，本案中郭某向开某公司交纳工程管理费，开某公司在收取管理费后，对工程的施工不进行任何管理，也不进行工程款的收取，由郭某自行施工及享有施工收益，郭某与开某公司这种行为系郭某无施工资质，借用有资质的公司进行施工的行为。郭某借用开某公司名义与某庄村村委会签订的合同书系建筑工程施工合同，没有资质的实际施工人借用有资质的建筑施工企业名义签订的合同，依法为无效合同。判决确认原告与被告签订的合同为无效合同。二审维持原判。

案例 5 被挂靠公司与挂靠人承担工程款支付的连带责任

案号:（2018）云 04 民终 551 号

2016 年 4 月 28 日，李某借用某七建司的名义承包了某桥村村委会三组统建房项目的施工工程并签订《施工合同》，双方在合同中约定了工程价款、付款方式、工期等内容。2016 年 9 月 30 日，李某与某七建司签订一份《工程合作施工协议》，双方就李某借用某七建司资质承建某桥村村委会三组统建房项目的相关事项做了约定。工程完工后，李某于 2017 年 9 月将其承包的工程交付给发包方。后因工程款支付涉讼。

一审法院认为，李某与某七建司签订的《工程合作施工协议》实为挂靠协议，李某系没有资质借用某七建司名义签订建设工程施工合同，应为无效。但一审法院未判决某七建司对李某应付的工程款债务承担连带责任。二审改判被挂靠单位某七建司对工程款支付承担连带责任。

二、法律分析

（一）关键法条

1.《招标投标法》

第三十三条　投标人不得以低于成本的报价竞标，也不得以他人名义投标或者以其他方式弄虚作假，骗取中标。

第五十四条　投标人以他人名义投标或者以其他方式弄虚作假，骗取中标的，中标无效，给招标人造成损失的，依法承担赔偿责任；构成犯罪的，依法追究刑事责任。

依法必须进行招标的项目的投标人有前款所列行为尚未构成犯罪的，处中标项目金额千分之五以上千分之十以下的罚款，对单位直接负责的主管人员和其他直接责任人员处单位罚款数额百分之五以上百分之十以下的罚款；有违法所得的，并处没收违法所得；情节严重的，取消其一年至三年内参加依法必须进行招标的项目的投标资格并予以公告，直至由工商行政管理机关吊销营业执照。

2.《中华人民共和国建筑法》(以下简称《建筑法》)

第二十六条　承包建筑工程的单位应当持有依法取得的资质证书，并在其资质等级许可的业务范围内承揽工程。

禁止建筑施工企业超越本企业资质等级许可的业务范围或者以任何形式用其他建筑施工企业的名义承揽工程。禁止建筑施工企业以任何形式允许其他单位或者个人使用本企业的资质证书、营业执照，以本企业的名义承揽工程。

3.《招标投标法实施条例》

第四十二条 使用通过受让或者租借等方式获取的资格、资质证书投标的，属于招标投标法第三十三条规定的以他人名义投标。

投标人有下列情形之一的，属于招标投标法第三十三条规定的以其他方式弄虚作假的行为：

（一）使用伪造、变造的许可证件；

（二）提供虚假的财务状况或者业绩；

（三）提供虚假的项目负责人或者主要技术人员简历、劳动关系证明；

（四）提供虚假的信用状况；

（五）其他弄虚作假的行为。

4.《最高人民法院关于适用〈中华人民共和国民事诉讼法〉的解释》

第五十四条 以挂靠形式从事民事活动，当事人请求由挂靠人和被挂靠人依法承担民事责任的，该挂靠人和被挂靠人为共同诉讼人。

5.《最高人民法院关于审理建设工程施工合同纠纷案件适用法律问题的解释（一）》

第一条 建设工程施工合同具有下列情形之一的，应当依据民法典第一百五十三条第一款的规定，认定无效：

（一）承包人未取得建筑业企业资质或者超越资质等级的；

（二）没有资质的实际施工人借用有资质的建筑施工企业名义的；

（三）建设工程必须进行招标而未招标或者中标无效的。

承包人因转包、违法分包建设工程与他人签订的建设工程施工合同，应当依据民法典第一百五十三条第一款及第七百九十一条第二款、第三款的规定，认定无效。

6.《承装（修、试）电力设施许可证管理办法》（2020）

第三十四条 承装（修、试）电力设施单位转包或违法分包承装（修、试）电力设施业务，涂改、倒卖、出租、出借许可证，或者以其他形式非法转让许可证的，《建设工程质量管理条例》等法律法规对上述违法行为有相关行政处罚规定的，依照其规定执行，未作规定的，由派出机构责令其改正，给予警告，并处一万元以上三万元以下罚款。

7.《建筑工程施工发包与承包违法行为认定查处管理办法》

第八条　存在下列情形之一的，应当认定为转包，但有证据证明属于挂靠或者其他违法行为的除外：

（一）承包单位将其承包的全部工程转给其他单位（包括母公司承接建筑工程后将所承接工程交由具有独立法人资格的子公司施工的情形）或个人施工的；

（二）承包单位将其承包的全部工程肢解以后，以分包的名义分别转给其他单位或个人施工的；

（三）施工总承包单位或专业承包单位未派驻项目负责人、技术负责人、质量管理负责人、安全管理负责人等主要管理人员，或派驻的项目负责人、技术负责人、质量管理负责人、安全管理负责人中一人及以上与施工单位没有订立劳动合同且没有建立劳动工资和社会养老保险关系，或派驻的项目负责人未对该工程的施工活动进行组织管理，又不能进行合理解释并提供相应证明的；

（四）合同约定由承包单位负责采购的主要建筑材料、构配件及工程设备或租赁的施工机械设备，由其他单位或个人采购、租赁，或施工单位不能提供有关采购、租赁合同及发票等证明，又不能进行合理解释并提供相应证明的；

（五）专业作业承包人承包的范围是承包单位承包的全部工程，专业作业承包人计取的是除上缴给承包单位“管理费”之外的全部工程价款的；

（六）承包单位通过采取合作、联营、个人承包等形式或名义，直接或变相将其承包的全部工程转给其他单位或个人施工的；

（七）专业工程的发包单位不是该工程的施工总承包或专业承包单位的，但建设单位依约作为发包单位的除外；

（八）专业作业的发包单位不是该工程承包单位的；

（九）施工合同主体之间没有工程款收付关系，或者承包单位收到款项后又将款项转拨给其他单位和个人，又不能进行合理解释并提供材料证明的。

两个以上的单位组成联合体承包工程，在联合体分工协议中约定或者在项目实际实施过程中，联合体一方不进行施工也未对施工活动进行组织管理的，并且向联合体其他方收取管理费或者其他类似费用的，视为联合体一方将承包的工程转包给联合体其他方。

第九条 本办法所称挂靠，是指单位或个人以其他有资质的施工单位的名义承揽工程的行为。

前款所称承揽工程，包括参与投标、订立合同、办理有关施工手续、从事施工等活动。

第十条 存在下列情形之一的，属于挂靠：

（一）没有资质的单位或个人借用其他施工单位的资质承揽工程的；

（二）有资质的施工单位相互借用资质承揽工程的，包括资质等级低的借用资质等级高的，资质等级高的借用资质等级低的，相同资质等级相互借用的；

（三）本办法第八条第一款第（三）至（九）项规定的情形，有证据证明属于挂靠的。

（二）要点简析

1. 以他人名义投标的主要形式

根据《建筑工程施工发包与承包违法行为认定查处管理办法》（建市规〔2019〕1号），挂靠是指：（一）没有资质的单位或个人借用其他施工单位的资质承揽工程的；（二）有资质的施工单位相互借用资质承揽工程的，包括资质等级低的借用资质等级高的，资质等级高的借用资质等级低的，相同资质等级相互借用的；（三）本办法第八条第一款第（三）至（九）项规定的情形，有证据证明属于挂靠的（具体见上述条文）。

除挂靠外，以他人名义投标还包括使用通过受让或者租借等方式获取的资格、资质证书投标等情形。《关于对工程建设中挂靠借用资质投标违规出借资质问题进行专项清理的通知》（中冶工办发〔2012〕1号），明确挂靠借用资质投标、违规出借资质问题清理内容是：（一）无资质证书的企业、个人或者有资质证书的企业通过各种途径和方式，利用其他企业的资质及名义投标或承接工程；（二）通过出让、出借资质证书或者其他方式，允许其他企业或个人以本企业名义投标或承接工程；（三）按照房屋建筑和市政工程建设相关文件的规定，可以认定为挂靠借用资质投标、违规出借资质的行为。

2. 以他人名义投标行为的认定

借用资质、挂靠行为往往较为隐蔽，较难发现。以转让、租借、买卖或以交纳管理费等方式获得使用他人资格证书及相关资料并以他人名义投标或承揽工程的，双方签订的协议一般不为招标人所知。投标保证金虽由投标单位基本账户转出，但先由非投标单位人员将投标保证金存入投标单位或有关个人账户，或以其他方式抵押的，也很难发现。

但是在挂靠人或借用人参与招投标的过程中，总会留下蛛丝马迹。如由其他单位或者其他单位负责人在本单位编制的投标文件上加盖印章或者签字，说明投标文件及技术性文件非本单位编制或非本单位委托相关单位编制；投标或承包工程单位使用的建筑师、项目经理等与项目有关的主要技术、质量、安全和其他施工管理人员，为非本单位注册人员或非本单位人员的；承包合同约定的施工、监理单位项目经理即项目负责人、项目总监等工程项目主要管理人员不到岗或严重缺岗，实际由他人履行职责，且他人非本单位人员等情况，都可以说明存在挂靠或借用他人资质的嫌疑。一旦发现以上情况，应及时查处。

三、防控重点

（一）规范资格预审

资格审查由招标人或招标代理机构组织。根据项目需要，可采取资格预审或资格后审等方式。依法必须招标项目的投标人资格审查，必须进入各级公共资源交易中心、招标投标服务平台操作。资格预审申请书或投标文件应同时填报项目负责人、技术负责人、施工员、质检员、安全员、材料员等主要管理人员。主要管理人员必须为本单位在岗工作人员，应以社保证明加盖公章为准，否则不得通过资格审查。资格预审的实施方法应在资格预审文件中予以明确。

（二）严格资格审查

评标过程中，评标委员会要严格审查建造师（即项目负责人）、技术负责人，以及项目部其他主要人员的原件资料。评标委员会在评标过程中发现有被确认的资质挂靠行为的，应作否决投标处理。

需要特别指出的是，要求投标单位法定代表人到现场开标、暂存相关人员执业资格证书可以有效防范弄虚作假投标行为，但是在一定程度上增加了投标单位的负担。因此，2018 年住房和城乡建设部开展建筑企业跨省承揽业务监督管理专项检查时，把强制扣押外地企业和人员的相关证照资料、要求企业法定代表人到场办理入省（市）手续等作为督查整改的主要内容。因此，项目开标时应区分情况，在大型项目、大宗采购时，应谨慎、适当地提出投标单位法定代表人到现场开标的要求。

（三）严禁在合同履行过程中更换主要管理人员

投标文件中的项目负责人、技术负责人、安全员等主要管理人员确需更换的，必须报招标人批准；擅自更换的，招标人有权根据约定解除承包合同并追究违约责任。对项目工程实行责任施工，一名项目经理即项目负责人只能负责一个与其等级相适应的工程，不得同时兼管多项工程。为防止“一证多挂”，业主单位在签订中标合同前，也可以与中标人约定必须将项目负责人的执业资格证书交由招标方暂存，至工程完工才能退还。暂存相关人员执业资格证书，无明确法律依据，因此如需暂存，应有明确约定。

（四）加强项目资金往来的监管

改进投标保证金和履约保证金提交方式，要求投标保证金必须从投标人注册地的基本账户转入招标人指定账户。退还投标保证金时，也应当退回原转出账户。严禁在投标保证金退还过程中通过现金支付方式支给其他单位或任何个人。要通过银行加强对项目部基本账户资金流向的监管。凡未拨入中标人基本账户的拨款申请，一律不予同意。凡资金拨付，应经招标人的主要负责人签字认可。严禁招标人直接向其他单位和个人拨付项目资金。

（五）加大挂靠、借用、出借资质行为的查处力度

挂靠、借用资质、出借资质行为均为法律所不允许。应严肃招投标工作纪律，拓宽举报、投诉渠道。经调查核实，确实有围标串标、资质挂靠等违法违规行为的，一经核实取消投标资格、中标资格并不退还投标保证金，严重者取消一年或以上投标资格，并向行政监督部门申请进入诚信黑名单。招标人还应及时向有关部门报告，依法严肃处理，情节严重构成犯罪的，移送司法机关处理。

（六）建立投标企业诚信档案及市场准入机制

除了全国统一的信用评价体系外，电网企业也可以建立内部的招投标从业单位信用数据库，实现企业信用信息的查询、交流和共享。凡是有商业贿赂行为、围标串标、资质出租、出借、转让、收取管理费等方式的违法违规行为，或中标后不按中标承诺、合同履约的单位或个人均记入信用档案，作为资格审查和评标阶段对评标人进行信用评价的重要依据，并作为对投标人是否符合市场准入的条件之一。

第五节　评标委员会可以要求投标人做出澄清或说明

一、参考案例

案例1　货物采购投标报价未明确暂列金额，评标委员会可以要求澄清

案号：（2016）湘1302行初60号

某市城投集团就某市第二水厂设备采购及安装工程项目进行国内公开招标。投标截止期限内，原告清某公司和华某科技有限公司等共计4家单位投标。开标过程中，华某科技公司的投标价格中没有列明暂列金额487645元及其他项目费200000元。评标委员会认为，招标文件的相关内容不明确，可能导致投标人对投标总报价是否应当包括暂列金额及其他项目费的理解存在差别，便要求华某科技有限公司做出澄清。华某科技有限公司就暂列金额及其他项目费以书面形式向评标委员会做出澄清并调整最终报价。华某科技有限公司做出澄清后，原告清某公司等其他投标人的最终报价仍均高于华某科技有限公司的最终报价，各投标人的投标总报价高低顺位没有改变。此后，经评标委员会评定，确认华某科技有限公司为第一中标候选人，原告为第二中标候选人。2016年2月2日，原告认为招标人组织的评标活动存在违法行为，质疑中标结果。后经投诉、复议，原告向法院提起行政诉讼。

法院认为，本案所涉主要标的为设备，故应认定为采购货物，并非采购工程。华某科技有限公司的投标总报价没有将暂列金额及其他项目费包括在总报价中，应属于投标人对招标文件中同类问题理解不一致所致，不属于因投标总价缺漏招标文件所要求的内容而视为无效投标的情形。同

时，华某科技有限公司的投标对招标文件中标注的实质性条款及要求均做出了响应，且不存在构成投标无效的其他情形，故华某科技有限公司的投标为有效投标。评标委员会做出要求华某科技有限公司对总报价中遗漏的暂列金额及其他项目费做出澄清的行为符合招标文件的相关规定；评标委员会要求华某科技有限公司对总报价中遗漏的暂列金额及其他项目费做出澄清，并没有对其他投标人造成不公正的结果，其行为亦没有违背相关法律法规的规定，故评标委员会要求华某科技有限公司对暂列金额及其他项目费进行澄清的行为不构成违法。判决驳回原告的诉讼请求。

此外，在诉讼过程中，被告某市财政局没有向法院提供证据证明其复议程序的合法性，法院判决确认被告某市财政局复议程序违法。

案例 2 投标人认为招标人澄清违法但未提供公证文书，视为放弃举证

案号：（2015）穗中法民二终字第 1279 号

2013 年 12 月，某能公司就某 35 千伏变电站主变压器招标。2013 年 12 月 21 日，大某公司因与某能公司在报价及某能公司澄清等方面产生争议，诉至法院。

一审法院认为，大某公司于 2014 年 1 月 9 日发送调价说明，确定因其工作人员未及时沟通导致确认中标后进行调价，违反了招投标文件的承诺或要求，判决驳回大某公司的诉讼请求。

大某公司上诉称 2014 年 1 月 9 日，某能公司负责招标事宜的工作人员向大某公司发送电子邮件写明，某能公司在投标截止前做出了澄清函，内容为普通开关，并非原招标技术文件中所指的真空开关，后续开标过程中又将此项技术参数更改为真空开关，在整个招标工作中一再更改，导致大某公司对是否需要按照真空开关设备价格报价的问题上产生了误解。二审要求大某公司提供有关电子邮件的公证文书，大某公司逾期未向原审法院提交相关电子邮件的公证文书。二审法院认为大某公司未在法院释明的期限内提交相关电子邮件的公证文书，视为对其举证权利的放弃，应依法

承担举证不能的不利后果。判决驳回上诉，维持原判。

二、法律分析

（一）关键法条

1.《招标投标法》

第二十三条 招标人对已发出的招标文件进行必要的澄清或者修改的，应当在招标文件要求提交投标文件截止时间至少十五日前，以书面形式通知所有招标文件收受人。该澄清或者修改的内容为招标文件的组成部分。

第三十九条 评标委员会可以要求投标人对投标文件中含义不明确的内容作必要的澄清或者说明，但是澄清或者说明不得超出投标文件的范围或者改变投标文件的实质性内容。

2.《招标投标法实施条例》

第二十一条 招标人可以对已发出的资格预审文件或者招标文件进行必要的澄清或者修改。澄清或者修改的内容可能影响资格预审申请文件或者投标文件编制的，招标人应当在提交资格预审申请文件截止时间至少3日前，或者投标截止时间至少15日前，以书面形式通知所有获取资格预审文件或者招标文件的潜在投标人；不足3日或者15日的，招标人应当顺延提交资格预审申请文件或者投标文件的截止时间。

第五十二条 投标文件中有含义不明确的内容、明显文字或者计算错误，评标委员会认为需要投标人作出必要澄清、说明的，应当书面通知该投标人。投标人的澄清、说明应当采用书面形式，并不得超出投标文件的范围或者改变投标文件的实质性内容。

评标委员会不得暗示或者诱导投标人作出澄清、说明，不得接受投标人主动提出的澄清、说明。

3.《评标委员会和评标方法暂行规定》

第十九条 评标委员会可以书面方式要求投标人对投标文件中含义不

明确、对同类问题表述不一致或者有明显文字和计算错误的内容作必要的澄清、说明或者补正。澄清、说明或者补正应以书面方式进行并不得超出投标文件的范围或者改变投标文件的实质性内容。

投标文件中的大写金额和小写金额不一致的，以大写金额为准；总价金额与单价金额不一致的，以单价金额为准，但单价金额小数点有明显错误的除外；对不同文字文本投标文件的解释发生异议的，以中文文本为准。

第二十一条 在评标过程中，评标委员会发现投标人的报价明显低于其他投标报价或者在设有标底时明显低于标底，使得其投标报价可能低于其个别成本的，应当要求该投标人作出书面说明并提供相关证明材料。投标人不能合理说明或者不能提供相关证明材料的，由评标委员会认定该投标人以低于成本报价竞标，应当否决其投标。

第二十二条 投标人资格条件不符合国家有关规定和招标文件要求的，或者拒不按照要求对投标文件进行澄清、说明或者补正的，评标委员会可以否决其投标。

（二）要点简析

1. 可以澄清的情况

投标人澄清。根据《招标投标法实施条例》，投标人可以澄清的情况仅限于投标文件中含义不明确的内容、明显文字或者计算错误。投标人澄清或者说明的内容有严格限定，均不得超出投标文件的范围或者改变投标文件的实质性内容。《评标委员会和评标方法暂行规定》增加了“对同类问题表述不一致”的情况，并且规定在评标过程中，评标委员会发现投标人的报价明显低于其他投标报价或者在设有标底时明显低于标底，使得其投标报价可能低于其个别成本的，应当要求该投标人做出书面说明并提供相关证明材料。

招标人澄清。招标人对已发出的招标文件进行必要的澄清或者修改的，应当在招标文件要求提交投标文件截止时间至少十五日前，以书面形式通知所有招标文件收受人。招标人澄清的内容不仅仅限于文字、计算等非实质内容。投标人的澄清或者修改的内容为招标文件的组成部分。如案例 2，如果投标人能够举证出招标人对已发出的招标文件的澄清不满足法定要求的公证文书，则招标人应承担违法澄清的责任。

2. 澄清的主、被动关系

投标人处于澄清的被动一方，应评标委员会的要求而做出澄清，且澄清或者说明不得超出投标文件的范围或者改变投标文件的实质性内容。评标委员会为澄清的主动一方，如果发现投标文件中有需要澄清的情况时，可以要求投标人对投标文件中含义不明确的内容做必要的澄清或者说明，但是不得暗示或者诱导投标人做出澄清、说明。评标委员会也不得接受投标人主动提出的澄清、说明。

3. 澄清应采用书面形式

评标委员会要求投标人对投标文件中含义不明确、对同类问题表述不一致或者有明显文字和计算错误的内容做必要的澄清、说明或者补正的，应当以书面方式通知。投标人的澄清、说明也应当采用书面形式。此外，电子招标投标项目，评标中需要投标人对投标文件澄清或者说明的，应当通过电子招标投标交易平台交换数据电文。

4. 投标人澄清的启动

投标人澄清是投标人应评标委员会要求做出的。只有评标委员会能够启动澄清程序，并书面通知该投标人。其他相关主体，不论是招标人、招标代理机构，或是行政监督部门，均无权发动澄清。

三、防控重点

澄清可以有效、尽早发现招标人与投标人之间的认识偏差，及时发现各自的工作疏忽。澄清的质量直接影响评标的质量。

（一）澄清的过程应注意信息保密

澄清过程中应充分尊重投标人的合法权益。一个问题向多个或全部投标人发出澄清要求的，应注意信息保密，避免泄露投标人的商业秘密、技术秘密。澄清环节，评标委员会成员和投标人不能见面，相关书面材料应通过采购人或采购代理机构转交。澄清、说明或者更正应当由法定代表人或其授权代表签字或者加盖公章。由授权代表签字的，应当附法定代表人授权书。

（二）澄清的范围应适当控制

评标委员会发现投标文件中不明确、有错误的内容如果不要求纠正和澄清，一旦该投标人中标，到了签约阶段往往较难补正，易造成签约、履约纠纷。但是如果评标委员会提出的澄清要求范围太广或者提出带有暗示或者诱导性的内容，将严重影响评标的公正性。对于投标文件的实质性内容，以及归属于存在重大偏差的内容，均不可要求投标人澄清补正。这就要求评标委员会遵守法定的程序和要求，审慎启动澄清程序。

第六节 投标文件存在重大偏差，评委会应否决投标

一、参考案例

案例1 超过招标文件控制价，属于重大偏差被否决投标

案号：（2017）粤 1481 行初 141 号

2017 年 5 月 9 日，被告大某住房和城乡建设局发布某市政基础设施工程招标公告。原告与其他多家企业参加了该项目第二标段的招标。在 2017 年 6 月 1 日的开评标会上，包括原告在内的 172 家投标人所提交的投标文

件通过初步评审。后评标报告做出前，评标委员会核查发现原告的消火栓综合单价报价为966.37元，大于招标文件控制综合单价925.31元，遂对原告的投标作无效投标处理。原告不服，经异议、投诉后，诉至法院。

法院认为，原告投标文件因消火栓综合单价大于招标控制综合单价，属于未对招标文件做出实质性响应的重大偏差，评标委员会对原告已经通过有效性审查的投标文件作无效投标的处理并无不妥。判决驳回原告的诉讼请求。

案例2 施工工期表述为计划工期，属于重大偏差被否决投标

案号:（2018）粤2071行初586号

2018年3月，裕某南路工程公开招标。招标文件之《承诺书》要求对施工工期的表述为“施工工期：300个日历天”。原告对施工工期的表述均为“计划工期：300个日历天”。评标委员会以未响应招标文件要求为由，否定其投标文件。原告经异议、投诉后，诉至法院。

一审法院认为，招标人应当根据招标项目的特点和需要编制招标文件，招标文件应包括招标项目的技术要求、对投标人资格审查的标准、投标报价要求和评标标准等所有实质性要求和条件。原告的《投标文件》基本资料《承诺书》中关于施工工期的承诺为“施工工期：计划工期：300个日历天”，与《招标文件》的《承诺书》需要承诺一个明确的工期多了“计划工期”四个字，评标委员会成员一致认为“计划工期”是可变的，并非明确工期，属于对招标文件的要求没有明确响应，对原告的投标予以否决的处理，符合法律法规及招标文件的规定。判决驳回原告的诉讼请求。二审维持原判。

案例3 委托代理人未签章，属于重大偏差被否决投标

案号:（2017）浙03行终20号

2016年3月26日，新某公司就区保障性安居工程（I-31地块）建设

项目的施工进行公开招标。经评审委员会评审，入围评审区间的共3家单位，按商务标加资信标得分从高到低分别是新某公司、广某公司及锐某建设工程公司。在招标评审中，评审委员会发现新某公司提交的《授权委托书》委托代理人未签字或盖章。经评审委员会评审决议，否决新某公司投标。新某公司异议、投诉，要求纠正错误的评标结果。区住房和城乡建设局驳回其投诉。新某公司诉至法院要求撤销上述投诉处理决定。

一审法院认为，涉案《授权委托书》代理人未签字属于细微偏差。虽然代理人没有签字、盖章，但代理人已持该委托书参加开标会议，且已通过评标委员会参加开标会议的到场人员要求的审查，故该《授权委托书》的瑕疵不影响新某公司投标文件的有效性。评标委员会应当书面要求存在细微偏差的投标人在评标结束前予以补正。本案评标委员会在未通知新某公司补正细微偏差的情况下，直接决定否决其投标，有失客观公正。虽然本案招标项目工程已开工建设，撤销被诉处理决定并重新做出处理已无实际意义，但被诉处理决定的违法性仍应予以确认。判决确认区住房和城乡建设局做出《投诉处理决定书》的行政行为违法。

二审法院认为，涉案工程招标文件《第二章投标人须知》前附表3.7.3对签字或盖章要求做了明确规定，其中“授权委托书应加盖单位章、法定代表人应签字或盖章、委托代理人应签字或盖章”。招标文件已将授权委托书代理人未签字或盖章作为否决投标的效力性条款，因此涉案授权委托书代理人未签字或盖章，属于重大偏差，不属于应当予以澄清、说明或补正的情形。判决撤销一审判决，驳回新某公司的诉讼请求。

案例4　因招标文件未规定，漏填工期和免费保修期不属于重大偏差

案号:（2014）郜行初字第0001号

2013年6月14日，原告上某公司和南某公司等参加某学校塑胶运动场采购项目的公开招标。经过评审确定南某公司为第一中标人，原告为第二中标人。原告认为第一中标人南某公司投标文件《开标一览表》中的施

工工期、免费保修期均为空白，未严格按规定格式填写，未实质性响应招标文件，应认定为无效投标，在中标公示期间向采购人某市教育局提交质疑函。6 月 24 日，某市教育局电教中心做出答复。6 月 27 日，原告向某市政府采购中心投诉。7 月 26 日，某市政府采购办公室向原告发出答复函。6 月 28 日，南某公司与市教育局电教站签订了合同。7 月 4 日，某市政府采购办向教育局发出中止合同的函。8 月中旬，市纪委介入该案；9 月 13 日，在市纪委、财政局招标处、某市纪委执法室、市政府采购办、市教育局的现场监督下，对该项目的中标人进行了复评，结果是原第一中标人有效。原告诉至法院。

法院认为，招标文件未将在《开标一览表》漏填工期和免费保修期规定为重大偏差，南某公司《开标一览表》的填写是有瑕疵的；评标委员会认为南某公司投标文件售后服务中有免费保修期承诺、施工进度表中有工期承诺的阐述内容，已对招标文件做出了实质性响应，一致认为南某公司投标有效，并在投标文件符合性审查表中说明了确认的原因，五个评委均签字。法院认为评标委员会认定南某公司投标有效，符合招标文件和法律法规规定。判决驳回原告的诉讼请求。

二、法律分析

（一）关键法条

1.《招标投标法》

第四十二条 评标委员会经评审，认为所有投标都不符合招标文件要求的，可以否决所有投标。

依法必须进行招标的项目的所有投标被否决的，招标人应当依照本法重新招标。

第五十七条 招标人在评标委员会依法推荐的中标候选人以外确定中标人的，依法必须进行招标的项目在所有投标被评标委员会否决后自行确定中标人的，中标无效，责令改正，可以处中标项目金额千分之五以上千分之十以下的罚款；对单位直接负责的主管人员和其他直接责任人员依法给予处分。

2.《招标投标法实施条例》

第五十条 招标项目设有标底的，招标人应当在开标时公布。标底只能作为评标的参考，不得以投标报价是否接近标底作为中标条件，也不得以投标报价超过标底上下浮动范围作为否决投标的条件。

第五十一条 有下列情形之一的，评标委员会应当否决其投标：

（一）投标文件未经投标单位盖章和单位负责人签字；

（二）投标联合体没有提交共同投标协议；

（三）投标人不符合国家或者招标文件规定的资格条件；

（四）同一投标人提交两个以上不同的投标文件或者投标报价，但招标文件要求提交备选投标的除外；

（五）投标报价低于成本或者高于招标文件设定的最高投标限价；

（六）投标文件没有对招标文件的实质性要求和条件作出响应；

（七）投标人有串通投标、弄虚作假、行贿等违法行为。

3.《评标委员会和评标方法暂行规定》

第二十一条 在评标过程中，评标委员会发现投标人的报价明显低于其他投标报价或者在设有标底时明显低于标底，使得其投标报价可能低于其个别成本的，应当要求该投标人作出书面说明并提供相关证明材料。投标人不能合理说明或者不能提供相关证明材料的，由评标委员会认定该投标人以低于成本报价竞标，应当否决其投标。

第二十二条 投标人资格条件不符合国家有关规定和招标文件要求的，或者拒不按照要求对投标文件进行澄清、说明或者补正的，评标委员会可以否决其投标。

第二十三条 评标委员会应当审查每一投标文件是否对招标文件提出的所有实质性要求和条件作出响应。未能在实质上响应的投标，应当予以否决。

第二十四条 评标委员会应当根据招标文件，审查并逐项列出投标文件的全部投标偏差。

投标偏差分为重大偏差和细微偏差。

第二十五条 下列情况属于重大偏差：

（一）没有按照招标文件要求提供投标担保或者所提供的投标担保有瑕疵；

（二）投标文件没有投标人授权代表签字和加盖公章；

（三）投标文件载明的招标项目完成期限超过招标文件规定的期限；

（四）明显不符合技术规格、技术标准的要求；

（五）投标文件载明的货物包装方式、检验标准和方法等不符合招标文件的要求；

（六）投标文件附有招标人不能接受的条件；

（七）不符合招标文件中规定的其他实质性要求。

投标文件有上述情形之一的，为未能对招标文件作出实质性响应，并按本规定第二十三条规定作否决投标处理。招标文件对重大偏差另有规定的，从其规定。

第二十七条 评标委员会根据本规定第二十条、第二十一条、第二十二条、第二十三条、第二十五条的规定否决不合格投标后，因有效投标不足三个使得投标明显缺乏竞争的，评标委员会可以否决全部投标。

投标人少于三个或者所有投标被否决的，招标人在分析招标失败的原因并采取相应措施后，应当依法重新招标。

（二）要点简析

对比归纳《招标投标法》第五十七条和《招标投标法实施条例》第五十一条，否决投标的情况主要有：一是投标人资格条件不合格，包括订立合同资格、招标人与投标人之间有关联关系等；二是投标文件内容、格式不合格，包括投标文件签字盖章不全；三是投标文件存在重大偏差，包括技术响应不符合招标文件等；四是投标人有违法违规行为，如串通投标、弄虚作假、行贿等。

重大偏差是否决投标的理由之一。投标文件存在重大偏差，是指影响到招标文件规定的工期、供货期、采购范围、产品质量和性能等实质上与招标文件不一致，而且限制了招标人的权利或投标人的义务，纠正这些偏离或保留将会对其他实质上响应要求的投标人的竞争地位产生不公正影响的偏差。根据《评标委员会和评标方法暂行规定》，投标文件未能对招标文件做出实质性响应，属于重大偏差的情况主要包括：没有按照招标文件要求提供投标担保或者所提供的投标担保有瑕疵；投标文件没有投标人授权代表签字和加盖公章；投标文件载明的招标项目完成期限超过招标文件规定的期限；明显不符合技术规格、技术标准的要求；投标文件载明的货物包装方式、检验标准和方法等不符合招标文件的要求；投标文件附有招标人不能接受的条件；不符合招标文件中规定的其他实质性要求。

关于实质性响应投标的审查，应该是对投标文件与招标文件所提出的所有实质性要求的条款、条件和要求相符性的审查，以确定是否有重大偏差。评委会认为有重大偏差的，应当否决投标。

三、防控重点

（一）防止滥用否决全部投标

被否决投标的，将不再参加招标文件的详细评审，也就不会有中标机会。因此，评标委员会不应随意否决某个投标，只能依据法律规定及招标文件的明确要求，从投标文件的有效性、完整性和对招标文件的响应程度进行审查，以确定是否对招标文件的实质性要求做出响应，从而决定是否否决投标。而且，评委会决定投标文件的响应性只根据投标文件本身的内容，而不能寻求外部的证据，否则有失公平、公正。

实际操作中，否决全部投标的界定较难把握。特别是在以有效投标不足三个使得投标明显缺乏竞争为由否决所有投标时，需要审慎采用。如果招标人在项目前期做了充足的调研，对市场情形有充足的了解，可以为评标委员会提供相关的依据，或者评标委员会对于招标项目充分了解，可以做出正确判断。反之就需要谨慎处理，以免判断错误。招标人最好在招标文件中明确重大偏差的认定须经评标委员会三分之二以上同意之类的规定。

（二）依法必须招标的项目，否决投标的决定只能由评标委员会做出

否决投标是评标委员会依法做出的处理决定。其他相关主体无权做出否决投标的决定。因此否决投标有阶段性，只有在评标阶段才能做出，开标过程不具有否决投标的功能。招标人不具有评审的功能，不能决定否决投标。如果招标人或代理机构在开标中发现投标无效、应当否决的情形，应如实记录，提交评标委员会决定是否否决。如本节案例 4，法院认为，对于南某公司的投标行为是否有效应由评标委员会决定，且评标委员会是独立行使决定权。评标委员会认为仅存在细微偏差，即可以不否决其投标。当然，在行政机构受理投诉时，应对评标委员会的评审意见作全面审查。

（三）否决全部投标后，应重新招标而不是自行确定中标人

根据《评标委员会和评标方法暂行规定》第二十七条和《招标投标法》第五十七条，评标委员会否决不合格投标后，因有效投标不足三个使得投标明显缺乏竞争的，评标委员会可以否决全部投标。对于依法必须招标的项目而言，投标人少于三个或者所有投标被否决的，招标人应当依法重新招标。如果招标人在所有投标被评标委员会否决后自行确定中标人的，中标无效，责令改正，还可以对招标人处以中标项目金额千分之五以上千分之十以下的罚款；对单位直接负责的主管人员和其他直接责任人员依法给予处分。对于非依法必须招标的项目，当全部投标被否决后，可以重新招标，也可采用非招标方式采购。

第七节　中标后违法分包、转让，所签订的合同无效

一、参考案例

案例1 名义分包实为转包的，合同无效

案号：（2023）陕07民终157号

2016年4月26日，被告某冶公司中标“某区康定路道路工程”施工业务，发包人被告汉某投公司与被告某冶公司于2016年1月10日签订了《汉某市某区康定路道路工程施工合同》。2016年4月22日，被告某冶七公司与第三人某江公司签订《汉某市某区康定路道路及管网工程分包合同》（以下简称《分包合同》），将被告某冶公司中标的案涉“某新区康定路道路工程（含桥梁）”项目分包给某江公司。

上述合同签订后，实际由原告刘某平借用某江公司的资质挂靠施工，原告出资购买原材料，并组织施工队伍和工程机械设备进行了施工。除受拆迁因素，以及市政综合管廊工程项目施工未完成等因素影响外，原告刘某平已将案涉工程项目中的道路（含桥梁）施工基本完成，2018年7月13日，某江公司致函某冶公司，不再承建后期施工。案涉道路及桥梁现已投入使用。

一审法院认为，被告某冶公司中标“某区康定路道路工程”后，以其下属某冶七公司的名义与第三人某江公司签订《分包合同》，将工程全部分包给某江公司，名为分包，实际为工程转包，违反法律规定；同时，原告刘某平借用某江公司的名义及资质进行施工，也违反了法律规定，故某冶公司与某江公司双方签订的《分包合同》无效。

二审维持原判。

案例2 输变电工程名为劳务分包实为施工分包无效

案号：（2017）川33民终26号

2011年9月6日，经过公开招标，某电力超高压建设管理公司将某金一丹某220千伏线路新建工程发包给江某送变电公司并签订《某金一丹某220千伏线路新建工程施工承包合同》。江某送变电公司与被告中某公司签订《某金一丹某220千伏线路新建工程基础施工合同》《某金一丹某220千伏线路新建工程铁塔组立施工合同》。被告中某公司将某金一丹某220千伏线路新建工程基础施工、铁塔组立劳务分包给原告南某公司。工程验收合格并于2014年1月成功送电，南某公司与中某公司于2014年6月10日进行结算，但中某公司未按合同约定付清工程款。江某送变电公司与中某公司已完成结算，并已付清工程款。2015年5月28日，南某公司通过《企业询证函》与中某公司确认中某公司尚欠南某公司2332747元。

一审法院认为，劳务分包是指工程承包人将其承包工程中的劳务作业进行发包。劳务作业主要包含木工、抹灰、油漆、焊接、脚手架、混凝土等，劳务费用一般是通过工日单价和工日总数量进行费用结算，不发生主要材料等费用的结算。中某公司与南某公司签订《某金一丹某220千伏线路新建工程基础施工分包合同》，将人工挖孔桩基础、人工挖孔桩护壁、大开挖基础、护坡、堡坎等工程交南某公司完成，并在双方结算时以工程单价乘以工程方量确定合同总价款。其实质是一份施工合同，并非劳务分包合同。结合江某送变电公司与中某公司签订的《某金一丹某220千伏线路新建工程基础施工合同》内容可见，中某公司是将应自行完成的工程分包给南某公司。确认中某公司与南某公司签订的《某金一丹某220千伏线路新建工程基础施工分包合同》《某金一丹某220千伏线路新建工程施工劳务分包合同》无效。二审维持该认定。

案例 3 输变电工程中标单位将主体工程分包无效

案号:（2018）鲁 10 民终 1794 号

2012 年 10 月，某铁公司与太某重工签订承包合同，某铁公司承包某山风电场送出 220 千伏线路工程，该工程原系某山新能源有限公司经招投标程序发包给太某重工。现涉案工程已经竣工验收，并投入使用，经结算审核工程造价审定价款为 18923248 元。太某重工已支付工程款 16923248 元。

一审法院认为，中标人应当按照合同约定履行义务完成中标项目，中标人不得向他人转让中标项目，也不得将中标项目肢解后分别向他人转让。因此，太某重工将中标项目又发包给某铁公司，违反了法律的强制性规定，双方所签订施工合同属于无效合同。由于双方合同无效，对逾期付款利息等其他约定均无效，因此太某重工认为某铁公司违约并要求扣减违约金、按银行活期存款利息支付逾期付款利息等抗辩理由，不予采信。二审法院认为，诉争 220 千伏线路工程属于太某重工总承包工程中的主体工程或关键性工程，故维持认定太某重工与某铁公司签订的分包合同无效。

案例 4 工程转包给无资质个人施工的转包行为无效

案号:（2018）鲁 09 民终 3758 号

2016 年 6 月 3 日，通过某集团公司 2016 年电源项目第二次服务招标采购，被告某甸公司与某山抽水蓄能电站签订《物资仓库工程施工合同》，2016 年 12 月 29 日双方签订《补充协议》。2016 年 10 月 16 日，被告某甸公司与原告田某签订《某山抽水蓄能电站物资仓库工程施工合同》，约定合同工程量：除基坑以外的所有工程。原告陈述于 2016 年 8 月进入工地开始施工，2016 年 10 月份补签的合同。在施工过程中，因工程款未按约定支付等原因，原告完成主体浇筑后暂停施工。后诉至法院。

一审法院认为，某甸公司擅自将承包工程转包给没有相应资质的个人进行施工，应认定原告田某与某甸公司的转包行为无效。二审维持该认定。

案例 5 中标后转让工程，中标人及受让方与招标人签订的合同均无效

案号：（2019）宁 05 行终 8 号

2014 年 7 月 7 日，被告某市交通运输局对某区公交线路候车亭向社会公开招标。2014 年 8 月 12 日公布第一标段的中标人是优某文化传媒有限公司。2014 年 10 月 18 日，某市交通运输局就招标项目与优某文化传媒有限公司、诚某公司分别签订了《某市某区公交候车亭建设经营协议》。

一审认为：某市交通运输局明知涉案工程由中标人优某文化传媒有限公司转让给诚某公司建设，却仍与诚某公司签订《某市某区公交候车亭建设经营协议》，将涉案工程交由诚某公司建设经营，明显违法。判决确认某市交通运输局与诚某公司 2014 年 10 月 8 日签订的两份《某市某区公交候车亭建设经营协议》无效。二审维持原判。

二、法律分析

（一）关键法条

1.《民法典》

第七百九十一条 发包人可以与总承包人订立建设工程合同，也可以分别与勘察人、设计人、施工人订立勘察、设计、施工承包合同。发包人不得将应当由一个承包人完成的建设工程支解成若干部分发包给数个承包人。

总承包人或者勘察、设计、施工承包人经发包人同意，可以将自己承包的部分工作交由第三人完成。第三人就其完成的工作成果与总承包人或者勘察、设计、施工承包人向发包人承担连带责任。承包人不得将其承包的全部建设工程转包给第三人或者将其承包的全部建设工程支解以后以分包的名义分别转包给第三人。

禁止承包人将工程分包给不具备相应资质条件的单位。禁止分包单位将其承包的工程再分包。建设工程主体结构的施工必须由承包人自行完成。

2.《建筑法》

第二十八条　禁止承包单位将其承包的全部建筑工程转包给他人，禁止承包单位将其承包的全部建筑工程肢解以后以分包的名义分别转包给他人。

3.《招标投标法》

第三十条　投标人根据招标文件载明的项目实际情况，拟在中标后将中标项目的部分非主体、非关键性工作进行分包的，应当在投标文件中载明。

第四十八条　中标人应当按照合同约定履行义务，完成中标项目。中标人不得向他人转让中标项目，也不得将中标项目肢解后分别向他人转让。

中标人按照合同约定或者经招标人同意，可以将中标项目的部分非主体、非关键性工作分包给他人完成。接受分包的人应当具备相应的资格条件，并不得再次分包。

中标人应当就分包项目向招标人负责，接受分包的人就分包项目承担连带责任。

第五十八条　中标人将中标项目转让给他人的，将中标项目肢解后分别转让给他人的，违反本法规定将中标项目的部分主体、关键性工作分包给他人的，或者分包人再次分包的，转让、分包无效，处转让、分包项目金额千分之五以上千分之十以下的罚款；有违法所得的，并处没收违法所得；可以责令停业整顿；情节严重的，由工商行政管理机关吊销营业执照。

4.《招标投标法实施条例》

第五十九条　中标人应当按照合同约定履行义务，完成中标项目。中标人不得向他人转让中标项目，也不得将中标项目肢解后分别向他人转让。

中标人按照合同约定或者经招标人同意，可以将中标项目的部分非主体、非关键性工作分包给他人完成。接受分包的人应当具备相应的资格条件，并不得再次分包。

中标人应当就分包项目向招标人负责，接受分包的人就分包项目承担连带责任。

第七十六条　中标人将中标项目转让给他人的，将中标项目肢解后分别转让给他人的，违反招标投标法和本条例规定将中标项目的部分主体、关键性工作分包给他人的，或者分包人再次分包的，转让、分包无效，处转让、分包项目金额5‰以上10‰以下的罚款；有违法所得的，并处没收违法所得；可以责令停业整顿；情节严重的，由工商行政管理机关吊销营业执照。

（二）要点简析

1. 合法分包应满足两个条件

一是分包的范围和资质应合法。根据《民法典》第七百九十一条第二款规定，总承包人或者勘察、设计、施工承包人经发包人同意，可以将自己承包的部分工作交由第三人完成。即总承包人既可以自行实施全部工程，也可以将承包中的非关键、非主体工程分包给具有相应资质的分包单位。

根据《建筑业企业资质标准》（2014年11月6日），施工总承包企业资质包括电力工程施工、建筑工程施工等12个类别四个等级。施工分包分为专业分包和劳务分包。

专业分包是指施工承包商将其所承包工程中的专业工程发包给具有相应资质等级的专业分包商完成的活动。专业承包企业资质分为输变电工程、预拌混凝土、电子与智能化工程、隧道工程、模板脚手架、建筑幕墙工、古建筑工程、城市及道路照明工程、水工金属结构制作与安装等36种三个等级。

劳务分包是指施工承包商或者专业承包商将其承包工程中的劳务作业发包给具有相应资质等级的劳务分包商完成的活动。原建设部印发的《建筑业企业资质等级标准》（2001年4月20日）规定劳务分包主要有木工、砌筑、抹灰、石制、油漆、钢筋、混凝、脚手架、模板、焊接、水暖电安装、钣金、架线作业13种。2014年的《建筑业企业资质标准》取消了施工劳务序列的类别和等级。劳务分包的劳务费用一般是通过工日单价和工日总数量进行费用结算，不发生主要材料等费用的结算。如本节案例2，中某公司与南某公司签订《某金—丹某220千伏线路新建工程基础施工分包合同》，将人工挖孔桩基础、人工挖孔桩护壁、大开挖基础、护坡、堡坎等工程交给南某公司完成，并在双方结算时以工程单价乘以工程方量确定合同总价款，其实质是一份施工合同，并非劳务分包合同。

二是分包应经过发包单位的同意。投标人根据招标文件载明的项目实际情况，拟在中标后将中标项目的部分非主体、非关键性工作进行分包的，应当在投标文件中载明。中标人与招标人在合同中约定，或者经招标人同意后，才可以将中标项目的部分非主体、非关键性工作分包给他人完成。接受分包的人应当具备相应的资格条件，并不得再次分包。如果分包事项在施工承包合同中无约定的，施工承包商必须经建设单位同意后方可进行施工分包。

2. 有关承包的禁止性规定

一是禁止违法发包。根据《建筑工程施工发包与承包违法行为认定查处管理办法》（建市规〔2019〕1号）第六条，违法发包的情况有：（一）建设单位将工程发包给个人的；（二）建设单位将工程发包给不具有相应资质的单位的；（三）依法应当招标未招标或未按照法定招标程序发包的；（四）建设单位设置不合理的招标投标条件，限制、排斥潜在投标人或者投标人的；（五）建设单位将一个单位工程的施工分解成若干部分发包给不同的施工总承包或专业承包单位的。

二是禁止非法转包。根据建市规〔2019〕1号文件第八条，存在下列情形之一的，应当认定为转包，但有证据证明属于挂靠或者其他违法行为的除外：（一）承包单位将其承包的全部工程转给其他单位（包括母公司承接建筑工程后将所承接工程交由具有独立法人资格的子公司施工的情形）或个人施工的；（二）承包单位将其承包的全部工程肢解以后，以分包的名义分别转给其他单位或个人施工的；（三）施工总承包单位或专业承包单位未派驻项目负责人、技术负责人、质量管理负责人、安全管理负责人等主要管理人员，或派驻的项目负责人、技术负责人、质量管理负责人、安全管理负责人中一人及以上与施工单位没有订立劳动合同且没有建立劳动工资和社会养老保险关系，或派驻的项目负责人未对该工程的施工活动进行组织管理，又不能进行合理解释并提供相应证明的；（四）合同约定由承包单位负责采购的主要建筑材料、构配件及工程设备或租赁的施工机械设备，由其他单位或个人采购、租赁，或施工单位不能提供有关采购、租赁合同及发票等证明，又不能进行合理解释并提供相应证明的；（五）专业作业承包人承包的范围是承包单位承包的全部工程，专业作业承包人计取的是除上缴给承包单位"管理费"之外的全部工程价款的；（六）承包单位通过采取合作、联营、个人承包等形式或名义，直接或变相将其承包的全部工程转给其他单位或个人施工的；（七）专业工程的发包单位不是该工程的施工总承包或专业承包单位的，但建设单位依约作为发包单位的除外；（八）专业作业的发包单位不是该工程承包单位的；（九）施工合同主体之间没有工程款收付关系，或者承包单位收到款项后又将款项转拨给其他单位和个人，又不能进行合理解释并提供材料证明的。两个以上的单位组成联合体承包工程，在联合体分工协议中约定或者在项目实际实施过程中，联合体一方不进行施工也未对施工活动进行组织管理的，并且向联合体其他方收取管理费或者其他类似费用的，视为联合体一方将承包的工程转包给联合体其他方。

从以上情形判断，工程范围和工程款的对比是认定转包的主要依据之一。

三是禁止违法分包。违法分包的情形主要有：①承包单位将其承包的工程分包给个人的；②施工总承包单位或专业承包单位将工程分包给不具备相应资质单位的；③施工总承包单位将施工总承包合同范围内工程主体结构的施工分包给其他单位的，钢结构工程除外；④专业分包单位将其承包的专业工程中非劳务作业部分再分包的；⑤专业作业承包人将其承包的劳务再分包的；⑥专业作业承包人除计取劳务作业费用外，还计取主要建筑材料款和大中型施工机械设备、主要周转材料费用的。

综上所述，以输变电工程为例，不同电压等级的输变电工程允许相应资质等级的单位，以电力工程施工总承包或输变电工程专业承包的方式承建。承建单位可以将承包中的非关键、非主体工程分包给具有相应资质的分包单位，但不允许整体转包，不允许将主体结构分包，不允许肢解分包。禁止分包单位再分包。此外，分包专业工程应经过业主单位的同意。

三、防控重点

高压输电线路工程是电力工程的重要组成部分，其施工安全性及施工质量直接影响线路运行的安全与效率，进而影响人民生活、生产等各个方面，故我国对输变电工程实行相应较为严格的管理。

（一）严格规范输变电工程投标人的资格审查

承包单位的项目负责人、技术负责人、造价员、施工员、质检员、安全员、材料员等主要管理人员必须为本单位在岗工作人员，以单位近三个月的工资花名册、养老保险花名册及社保证明加盖公章、在岗考勤表为准，否则不得通过资格审查。对无资质或资质不合格队伍采用资质借用、挂靠等手段参与投标或取得专业分包和劳务分包的，应坚决抵制。

（二）严格规范输变电工程过程管控

建设单位（业主项目部）要按照审查批准的施工承包商的分包计划和资质报审文件，动态核查分包单位管理情况，按规定定期组织开展分包检查，及时纠正违法行为。严禁在合同履行过程中更换主要管理人员。确需更换的，必须经业主单位书面同意。对管理水平差、人员素质低、不服从管理的分包商及违反规定的施工承包商，应责令其改进或停工整顿，直至解除合同，并追究其违约责任。

（三）建立承包单位诚信档案及市场准入和退出机制

电网投资项目建设单位应在工程招标文件和施工承包合同中明确对施工承包商、专业分包商、劳务分包商等分包管理要求，如不允许分包的工程项目及范围、分包金额限制、分包商准入条件等，强调主体工程不得专业分包。业主单位应建立统一的承包单位信用数据库，实现企业信用信息的查询、交流和共享。合同执行过程中如发现供应商擅自分包、转包行为，应严格按照合同违约条款进行处理。对擅自分包、转包的供应商，以及擅自接受分包、转包的供应商应一并列入不诚信供应商名单，并与后续的招标采购工作进行联动。

第八节　处理投诉应全面审查，不可仅凭评标专家意见

一、参考案例

案例 1　中标人资格异议应全面审查，不可仅凭评标专家意见

案号：（2014）西行初字第 5 号

2014 年 2 月 12 日，某县教育体育局作为招标人，对某县高级中学整体搬迁异地新建工程发出招标公告，该项目建设规模 79991 平方米，资金来源为国有资金，总投资 15400 万元。经评标确定第一中标候选人为众某公司，第二中标候选人为泰某公司，第三中标候选人为大某公司。原告天某公司对该评标结果有异议，向招标人提出。在招标人做出答复后，原告又于 2014 年 3 月 7 日向被告某县住房和城乡建设局投诉。被告受理后，依据五位评委重新评定结果，于 2014 年 3 月 19 日做出招标投标投诉处理决定书，对原告投诉不予支持。原告不服提起行政诉讼。

经法院审查，第三人众某公司在其提交的投标文件类似项目业绩中，《中标通知书》《施工合同》《工程竣工验收备案表》均为伪造；第三人大某公司因伪造工程业绩骗取中标资格于2012年12月2日被省交通运输厅决定将其信用评价等级由初评B级直接降为D级（黑名单），两年内不得参与省交通建设项目投标。被告在受理本案原告投诉后，没有对原告投诉事项进行全面调查，未向招标人（招标代理机构）调查招标人对争议条款的解释，也未自己确定该条款的真实意思，仅仅依据评标委员会五位原评委的解释和重新评定结果即对原告投诉做出处理，明显不当。判决撤销被告对原告投诉做出的招标投标投诉处理决定书。

案例2　对中标人候选人资格的异议，招标人可以组织评标委员会重新审查

案号:（2019）闽02行终111号

某立交工程于2017年10月17日开标。某有色公司及某建工集团均参与投标。2017年10月19日，某建工集团被推荐为中标候选人，某有色公司因业绩证明材料不符合作废标处理。2017年10月19日，某第二公司和某有色公司就所公示的评标结果分别向招标人提出异议。招标人收到相关异议申请后，向异议人做出复函表示暂停后续招标流程并进行复核。原评委会技术标专家成员复核后认为，某第二公司的业绩材料不满足类似工程经验业绩合格条件，某有色公司提供的投标业绩证明符合本项目招标文件要求。招标人对案涉项目异议内容进行重新评审。2017年11月3日，招标人重新公示确定某有色公司为推荐中标候选人。2017年11月3日，某建工集团对重新公示的评标结果不服，向招标人提出异议。招标人答复其异议内容不成立。某建工集团向某市建设局投诉。某市建设局做出《投诉不予受理决定书》，认为某建工集团要求彻底调查重新评审的情况应当先行向招标人提出异议。某建工集团向某市住房和城乡建设局做出关于投诉书的补充说明。某市建设局驳回某建工集团的投诉。某建工集团

不服申请行政复议。某省住房和城乡建设厅受理该申请后，做出《行政复议决定书》认定：案涉项目在评标结果未被确定无效，公示结果并未撤销的情形下，招标人组织原评标委员会进行重新评审，再次确定中标候选人予以公示，客观上造成该工程项目同时存在两个评标结果，系在原评标行为未被确定为无效的情况下，进行重新评标的行为，决定撤销某市住房和城乡建设局做出的《投诉处理决定书》，并向相关当事人送达。某有色公司不服上述行政复议决定，诉至法院。

一审法院认为，重新招标或者评标一般适用于评标阶段违规行为性质比较严重，对中标结果造成实质影响，且无法补救纠正的情况。某有色公司此前提出异议事由与其业绩资格的审查有关。就此问题而言，相对于行政机关处理投诉部门，评审组技术标专家的集体复核意见更具权威性和专业性。招标人根据专家集体复核意见采纳某有色公司的异议，并组织原评标委员会予以重新评审符合法律规定。某判决撤销某省住房和城乡建设厅行政复议决定。二审维持原判。

案例 3 因质检不合格被通报，企业不服提起行政诉讼

案号:（2017）京行终 3455 号

2016 年 6 月 6 日，国家质检总局做出《关于电网设备材料质量监督行动有关工作情况的通报》（以下简称被诉通报），就国家质检总局组织中国水利电力质量管理协会会同国家电网公司、南方电网公司、有关省质量技术监督局，针对 35 千伏及以下电压等级的电网设备材料开展专项质量监督行动所发现的问题和处理意见建议做出通报。通报显示，自 2015 年 9 月起，共检查国家电网公司、南方电网公司中标设备制造企业 68 家及为中标企业出具型式试验报告的检验机构 8 家。在监督检查中，共发现 43 家制造企业、2 家检验机构存在不同程度的问题。其中，通报认定某公司在原材料采购、检验记录、质量关键点自检、型式试验报告、弯管工序、工艺管理手册、环境控制等九个方面存在问题。某公司不服被诉通

报，向国家质检总局提出行政复议申请，国家质检总局于2016年10月9日做出被诉复议决定，维持了被诉通报。某公司不服，诉至一审法院，请求撤销被诉通报中涉及某公司的部分，撤销被诉复议决定。

二审法院认为，生产企业的产品质量管理系产品质量合格的前提与基础，加强产品质量管理阶段的监督检查，督促生产企业建立健全内部产品质量管理制度，严格实施岗位质量规范，有利于防微杜渐，对产品质量从源头上进行风险监控，此亦属国家质检总局法定职责范畴。在尚未制定国家标准、行业标准的领域，以供应商资质能力核实标准作为对可能危及人体健康和人身、财产安全的工业产品质量管理、质量诚信监督检查行为及被诉通报的依据，并无不当。故某公司主张被诉通报认定其存在的九项问题没有法律依据和国家标准依据的诉讼理由不能成立。此外，国家质检总局在行政复议程序中，履行了相应的复议职责。二审维持一审判决。

案例4　投标人以医保卡代替身份证，开标现场未提出视为放弃异议

案号:（2015）鄂宜昌中行终字第00124号

2014年9月24日，某区管理委员会对外公开发布了某安置小区功能完善项目施工招标公告。《招标文件〈第二章投标人须知〉》载明“公布在投标截止时间前递交投标文件的投标人名称，并点名确认投标人拟派项目负责人是否到场，查验建造师注册证和居民身份证，否则否决其投标”。开标会查验建造师注册证和居民身份证时，开某建筑有限责任公司的项目负责人郑某提交了建造师注册证，因当时没有找到居民身份证而提交了本人医保卡以证明其身份。监标人现场向全体投标人通报了郑某提交医保卡的情况，并征询投标人代表对此有无异议，与会代表无人提出异议。后开某建筑有限责任公司为第一中标候选人，钟某建筑工程有限公司为第二中标候选人。钟某建筑工程有限公司就开某建筑有限责任公司的项目负责人郑某在开标会点名时未提交本人居民身份证递交质疑书。后经投诉处理程序，诉至法院。

一审法院认为，对开标中的问题，投标人认为不符合有关规定的，应当在开标现场提出异议。钟某第一建筑工程有限公司在开标现场没有提出异议，视为放弃了提出异议的权利。判决驳回原告的诉讼请求。二审维持原判。

二、法律分析

（一）关键法条

1.《招标投标法》

第六十五条 投标人和其他利害关系人认为招标投标活动不符合本法有关规定的，有权向招标人提出异议或者依法向有关行政监督部门投诉。

2.《招标投标法实施条例》

第六十一条 投诉人就同一事项向两个以上有权受理的行政监督部门投诉的，由最先收到投诉的行政监督部门负责处理。

行政监督部门应当自收到投诉之日起3个工作日内决定是否受理投诉，并自受理投诉之日起30个工作日内作出书面处理决定；需要检验、检测、鉴定、专家评审的，所需时间不计算在内。

投诉人捏造事实、伪造材料或者以非法手段取得证明材料进行投诉的，行政监督部门应当予以驳回。

第六十二条 行政监督部门处理投诉，有权查阅、复制有关文件、资料，调查有关情况，相关单位和人员应当予以配合。必要时，行政监督部门可以责令暂停招标投标活动。

行政监督部门的工作人员对监督检查过程中知悉的国家秘密、商业秘密，应当依法予以保密。

第七十九条 项目审批、核准部门不依法审批、核准项目招标范围、招标方式、招标组织形式的，对单位直接负责的主管人员和其他直接责任人员依法给予处分。

有关行政监督部门不依法履行职责，对违反招标投标法和本条例规定的行为不依法查处，或者不按照规定处理投诉、不依法公告对招标投标当事人违法行为的行政处理决定的，对直接负责的主管人员和其他直接责任人员依法给予处分。

项目审批、核准部门和有关行政监督部门的工作人员徇私舞弊、滥用职权、玩忽职守，构成犯罪的，依法追究刑事责任。

三、要点简析

投诉处理的主体是行政监督部门。行政监督部门面对大量招投标活动，很难主动发现某个项目存在违法行为，故其发现、查处违法行为在很大程度上依赖于投诉人的投诉及其所提供的线索。因此，招投标投诉处理是实施招投标监督的重要环节。供电企业作为招标人，虽然不直接处理投诉，但也可能接受行政监督部门就投诉事项展开的询问、调查和其他配合义务，应基本了解投诉处理的要点。

（一）准确判定投诉主体是否适格

在行政监督部门处理投诉人的投诉时，首先应对投诉人是否具有合格的主体资格进行判定。根据《招标投标法》第六十五条的规定，投标人和其他利害关系人都可以向行政监督部门提出投诉，即规定招投标投诉主体主要包括投标人和其他利害关系人两类。《工程建设项目招标投标活动投诉处理办法》对“其他利害关系人”的范围进行了界定：投标人以外的，与招标项目或者招标活动有直接和间接利益关系的法人、其他组织和自然人。投诉人不是所投诉招标投标活动的参与者，或者与投诉项目无任何利害关系的，行政机关不予受理。

（二）对不满足要求的投诉应不予受理

一是投诉书应满足形式要求。为了防止投诉人滥用投诉权、规范投诉人的投诉行为，投诉人需以提交投诉书的方式进行投诉。投诉书的形式及内容有严格的要求。《工程建设项目招标投标活动投诉处理办法》对投诉书的内容及形式提出了一系列具体要求，并将其规定为投诉处理机关对投诉书进行初步审查、决定是否受理的重要考查因素。很多投诉人在投诉时往往忽略了形式要求，导致其投诉无法被行政监督部门受理。

二是投诉时应提供必要的线索和证据。除了对投诉书形式的规定外，投诉人还必须提供有效线索和相关证明材料。投诉事项不具体，且未提供有效线索、难以查证的，行政监督部门不予受理。

（三）投诉处理应执行回避制度

行政监督部门受理投诉后，首先要确定具体的工作人员负责投诉的调查处理。根据《工程建设项目招标投标活动投诉处理办法》第十三条，行政监督部门负责投诉处理的工作人员有近亲属是被投诉人、投诉人，或者是被投诉人、投诉人的主要负责人的；在近 3 年内本人曾经在被投诉人单位担任高级管理职务的；与被投诉人、投诉人有其他利害关系，可能影响对投诉事项公正处理等情况的，应当主动回避。

（四）应对投诉进行全面调查取证

根据《招标投标法实施条例》第六十二条，行政监督部门处理投诉，有权查阅、复制有关文件、资料，调查有关情况，相关单位和人员应当予以配合。《工程建设项目招标投标活动投诉处理办法》第十四条，行政监督部门受理投诉后，应当调取、查阅有关文件，调查、核实有关情况。对情况复杂、涉及面广的重大投诉事项，有权受理投诉的行政监督部门可以会同其他有关的行政监督部门进行联合调查，共同研究后由受理部门做出处理决定。可见，调查取证是对投诉进行处理的基础，行政监督部门在进行调查取证时，应当正确地行使权力。如本节案例 1，行政监督部门在受理原告投诉后，没有对原告投诉事项进行全面调查，未向招标人或招标代理机构调查招标人对争议条款的解释，也未自己确定该条款的真实意思，仅仅依据评标委员会五位原评委的解释和重新评定结果即对原告投诉做出处理，明显不当，被法院判决撤销投诉处理决定。

第九章

刑事法律案例分析与风险防范

第一节 建设、设计、施工、监理单位的工程重大安全事故罪风险

一、参考案例

案例 1 借用资质承接工程，使用不合格电缆造成 7 人死亡，借用双方均犯工程重大安全事故罪

案号：（2016）鄂 0105 刑初 325 号

被告人王某甲、黄某甲系个体电工。被告人闵某系某水电工程有限公司法定代表人。

2014 年 12 月，被告人王某甲、黄某甲通过时任某房地产开发有限公司副总经理的陈某（另案起诉）的帮助，在没有取得《承装（修、试）电力设施许可证》《电工进网许可证》的情况下，承接了某某嘉苑 1、2 号楼的临时电表和电缆线安装工程。被告人王某甲经与被告人闵某商议，借用被告人闵某担任法定代表人但无承装（修、试）电力设施许可证的某水电工程有限公司的名义与某房地产开发有限公司签订施工合同，并由被告人黄某甲具体组织施工。

施工过程中，被告人黄某甲违反安全操作规范，在没有设计图纸的情况下，随意雇用无《电工进网许可证》的安装人员，违规将四根电缆捆扎在一起，并将电缆与铜芯分支线采取缠绕搭接的方式进行安装，致使 2015 年 7 月 11 日 23 时许，某某嘉苑 1 号楼 2 单元电缆井临时供电线路发生短路，引燃电缆井内的可燃物发生火灾，造成郑某等 7 人死亡，其他 12 人因吸入有毒烟气受伤。经国家电线电缆产品质量监督检验中心鉴定，

该电缆为外架绝缘电缆，且质量不合格，燃烧时会产生有毒烟气，不能在建筑电缆井内使用。法院判决被告人黄某甲犯工程重大安全事故罪，判处有期徒刑一年三个月，并处罚金人民币二万元；被告人王某甲犯工程重大安全事故罪，判处有期徒刑一年，并处罚金人民币一万元；被告人闵某犯工程重大安全事故罪，判处有期徒刑一年，并处罚金人民币一万元。

案例 2　盖板质量不合格造成伤亡，法定代表人和采购人均构成工程重大安全事故罪

案号：（2019）鲁 1329 刑初 193 号

被告人朱某系某建筑工程有限公司法定代表人，被告人朱某时系购进建筑材料的负责人。2014 年 4 月 16 日，某建筑工程有限公司（无建筑资质）与某小学签订了《厕所、动物角及零活施工合同》。施工完成后未经有关部门验收即交付使用。2018 年 4 月 16 日 9 时许，某小学学生武某、吴某 1、孙某 2 外出上厕所时掉入厕所化粪池内，致武某、吴某 1 死亡，孙某 2 受伤。案发后，经专业技术人员现场检查勘验，该化粪池使用的盖板质量较差，在很大程度上严重降低了预制板的承载能力。法院判决被告人朱某犯工程重大安全事故罪，判处有期徒刑二年六个月缓刑三年，并处罚金人民币八万元；被告人朱某时犯工程重大安全事故罪，判处有期徒刑二年缓刑二年，并处罚金人民币六万元。

案例 3　违规作业造成广场垮塌事故，相关人员构成重大责任事故罪

案号：（2014）鄂巴东刑初字第 00104 号

被告人柳某原系某县城市管理局副局长、某县城市管理综合执法大队大队长。被告人黄某原系兴某房产公司卓某广场项目部技术负责人。被告人许某系国某劳务公司经理。被告人曾某系恒某公司某分公司经理。兴某房产公司于 2012 年 5 月 17 日与某恒某公司签订《合作意向书》，合意将该县某广场基础及主体工程未经招标程序发包给恒某公司，于 2012 年 5

月 21 将某广场工程场平及基坑开挖未经招标程序承包给无相应资质的国某劳务公司，国某劳务公司于 2012 年 5 月 22 日违规转包给尤某施工。在施工图纸未送审的情况下，兴某房产公司任命被告人黄某为广场施工技术负责人。2012 年 11 月 2 日 15 时 30 分，某广场发生挡土墙垮塌事故。该事故导致周边部分区域供水、供电、通信设施、国防电缆及部分民房受损，城区交通中断，经济损失共计 24364808.26 元。

经调查，本次事故发生的主要原因是兴某房产公司没有依法将边坡治理工程施工图设计文件报建设行政主管部门审查批准，没有按国家工程建设程序要求办理施工许可手续，擅自开工建设，且将边坡治理工程发包给不具有相应资质等级的单位和个人承担施工任务，未按设计图纸要求施工，擅自指挥恒某公司违规在支护桩抗滑力低于设计抗滑力，擅自指挥恒某公司违规在支护桩顶部平台安放塔吊，并将支护桩顶部平台作为钢筋存储和加工场所，增加了滑坡体的负载，使边坡安全性进一步下降。另查实，柳某在案中受贿的事实。

法院认为：柳某身为县城市管理局副局长，根据职责分工具有对未取得建设用地规划许可证和建设工程规划许可证新建、改建、扩建的建筑物、构筑物、道路管线及其他工程设施行为的行政处罚的法定职责；但被告人柳某不认真履行职责，疏于管理，导致发生某广场挡土墙垮塌事故，造成周边部分房屋受损、交通、供水、供电、通信等长期中断的严重后果和恶劣的社会影响，其行为符合玩忽职守罪的构成要件。

被告人黄某身为兴某房产公司技术负责人，违法建设、违章指挥施工，将支护桩前原有挡土墙挖出，导致支护桩抗滑力低于设计抗滑力，且在接到施工单位发现挡土墙的裂缝在逐渐增大的报告后仍要求其继续施工，导致发生垮塌的严重后果，构成重大责任事故罪。

被告人许某明知自己没有相应的施工资质而承接某广场场平及基坑开挖建设工程，且将该工程转包给他人施工，施工中未进行现场管理和检查，以致在施工中将支护桩前原有挡土墙挖出，导致支护桩抗滑力低于设计抗滑力，造成垮塌事故的严重后果，其行为符合重大责任事故罪的构成要件。

被告人曾某在施工中已发现挡土墙出现裂缝，而未将安装在支护桩顶部平台塔吊和堆放的钢筋采取措施予以处理，增加了滑坡体上的荷载，使边坡安全性进一步下降，该行为是造成垮塌事故的原因之一，其行为构成重大责任事故罪。

法院判决被告人柳某犯玩忽职守罪，判处有期徒刑二年；犯受贿罪，判处有期徒刑一年，决定合并执行有期徒刑三年，缓刑四年。被告人黄某犯重大责任事故罪，判处有期徒刑二年，缓刑三年。被告人许某犯重大责任事故罪，免予刑事处罚。被告人曾某犯重大责任事故罪，免予刑事处罚。被告人柳某所得赃款人民币26000元予以追缴。

案例4 总监理工程师怠于履行相关职责，造成事故构成重大责任事故罪

案号：(2018）赣08刑终210号

被告人刘某系某水电站工程监理部专业监理工程师、总监理工程师。被告人许某系某水电开发有限公司副总经理，主管工程技术和生产。2013年8月13日凌晨，某水电站工程发生隧洞塌方事故，4人死亡、1人受伤。对爆破方式和未及时支护等问题，被告人许某、刘某多次口头要求施工单位整改，在由刘某主持，建设单位、施工单位、勘察设计单位参会的例行会议中，刘某多次提出并要求施工单位予以整改，并以监理部的名义下发会议纪要至各参建单位。

法院认为，刘某身为项目工程监理部总监理工程师，对工程施工单位在隧洞开挖方式、支护时间、爆破方式等方面存在严重违反施工规范的情形，随时可能发生坍塌事故，并且已经发生两次小规模塌方的情况下，未引起足够的重视；虽然下发了会议纪要和监理书面通知要求施工单位进行整改，但在施工单位未执行监理机构指示，未整改到位的情况下，未采取

果断有效措施制止违规施工，未按相关规定要求下令施工单位暂停施工，也未向行政主管部门报告。刘某怠于履行总监的相关职责，放任施工单位违规施工，导致发生安全事故，且对事故发生负有直接责任，犯重大责任事故罪，一审判处有期徒刑二年。二审改判有期徒刑一年。

许某身为项目建设单位的副总经理，违规开工，对施工中工程参与各方程序混乱怠于履行相关职责，且对事故发生负有直接领导责任，犯重大责任事故罪。一审判处有期徒刑一年。二审改判有期徒刑十个月。

二、工程重大安全事故罪法律分析

（一）法律规定

《刑法》

第一百三十七条 建设单位、设计单位、施工单位、工程监理单位违反国家规定，降低工程质量标准，造成重大安全事故的，对直接责任人员，处五年以下有期徒刑或者拘役，并处罚金；后果特别严重的，处五年以上十年以下有期徒刑，并处罚金。

（二）立案标准

根据《最高人民法院、最高人民检察院〈关于办理危害生产安全刑事案件适用法律若干问题的解释〉》，实施《刑法》第一百三十七条规定的行为，因而发生安全事故，具有下列情形之一的，应当认定为“造成重大安全事故”，对直接责任人员，处五年以下有期徒刑或者拘役，并处罚金。（一）造成死亡一人以上，或者重伤三人以上的；（二）造成直接经济损失一百万元以上的；（三）其他造成严重后果或者重大安全事故的情形。

此外，后果特别严重的，处五年以上十年以下有期徒刑，并处罚金。

后果特别严重是指：（一）造成死亡三人以上或者重伤十人以上，负事故主要责任的；（二）造成直接经济损失五百万元以上，负事故主要责任的；

（三）其他造成特别严重后果、情节特别恶劣或者后果特别严重的情形。

需要特别指出的是，该罪的量刑高于重大责任事故罪。犯重大责任事故罪处三年以下有期徒刑或者拘役；情节特别恶劣的，处三年以上七年以下有期徒刑。而工程重大安全事故罪的直接责任人员，处五年以下有期徒刑或者拘役，并处罚金；后果特别严重的，处五年以上十年以下有期徒刑，并处罚金。

（三）犯罪构成

1. 主体

工程重大安全事故罪的主体是建设单位、设计单位、施工单位及工程监理单位。建设单位即业主。设计单位是专门承担勘察设计任务的勘察设计单位以及其他承担勘察设计任务的勘察设计单位。施工单位则是按照建筑设计单位的设计及各种标准、要求进行建筑物建设的单位。工程监理单位是受建筑单位聘请，担任工程质量监督工作，以保证质量、安全的单位。

2. 主观方面

工程重大安全事故罪在主观方面表现为过失。行为人明知是违反了国家规定，应当预见到可能发生严重后果，但因疏忽大意而没有预见，或者已经预见到会发生某种严重后果，但轻信能够避免，以致发生了严重后果。

3. 客体

工程重大安全事故罪侵犯的客体是人民的财产和生命安全，以及国家的建筑管理制度。

4. 客观方面

工程重大安全事故罪在客观方面表现为违反国家或国务院有关管理部门制定发布的有关建筑工程质量的法律、行政法规的规定，降低工程质量标准的行为。如业主单位要求建筑设计单位或者施工企业压缩工程造价或增加建房的层数，从而降低工程质量；提供不合格的建筑材料、构配件和设备，强迫施工单位使用，从而造成工程质量下降。设计单位不按质量标准进行设计。建筑施工单位偷工减料、不按设计图纸施工、不按施工技术标准施工。施工单位降低水泥标号，使用不合格的残次建筑材料，违反操作规程粗制滥造，不实行严格的质量检测等。

如案例 3，涉案人员之所以没有认定工程重大安全事故罪立案，是因为涉案人员虽有违反国家规定的作业行为，但是并没有降低工程质量标准的犯罪事实，所以按重大责任事故罪定案。

5. 因果关系

本罪是结果犯。即必须造成了重大安全事故才构成本罪。这是区分罪与非罪的重要界限。重大安全事故是指该建筑工程在建设中以及交付使用后，由于达不到质量标准或者存在严重问题，导致楼房倒塌、桥梁断裂、铁路塌陷，造成人员伤亡或者火车、汽车等交通工具倾覆事故。本罪的因果关系指严重后果是由于违反国家规定的行为引起的，即致人重伤、死亡或重大经济损失的情况是因为工程质量下降导致的。建筑违反国家规定的行为与严重后果之间没有因果联系，则不构成本罪。

三、防范要点

电力工程建设的参与主体众多。如案例 3 和案例 4，建设单位、施工单位、监理单位虽然没有构成工程重大安全事故罪，但相关责任人员还是触犯了重大责任事故罪。根据裁判文书网已有的裁判案例分析，项目设计、监理单位被追究重大责任事故罪的情况不在少数。各个参与主体应当严格依据有关法律规定及合同的约定，履行各自的安全生产职责和义务。具体包括以下两个方面。

（一）各项目主体应履行好各自的安全职责

根据《建设工程质量管理条例》，建设单位应当将工程发包给具有相应资质等级的单位。建设单位不得将建设工程肢解发包。建设单位应当依法对工程建设项目的勘察、设计、施工、监理以及与工程建设有关的重要设备、材料等的采购进行招标。建设单位必须向有关的勘察、设计、施工、工程监理等单位提供与建设工程有关的原始资料。建设工程发包单位不得迫使承包方以低于成本的价格竞标，不得任意压缩合理工期。建设单位不得明示或者暗示设计单位或者施工单位违反工程建设强制性标准，降低建设工程质量。施工图设计文件未经审查批准的，不得使用。

勘察单位、设计单位应当根据勘察成果文件进行建设工程设计。设计文件应当符合国家规定的设计深度要求，注明工程合理使用年限。设计单位在设计文件中选用的建筑材料、建筑构配件和设备，应当注明规格、型号、性能等技术指标，其质量要求必须符合国家规定的标准。除有特殊要求的建筑材料、专用设备、工艺生产线等外，设计单位不得指定生产厂、供应商。

施工单位应当依法取得相应等级的资质证书，并在其资质等级许可的范围内承揽工程。施工单位不得转包或者违法分包工程。施工单位对建设工程的施工质量负责。建设工程实行总承包的，总承包单位应当对全部建设工程质量负责；建设工程勘察、设计、施工、设备采购的一项或者多项实行总承包的，总承包单位应当对其承包的建设工程或者采购的设备的质量负责。施工总承包商的管理人员应当具备相应的管理资质，施工总承包商应当合理使用安全生产费用，专款专用，不得挪作他用。

工程监理单位应当依法取得相应等级的资质证书，并在其资质等级许可的范围内承担工程监理业务。禁止工程监理单位超越本单位资质等级许可的范围或者以其他工程监理单位的名义承担工程监理业务。禁止工程监理单位允许其他单位或者个人以本单位的名义承担工程监理业务。工程监理单位不得转让工程监理业务。工程监理单位与被监理工程的施工承包单位以及建筑材料、建筑构配件和设备供应单位有隶属关系或者其他利害关系的，不得承担该项建设工程的监理业务。工程监理单位应当依照法律、法规以及有关技术标准、设计文件和建设工程承包合同，代表建设单位对施工质量实施监理，并对施工质量承担监理责任。

（二）强化电力设施设计、运行、维护各环节合规性证据的保全

电力设施的设计、运行、维护是否符合相关法律法规要求及有关国家标准、行业标准的规定，是衡量各方是否存在“过错”的重要依据。项目各方不仅应履行好相应的职责，还应注意对相关设计运行规程、巡视记录、维护记录、处理工单、调度运行记录等日常管理资料的收集、保管工作，建立严密的档案保管制度，规避相应的责任风险。

第二节　事故处理的不报、谎报安全事故罪风险

一、参考案例

案例 1　矿井重大事故未按要求上报，6 名相关人员构成不报、谎报安全事故罪

案号：（2018）湘 1225 刑初 75 号

2017 年 10 月 3 日，龙某公司工人杨某某、张某 1、代某某在矿井巷道无通风设施的情况下，仅戴安全帽和矿灯入 1 号矿井施工。事故发生后施救不科学，造成 2 名作业人员和 1 名施救人员中毒窒息死亡。事故发生后，2017 年 10 月 3 日至 10 月 5 日 10:30 分之前，无人向当地政府、安全监管、公安等部门报告龙某公司矿山发生安全事故的情况。

法院认为，被告人隋某为龙某公司董事长、法定代表人；郑某为龙某公司董事、副总经理、安全领导小组副组长和 1 号矿井分管领导；廖某为龙某公司执行总经理、安全领导小组组长和 1 号矿井承包人；吴某为龙某

公司董事、总矿长和3号矿井承包人；张某1为龙某公司1号矿井矿长、安全领导小组成员；张某2为龙某公司副总经理和安全领导小组副组长。六被告人均为负有报告职责的人员，在安全事故发生后，串通不报事故情况，贻误事故抢救，情节严重。遂以不报、谎报安全事故罪，判处被告人郑某拘役六个月，廖某拘役六个月，隋某拘役六个月，张某1拘役五个月，吴某拘役五个月，张某2拘役五个月，与本案各被告人所犯的重大劳动安全事故罪，数罪并罚。

案例2　事故后虽谎报但积极组织抢救，不构成不报、谎报安全事故罪

案号：（2017）陕0803刑初177号

被告人雷某某为矿长，主持矿井全面工作；矿建施工由三某公司负责承建，被告人陈某某接受三某公司的委托担任某煤矿项目部经理，负责承建某煤矿资源整合项目井巷工程建设等工作。

2016年8月18日，某省煤矿安全监察局某监察分局联合某区煤炭局对某煤矿进行了安全检查，发现该煤矿在联合试运转期间违反《某煤矿矿井生产系统联合试运转方案》进行违法生产的行为，并出具了现场处理决定书，责令该矿立即停止在批准区域之外的生产活动，撤出人员和设备，封闭所有连通巷道。

然而，该矿矿长雷某某并未执行，陈某某继续在首采工作面以外布置的1305、1307两个房柱式工作面无规程组织生产。2016年9月17日20时30分许，某煤矿1307工作面采空区发生顶板大面积冒落事故，造成4人死亡、5人受伤，经济损失823.2万元。

事故发生后，被告人陈某某积极组织工人下井救援，但也指使知情人员作假证，且在调查组要求上报该事故死亡人数时隐瞒了其中2人的死亡信息。2017年3月18日，被告人陈某某将谎报死亡人数情况告诉了被告人雷某某。法院对辩护人关于“不报，谎报事故罪必须同时具备两个条件，一是贻误事故抢救，二是情节严重。事故发生后，被告人积极组织，参与

事故抢救，积极与被害人家属取得联系，主动足额赔偿了被害人的经济损失，被告人陈某某依法不构成不报、谎报安全事故罪”的观点予以采纳。判决：被告人陈某某犯重大责任事故罪，判处有期徒刑三年，宣告缓刑四年；被告人雷某某犯重大责任事故罪，判处有期徒刑三年，宣告缓刑三年。

二、不报、谎报安全事故罪概述

（一）法律规定

《刑法》

第一百三十九条之一 在安全事故发生后，负有报告职责的人员不报或者谎报事故情况，贻误事故抢救，情节严重的，处三年以下有期徒刑或者拘役；情节特别严重的，处三年以上七年以下有期徒刑。

（二）立案标准

根据《最高人民法院、最高人民检察院关于办理危害生产安全刑事案件适用法律若干问题的解释》第八条，在安全事故发生后，负有报告职责的人员不报或者谎报事故情况，贻误事故抢救，具有下列情形之一的，应当认定为刑法第一百三十九条之一规定的“情节严重”：

（一）导致事故后果扩大，增加死亡一人以上，或者增加重伤三人以上，或者增加直接经济损失一百万元以上的；

（二）实施下列行为之一，致使不能及时有效开展事故抢救的：

1. 决定不报、迟报、谎报事故情况或者指使、串通有关人员不报、迟报、谎报事故情况的；

2. 在事故抢救期间擅离职守或者逃匿的；

3. 伪造、破坏事故现场，或者转移、藏匿、毁灭遇难人员尸体，或者转移、藏匿受伤人员的；

4. 毁灭、伪造、隐匿与事故有关的图纸、记录、计算机数据等资料以及其他证据的；

（三）其他情节严重的情形。

具有下列情形之一的，应当认定为刑法第一百三十九条之一规定的“情节特别严重”：

（一）导致事故后果扩大，增加死亡三人以上，或者增加重伤十人以上，或者增加直接经济损失五百万元以上的；

（二）采用暴力、胁迫、命令等方式阻止他人报告事故情况，导致事故后果扩大的；

（三）其他情节特别严重的情形。

可见，及时有效开展事故抢救是不报、谎报安全事故罪的重要情节之一。

（三）量刑情节

1. 从轻情节

根据《最高人民法院、最高人民检察院关于办理危害生产安全刑事案件适用法律若干问题的解释》第十三条，在安全事故发生后积极组织、参与事故抢救，或者积极配合调查、主动赔偿损失的，可以酌情从轻处罚。

2. 从重情节

根据《最高人民法院、最高人民检察院关于办理危害生产安全刑事案件适用法律若干问题的解释》第十二条，在安全事故发生后，负有报告职责的人员不报或者谎报事故情况，贻误事故抢救具有下列情形之一的，从重处罚：

（一）未依法取得安全许可证件或者安全许可证件过期、被暂扣、吊销、注销后从事生产经营活动的；

（二）关闭、破坏必要的安全监控和报警设备的；

（三）已经发现事故隐患，经有关部门或者个人提出后，仍不采取措施的；

（四）一年内曾因危害生产安全违法犯罪活动受过行政处罚或者刑事处罚的；

（五）采取弄虚作假、行贿等手段，故意逃避、阻挠负有安全监督管理职责的部门实施监督检查的；

（六）安全事故发生后转移财产意图逃避承担责任的；

（七）其他从重处罚的情形。

实施前款第五项规定的行为，同时构成刑法第三百八十九条规定的犯罪的，依照数罪并罚的规定处罚。

（四）犯罪构成

1. 主体

不报、谎报安全事故罪的犯罪主体为对安全事故“负报告职责的人员”。根据《最高人民法院、最高人民检察院关于办理危害生产安全刑事案件适用法律若干问题的解释》第四条，不报、谎报安全事故罪的“负有报告职责的人员”，是指负有组织、指挥或者管理职责的负责人、管理人员、实际控制人、投资人，以及其他负有报告职责的人员。

2. 主观方面

不报、谎报安全事故罪的主观方面由故意构成。

3. 客体

不报、谎报安全事故罪侵犯的是安全事故监管制度。主要是针对某些事故单位的负责人和对安全事故负有监管职责的人员在事故发生后弄虚作假，结果延误事故抢救，造成人员伤亡和财产损失进一步扩大的行为而设置的。

4. 客观方面

不报、谎报安全事故罪的客观方面表现为在安全事故发生后，负有报告职责的人员不报或者谎报事故情况，贻误事故抢救，情节严重的行为。

（五）相关提示

1. 不报、谎报安全事故未构成犯罪的，也将面临相关行政处罚

《中华人民共和国安全生产法》第一百一十条规定，生产经营单位的

主要负责人在本单位发生生产安全事故时，不立即组织抢救或者在事故调查处理期间擅离职守或者逃匿的，给予降职、撤职的处分，并由应急管理部门处上一年年收入百分之六十至百分之一百的罚款；对逃匿的处十五日以下拘留；构成犯罪的，依照《刑法》有关规定追究刑事责任。生产经营单位主要负责人对生产安全事故隐瞒不报、谎报或者迟报的，依照前款规定处罚。第一百一十一条规定，有关地方人民政府、负有安全生产监督管理职责的部门，对生产安全事故隐瞒不报、谎报或者迟报的，对直接负责的主管人员和其他直接责任人员依法给予处分；构成犯罪的，依照《刑法》有关规定追究刑事责任。

2. 要避免升级为故意杀人罪或者故意伤害罪

根据《最高人民法院、最高人民检察院关于办理危害生产安全刑事案件适用法律若干问题的解释法释》第十条规定，在安全事故发生后，直接负责的主管人员和其他直接责任人员故意阻挠开展抢救，导致人员死亡或者重伤，或者为了逃避法律追究，对被害人进行隐藏、遗弃，致使被害人因无法得到救助而死亡或者重度残疾的，分别依照《刑法》第二百三十二条、第二百三十四条的规定，以故意杀人罪或者故意伤害罪定罪处罚。

三、防范要点

事故发生后，有关责任人未按照法律规定的程序进行报告，不报或者谎报事故情况，贻误事故抢救，情节严重的，将构成“不报、谎报安全事故罪”。因此，发生安全事故后，相关责任方在事故报告方面，应做好以下几点。

（一）发生安全事故后，要及时报告

《生产安全事故报告和调查处理条例》对生产安全事故报告程序和内容做了非常明确的要求。事故发生后，事故现场有关人员应当立即向本单

位负责人报告；单位负责人接到报告后，应当于1小时内向事故发生地县级以上人民政府安全生产监督管理部门和负有安全生产监督管理职责的有关部门报告。安全生产监督管理部门和负有安全生产监督管理职责的有关部门逐级上报事故情况，每级上报的时间不得超过2小时。

发生电力安全事故的，要求更为严格。根据《电力安全事故应急处置和调查处理条例》，事故现场有关人员应当立即向发电厂、变电站运行值班人员、电力调度机构值班人员或者本企业现场负责人报告。有关人员接到报告后，应当立即向上一级电力调度机构和本企业负责人报告。本企业负责人接到报告后，应当立即向国务院电力监管机构设在当地的派出机构、县级以上人民政府安全生产监督管理部门报告。此条规定的时间节点，均为"立即"。

（二）发生安全事故后，要如实报告

根据《电力安全事故应急处置和调查处理条例》，电力企业及其有关人员不得迟报、漏报或者瞒报、谎报事故情况。事故报告应当包括事故发生的时间、地点（区域）以及事故发生单位；已知的电力设备、设施损坏情况，停运的发电（供热）机组数量、电网减供负荷或者发电厂减少出力的数值、停电（停热）范围；事故原因的初步判断；事故发生后采取的措施、电网运行方式、发电机组运行状况以及事故控制情况；其他应当报告的情况；事故报告后出现新情况的，还应当及时补报。

（三）发生安全事故后，要全面汇报

不仅要及时、如实汇报，还应注意报告的层级和应向哪些单位部门汇报。如《生产安全事故报告和调查处理条例》规定，安全生产监督管理部门和负有安全生产监督管理职责的有关部门接到事故报告后，应当依照相关规定上报事故情况，并通知公安机关、劳动保障行政部门、工会和人民检察院。《电力安全事故应急处置和调查处理条例》规定，热电厂事故影响

热力正常供应的，还应当向供热管理部门报告；事故涉及水电厂（站）大坝安全的，还应当同时向有管辖权的水行政主管部门或者流域管理机构报告。

此外，还应注意，必要时，安全生产监督管理部门和负有安全生产监督管理职责的有关部门可以越级上报事故情况。

第三节　财务相关人员的隐匿、故意销毁会计凭证、会计账簿、财务会计报告罪风险

一、参考案例

案例　依法应当保存的会计凭证、会计账簿、财务会计报告不得隐匿、故意销毁

案号：（2017）晋 04 刑终 504 号

被告人李某原系某县某局局长，被告人张某原系某县某局副局长，杨某原系某保护区副主任，现已退休。2004 年 1 月，被告人李某、张某、杨某以各自家属名义合伙承包了某县中央山林场的经营权、使用权，三被告人也参与了经营。2015 年农历正月的一天，被告人张某受被告人李某的指使，与被告人杨某在张某家中将中央山林场的会计凭证、账簿烧毁。经某会计师事务所鉴定：被销毁的某县中央山林场 2004 年至 2015 年会计账簿记录经济业务发生金额为 2819424.60 元。一审法院认定，辩护意见关于《司法鉴定意见书》记载 2015 年 3 月拨付补助款两笔 11135.4 元和 62700 元，因销毁凭证的时间是 2015 年正月，应将该两笔数额剔除的意见，与查明事实相符，予以采纳。判决被告人李某犯故意销毁会计凭证、会计账簿罪，判处有期徒刑一年，并处罚金四万元，并与其他行数罪并罚；被告人张某犯故意销毁会计凭证、会计账簿罪，判处有期徒刑十个

月，缓刑一年，并处罚金三万元；被告人杨某犯故意销毁会计凭证、会计账簿罪，判处有期徒刑十个月，缓刑一年，并处罚金三万元。二审驳回上诉，维持原判。

二、隐匿、故意销毁会计凭证、会计账簿、财务会计报告罪概述

（一）法律规定

《刑法》

第一百六十二条之一 隐匿或者故意销毁依法应当保存的会计凭证、会计账簿、财务会计报告，情节严重的，处五年以下有期徒刑或者拘役，并处或者单处二万元以上二十万元以下罚金。

单位犯前款罪的，对单位判处罚金，并对其直接负责的主管人员和其他直接责任人员，依照前款的规定处罚。

（二）立案标准

根据《最高人民检察院、公安部关于公安机关管辖的刑事案件立案追诉标准的规定（二）》第八条，隐匿或者故意销毁依法应当保存的会计凭证、会计账簿、财务会计报告，涉嫌下列情形之一的，应予立案追诉：（一）隐匿、故意销毁的会计凭证、会计账簿、财务会计报告涉及金额在五十万元以上的；（二）依法应当向监察机关、司法机关、行政机关、有关主管部门等提供而隐匿、故意销毁或者拒不交出会计凭证、会计账簿、财务会计报告的；（三）其他情节严重的情形。

（三）处罚标准

《中华人民共和国会计法》（以下简称《会计法》）

第四十四条 隐匿或者故意销毁依法应当保存的会计凭证、会计账

簿、财务会计报告，构成犯罪的，依法追究刑事责任。

有前款行为，尚不构成犯罪的，由县级以上人民政府财政部门予以通报，可以对单位并处五千元以上十万元以下的罚款；对其直接负责的主管人员和其他直接责任人员，可以处三千元以上五万元以下的罚款；属于国家工作人员的，还应当由其所在单位或者有关单位依法给予撤职直至开除的行政处分；其中的会计人员，五年内不得从事会计工作。

第四十五条 授意、指使、强令会计机构、会计人员及其他人员伪造、变造会计凭证、会计账簿，编制虚假财务会计报告或者隐匿、故意销毁依法应当保存的会计凭证、会计账簿、财务会计报告，构成犯罪的，依法追究刑事责任；尚不构成犯罪的，可以处五千元以上五万元以下的罚款；属于国家工作人员的，还应当由其所在单位或者有关单位依法给予降级、撤职、开除的行政处分。

（四）犯罪构成

1. 主体

隐匿、故意销毁会计凭证、会计账簿、财务会计报告罪的犯罪主体为一般主体，个人和单位均可构成本罪。即所有依《会计法》的规定办理会计事务的国家机关、社会团体、公司、企业、事业单位等组织和个人，都可以成为该罪的主体。

此外，根据《会计法》第四十五条的规定，有关人员授意、指使、强令会计机构、会计人员及其他人员隐匿、故意销毁依法应当保存的会计凭证、会计账簿、财务会计报告，情节严重的，也可以构成本罪。

2. 主观方面

隐匿、故意销毁会计凭证、会计账簿、财务会计报告罪的主观方面由故意构成，即行为人明知会计凭证、会计账簿、财务会计报告应当依法保存，故意予以隐匿或者销毁。行为人隐匿或者故意销毁财会凭证一般具有某种目的，如逃避监督检查、清算等。过失不构成本罪。

3. 客体

隐匿、故意销毁会计凭证、会计账簿、财务会计报告罪侵犯的客体，是国家会计管理秩序和有关国家机关的正常管理活动。

4. 客观方面

隐匿、故意销毁会计凭证、会计账簿、财务会计报告罪的客观方面，表现为隐匿或者故意销毁依法应当保存的会计凭证、会计账簿、财务会计报告，情节严重的行为。

（1）“隐匿”，是指个人或者单位在有关机关监督检查其会计工作，调查了解有关犯罪证据，要求其提供会计凭证、会计账簿、财务会计报告时，有意转移、隐藏依法应当保存的会计凭证、会计账簿、财务会计报告的行为。

（2）“销毁”，是指将依法应当保存的会计凭证、会计账簿、财务会计报告予以毁灭、损毁的行为。

三、防范措施

《会计法》第二十三条规定，各单位对会计凭证、会计账簿、财务会计报告和其他会计资料应当建立档案，妥善保管。会计资料是一个单位经济活动的重要记录，对于有效实施国家经济管理活动或者对于查证有关违法犯罪活动具有重要作用。本节重点讨论会计凭证、会计账簿、财务会计报告的规范管理。

（一）正确、合理地组织汇款凭证的传递

供电企业应根据经济业务的特点、机构设置、人员分工情况，以及经营管理上的需要，明确规定会计凭证的联次及其流程，及时处理和登记经济业务，协调单位内部各部门、各环节的工作。明确会计凭证的传递时

间，防止拖延处理和积压凭证，保证会计工作的正常秩序，提高工作效率。根据有关部门和人员对经济业务办理必要手续的需要，确定凭证在各个环节停留的时间，防止不必要的耽搁，从而使会计凭证以最快速度传递，以充分发挥会计凭证及时传递经济信息的作用。

（二）建立凭证交接的签收制度

为了确保会计凭证的安全和完整，凭证的收发、交接都应按一定的手续制度办理，且在各个环节中都应指定专人办理交接手续，做到责任明确，手续完备、严密、简便易行，以保证会计凭证的安全和完整。

（三）加强会计凭证集中归档保管

会计凭证保管是指将办理完毕的会计凭证进行整理、归档和保存的整个工作。会计凭证保管是保证会计资料完整与安全的重要环节。平时应将装订成册的会计凭证交专人负责保管；年终决算后，则须将全年凭证移交档案室造册登记，归档集中保管。查阅档案室保管的凭证，应履行一定的审批手续，详细登记调阅凭证的名称、调阅日期、调阅人员的姓名、工作单位及调阅理由等，一般就地查阅。原始凭证不得外借，其他单位如因特殊原因需要使用原始凭证时，经本单位会计机构负责人、会计主管人员批准，可以复制。向外单位提供的原始凭证复制件，应当在专设的登记簿上登记，并由提供人员和收取人员共同签名或者盖章。

（四）严格执行会计凭证期满销毁规定

会计凭证的保管期限分为永久和定期保管两种。除年度会计报表及某些涉外的会计凭证、会计账簿属于永久保管外，其他属于定期保管，期限为 3 年、5 年、10 年、15 年和 25 年五种。会计凭证保管期满销毁时，必须严格按制度规定执行，登记造册，报单位领导审批后，方可销毁。

第四节 电力设备制造企业的生产、销售不符合安全标准的产品罪风险

一、参考案例

案例 1 无证生产严重质量缺陷的喷嘴造成事故，构成生产、销售不符合安全标准的产品罪

案号：（2018）鄂 05 刑终 328 号

被告单位某力仪表公司于 2006 年 12 月 4 日登记注册成立，企业性质为有限责任公司，法定代表人杨某。其实际经营者为被告人李某。2015 年 9 月 29 日，某石发电公司因热电项目建设需要，通过邀请招标的形式采购“一体焊接式长径喷嘴”和 1 套标准喷嘴。被告人李某明知某力仪表公司没有生产“一体焊接式长径喷嘴”和“标准喷嘴”的《制造计量器具许可证》，也不具备制造“一体焊接式长径喷嘴”的资源条件，却通过向当时负责某石发电公司物资采购招投标的张某（另案处理）送钱物的方式获得邀请招标的资格，并以最低价中标。双方于 2015 年 10 月 19 日签订了价值 62 万元的“一体焊接式长径喷嘴”《物资供应合同》。李某接到订单后通过查看相关书籍、网上查询的方法自行设计并指导焊工进行加工、组装了 13 套“一体焊接式长径喷嘴”和 1 套标准喷嘴。产品生产后，李某未对产品进行无损检测，而是伪造了产品出厂检验报告和产品合格证。2016 年 2 月 2 日，双方又签订一份价值 18.4 万元的“一体焊接式长径喷嘴”《物资供应合同》，随后李某将生产的“一体焊接式长径喷嘴”和 1 套标准喷嘴销售给某石发电公司。其中型号为 LGBL+C16+T30+F63+A20+E10

的2套“一体焊接式长径喷嘴”被某石发电公司分别安装在2号锅炉和3号锅炉的管道上。2016年8月11日下午，某石发电公司在试生产过程中，因2号锅炉蒸汽管道上的“一体焊接式长径喷嘴”发生裂爆，导致蒸汽外泄，进而发生爆炸。该事故致22人死亡，4人受伤，直接经济损失2313万元。经事故调查组技术报告认定，某力仪表公司制造的“一体焊接式长径喷嘴”属无证生产、存在严重质量缺陷、不符合安全要求、伪造合格证明文件的伪劣产品，是造成该起事故的最主要原因。一审法院判决被告单位某力仪表有限公司犯生产、销售不符合安全标准的产品罪，判处罚金一百六十万元；被告人李某犯生产、销售不符合安全标准的产品罪，判处有期徒刑十五年，并处罚金八十万元。二审维持原判。

案例2 减肥仪属低压成套开关设备，未经3C认证致人触电构成生产、销售不符合安全标准的产品罪

案号：（2014）杨刑初字第765号

2011年8月，被告单位卓某公司注册成立，经营范围为美容美发设备的加工、制造及销售，法定代表人颜B。同年9月，卓某公司变更法定代表人为颜A。卓某公司由被告人颜A、颜B共同经营，二人经分工，由颜A负责产品的生产、加工，颜B负责产品的销售。2011年8月至2012年10月间，被告单位卓某公司生产减肥仪器。根据国家规定，该减肥仪器属低压成套开关设备和控制设备的一种，应进行国家“3C”认证，但卓某公司并未对上述减肥仪器进行认证。被告人颜A为达到销售目的，伪造“3C”认证标志在该减肥仪器上张贴，被告人颜B明知“3C”认证标志系伪造仍予以销售。其后，卓某公司将上述10余台减肥仪器以每台人民币1600元的价格销售给怡某美容有限公司；后卓某公司根据怡某公司负责人刘某某的要求在减肥仪器上标注“贵芙妤瘦身魔体馆”字样，以同样价格销售给怡某公司共计70余台。其后，怡某公司将上述减肥仪器销往上海、苏州和宁波地区。2013年5月28日上午，张甲在“某化妆品

店”消费，使用上述减肥仪器时触电身亡。经华东政法大学司法鉴定中心鉴定，张甲系电击致死。经上海某微量物证司法鉴定所鉴定，卓某公司生产、销售的“贵芙妤瘦身魔体馆”减肥仪器不符合相关国家安全标准，存在致使用者触电的安全隐患。法院判决被告单位卓某公司犯生产、销售不符合安全标准的产品罪，判处罚金人民币七万元；被告人颜A犯生产、销售不符合安全标准的产品罪，判处有期徒刑一年六个月，缓刑一年六个月，罚金人民币一万元；被告人颜B犯生产、销售不符合安全标准的产品罪，判处有期徒刑二年，缓刑二年，罚金人民币一万五千元。

案例3 出售电阻试验不合格的电缆，尚未使用，构成销售伪劣产品罪

案号：（2018）苏09刑终469号

2017年3月17日，被告人丁某明知其向张某出售的规格为VV5×10 0.6/1千伏的“某能”牌电缆线不符合国家标准，仍向张某出售该规格电缆线3000米并收取货款人民币69000元。丁某按照张某提供的地址将该批电缆线送至张某位于某街道路灯工程的工地上。该批电缆在送达工地后，当日即被某区市场监督管理局查获，并当场抽样取证。经国家电线电缆质量监督检验中心抽样检测：该样品导体直流电阻试验项目不符合GB/T 12706.1—2008的标准要求，其余所测项目均符合GB/T 12706.1—2008的标准要求，检测结论为样品不合格。

法院判决被告人丁某犯销售伪劣产品罪，判处有期徒刑六个月，并处罚金人民币四万元。

案例4 转销不合格电缆，构成销售伪劣产品罪

案号：（2014）金永刑初字第480号

2010年2月以来，杨某（已判决）在某市销售伪劣的工业电缆线经被告人黄某转手加价销售给他人，被告人黄某销售金额为92785元，从中

获利人民币 5000 元。2014 年 4 月 8 日，被告人黄某退还违法所得人民币 5000 元。法院认为，被告人黄某违反国家产品质量监督管理法规，销售不符合国家安全标准的伪劣电缆钱，销售金额 92785 元，其行为已构成销售伪劣产品罪。判处被告人黄某有期徒刑八个月，缓刑一年，并处罚金人民币四万七千元。

案例 5　西安地铁 3 号线电缆生产者犯生产、销售伪劣产品罪，获无期徒刑

案号:（2019）陕刑终 199 号

2017 年 3 月 13 日，一名自称是奥凯电缆员工的网友发帖举报西安地铁 3 号线存在严重安全隐患，整条线路所用电缆是“一家不符合国家标准的小作坊”所生产，存在“偷工减料，各项生产指标都不符合地铁施工标准”等问题。

3 月 16 日，西安市政府宣布组成联合调查组核查事件，并抽样送权威机构，检测结果将第一时间公布；3 月 17 日，西安市政府召开新闻发布会，宣布抽检的奥凯电缆六个批次中有三个批次不合格，一次伪造检验报告；3 月 20 日，西安市政府召开第二次新闻发布会，称地铁 3 号线送检的电缆样本均不合格，将全部更换，奥凯公司 8 人被依法控制。

2019 年 3 月 29 日，西安中院公开一审宣判，被告单位陕西奥凯电缆有限公司犯生产、销售伪劣产品罪，单位行贿罪，数罪并罚，决定执行罚金人民币 3050 万元；被告人王某犯生产、销售伪劣产品罪，单位行贿罪，行贿罪，数罪并罚，决定执行无期徒刑、剥夺政治权利终身，并处罚金人民币 2150 万元；其余 7 名被告人犯生产、销售伪劣产品罪，单位行贿罪，分别判处有期徒刑七年至十二年又三个月不等的刑期，并处罚金。

该事件共问责处理地方职能部门 122 名责任人，包括 16 名厅级官员，58 处级官员；对中央企业驻陕单位 19 名涉案人员立案侦查。

二、法律分析

（一）法律规定

1.《刑法》

第一百四十六条 生产不符合保障人身、财产安全的国家标准、行业标准的电器、压力容器、易燃易爆产品或者其他不符合保障人身、财产安全的国家标准、行业标准的产品，或者销售明知是以上不符合保障人身、财产安全的国家标准、行业标准的产品，造成严重后果的，处五年以下有期徒刑，并处销售金额百分之五十以上二倍以下罚金；后果特别严重的，处五年以上有期徒刑，并处销售金额百分之五十以上二倍以下罚金。

第一百四十九条 生产、销售本节第一百四十一条至第一百四十八条所列产品，不构成各该条规定的犯罪，但是销售金额在五万元以上的，依照本节第一百四十条的规定定罪处罚。

生产、销售本节第一百四十一条至第一百四十八条所列产品，构成各该条规定的犯罪，同时又构成本节第一百四十条规定之罪的，依照处罚较重的规定定罪处罚。

第一百五十条 单位犯本节第一百四十条至第一百四十八条规定之罪的，对单位判处罚金，并对其直接负责的主管人员和其他直接责任人员，依照各该条的规定处罚。

2.《最高人民法院、最高人民检察院关于办理危害生产安全刑事案件适用法律若干问题的解释》

第十一条 生产不符合保障人身、财产安全的国家标准、行业标准的安全设备，或者明知安全设备不符合保障人身、财产安全的国家标准、行业标准而进行销售，致使发生安全事故，造成严重后果的，依照刑法第一百四十六条的规定，以生产、销售不符合安全标准的产品罪定罪处罚。

（二）立案标准

根据《最高人民检察院、公安部关于公安机关管辖的刑事案件立案追诉标准的规定（一）》第二十二条，生产不符合保障人身、财产安全的国家标准、行业标准的电器、压力容器、易燃易爆或者其他不符合保障人身、财产安全的国家标准、行业标准的产品，或者销售明知是以上不符合保障人身、财产安全的国家标准、行业标准的产品，涉嫌下列情形之一的，应予立案追诉：

（一）造成人员重伤或者死亡的；

（二）造成直接经济损失十万元以上的；

（三）其他造成严重后果的情形。

（三）犯罪构成

1. 主体

生产、销售不符合安全标准的产品罪的主体要件为一般主体，即达到刑事责任年龄、具有刑事责任能力的任何人均可构成本罪。依《刑法》第一百五十条之规定，单位也能构成本罪的主体。

2. 主观方面

生产、销售不符合安全标准的产品罪的主观要件为故意犯罪。这种故意在生产环节上表现为，对所生产的电器、压力容器等产品是否符合标准采取放任的态度，或者明知所生产的产品不符合保障人身、财产安全的有关标准而仍然继续生产的；在销售环节上表现为，明知所销售的产品不符合标准而仍然予以出售的。

3. 客体

生产、销售不符合安全标准的产品罪侵犯的客体为双重客体，即国家对生产、销售电器、压力容器、易燃易爆产品等的安全监督管理制度和公民的健康权、生命权。

4. 客观方面

生产、销售不符合安全标准的产品罪的客观方面表现为生产或者销售不符合保障人身、财产安全的国家标准、行业标准的电器、压力容器、易燃易爆产品或者其他不符合保障人身、财产安全的国家标准、行业标准的产品，并且造成严重后果的行为。如果生产、销售的是没有有关保障人身、财产安全的国家标准或行业标准的一般性带有燃爆性质的产品，即只有企业标准的产品，则不构成本罪而是可能构成生产、销售伪劣产品罪等。

5. 因果关系

生产、销售不符合安全标准的产品罪为结果犯，其不仅要求有生产、销售上述不符合标准的产品的行为，而且还必须造成严重后果才可构成本罪。如果仅是具有上述行为，而没有严重的后果，即没有造成危害结果，或虽有危害结果但不是严重的危害结果，也不能构成本罪，构成犯罪也是他罪。根据《刑法》第一百四十九条之规定，生产、销售不符合保障人身、财产安全的国家标准、行业标准的上述产品，如不构成本罪，但销售金额在五万元以上的，即构成生产、销售伪劣产品罪，如案例 3 ～ 5。如果构成本罪，根据其销售金额，又构成生产、销售伪劣产品罪的，则按该条规定的法条竞合的处罚原则即重法优于轻法原则，依照处刑较重的罪定罪量刑。

本罪属选择性罪名，实施生产或者销售行为之一的，均可构成本罪。生产不符合安全标准的产品的，定生产不符合安全标准的产品罪；销售不符合安全标准的产品的，定销售不符合安全标准的产品罪。既生产又销售的，定生产、销售不符合安全标准的产品罪，不实行数罪并罚。

（四）相关界限

本罪与生产、销售伪劣产品罪的区别在于，两罪的犯罪构成基本相同，但在犯罪客观方面存在差别。本罪为生产、销售的产品不符合保障人身、财产安全标准造成严重后果；后者则表现为在产品中掺杂、掺假，以假充真、以次充好，等等，不要求造成严重后果。两罪的立案和量刑标准也不一样，生产、销售伪劣产品罪以销售金额为量刑标准，五万元以上的即应立案追诉。

三、防控要点

电器、压力容器、易燃易爆产品等必须达到安全标准，否则可能危及人身健康和人身、财产安全。除《刑法》外，国家还通过其他法律法规等规定了这些产品的国家标准和行业标准，以及监督抽查的管理制度和生产、销售许可证制度。如规定了低压成套开关设备和控制设备应进行国家“3C”认证等。

供电企业的主要风险点在关联的设备制造、销售企业。部分关联设备制造企业因生产、制造能力有限，可能存在购进其他厂家设备、零构件组装的情况，甚至也不排除对成套电器设备的贴牌销售现象，应特别注意防范生产、销售不符合安全标准的产品罪和生产、销售伪劣产品罪的风险。

第五节　关键岗位人员的受贿罪风险

一、参考案例

案例 1　天津港火灾爆炸事故共 25 名国家机关工作人员受刑，其中 8 人同时犯受贿罪

案号：（2016）津 0110 刑初 420 号、（2016）津 0110 刑初 421 号等

2015 年 8 月 12 日 22 时 52 分许，位于天津市滨海新区天津港的天津

某物流有限公司危险品仓库发生火灾爆炸事故，造成 165 人遇难、8 人失踪，798 人受伤住院治疗，304 幢建筑物、12428 辆商品汽车、7533 个集装箱受损。截至 2015 年 12 月 10 日，事故造成直接经济损失人民币 68.66 亿元。

法院根据各被告人犯罪的事实、性质、情节和造成的社会危害后果以及在共同犯罪中的地位、作用，依法做出一审判决。天津某物流有限公司董事长构成非法储存危险物质罪、非法经营罪、危险物品肇事罪、行贿罪，予以数罪并罚，依法判处死刑缓期二年执行，并处罚金人民币 70 万元。天津某物流有限公司副董事长、总经理等 5 人构成非法储存危险物质罪、非法经营罪、危险物品肇事罪，分别被判处无期徒刑到十五年有期徒刑不等的刑罚。天津某物流有限公司其他 7 名直接责任人员分别被判处十年到三年有期徒刑不等的刑罚。中某公司犯提供虚假证明文件罪，依法判处罚金 25 万元，中某公司董事长、总经理等 11 名直接责任人员分别被判处四年到一年六个月不等的有期徒刑。时任天津市交通运输委员会主任等 25 名国家机关工作人员分别被以玩忽职守罪或滥用职权罪判处三年到七年不等的有期徒刑，其中 8 人同时犯受贿罪，予以数罪并罚。

案例 2 供电公司客户经理介绍工程受贿，自动投案从轻判决

案号:（2014）昆刑一终字第 71 号

被告人张某原系供电公司工作人员。2011 年至 2013 年期间，被告人张某利用在供电公司担任客户工程经理的职务便利，介绍工程给电力施工单位包工头杨某等人，以及帮助杨某设计电力图纸等，非法收受他人现金 20.7 万元。一审以受贿罪判处被告人张某有期徒刑十年，并处没收财产 100000 元。

二审法院认为，张某犯罪的线索虽已被侦查机关掌握，但张某在尚未受到调查谈话、讯问，亦未被宣布采取调查措施或强制措施时，自行前往侦查机关接受调查。根据最高人民法院、最高人民检察院《关于办理职务

犯罪案件认定自首、立功等量刑情节若干问题的意见》的规定，属自动投案并如实供述犯罪事实，具有自首情节，依法可以从轻或减轻处罚。张某积极退赔全部赃款，依法可以酌定从轻处罚。二审改判张某犯受贿罪，判处有期徒刑五年，并处没收财产人民币100000元。

案例3 电力公司运检处长在招投标、产品推广等提供帮助收受钱款构成受贿罪

案号：（2018）辽0604刑初13号

被告人王某原系电力公司生产技术部变电处副处长。2011年6月至2015年中，被告人王某在担任电力公司生产技术部变电处副处长、运维检修部运行管理处副处长等职务期间，利用职务上的便利，分别接受某电力技术有限公司等四家公司的请托，在项目招投标、产品推广等事宜上为对方提供帮助，为他人职务提拔提供帮助，非法收受四家公司及个人给予的钱款共计110万元。案发后，被告人王某如实供述自己的犯罪事实，并退缴赃款人民币110万元。法院判决被告人王某犯受贿罪，判处有期徒刑四年，并处罚金人民币二十万元。

案例4 电力股份公司财务资产部副主任利用资金结算的职务便利收受承包商贿赂

案号：（2018）黔2325刑初2号

被告人陈某原系某电力股份有限公司财务资产部副主任。2010年8月至2013年12月，被告人陈某在担任公司计划财务部主任、某发电厂副厂长等职务期间，利用职务便利，接受他人请托，在工程建设、项目管理、工程款结算等方面为相关个人谋取利益，分别收受个体建筑承包商周某（另案处理）贿赂50万元、收受个体建筑承包商赵某1（另案处理）贿赂人民币3万元等的财务，合计60.5万元。判决被告人陈某犯受贿罪，判处有期徒刑二年零八个月，并处罚金人民币三十万元。

案例5 集体企业设计人员非法收受他人财物构成非国家工作人员受贿罪

案号:（2018）渝04刑终19号

被告人吕某原系某意商贸中心设计室副主任。某意商贸中心系2010年11月19日由某供电公司工会出资30万元成立的集体经济体。渝某公司的前身是职工持股企业，之后被集体企业某意商贸中心收购。吕某在渝某公司任设计室副主任期间，经某供电公司运维检修部副主任甘某提议，并伙同某能公司副总经理马某，三人利用各自的职权，违规将渝某公司发包的项目冒名承揽到手，然后将工程交予叶某实施，四人平分利润30万元。此外，吕某在渝某公司工作期间，利用职务便利，为他人谋取利益，非法收受他人财物6.4万元。一审法院判决吕某犯受贿罪，判处有期徒刑三年一个月，并处罚金200000元。

二审法院认为，渝某公司的前身是职工持股企业，之后被集体企业某意商贸中心收购，该公司并无国家资本，不属于国家出资企业；吕某在渝某公司所任设计工作不是与职权相联系的公共事务以及监督、管理国有财产的职务活动，即不是从事公务，因此，吕某不符合受委派从事公务的条件，其在渝某公司的任职不属于国家工作人员。但是吕某伙同马某及国家工作人员甘某，利用职务便利，为他人谋取利益，非法收受他人财物30万元，其行为构成受贿罪。吕某个人利用职务便利非法收受他人财物6.4万元，其行为构成非国家工作人员受贿罪。二审改判吕某犯受贿罪，判处有期徒刑二年，并处罚金100000元；犯非国家工作人员受贿罪，判处拘役五个月，决定执行有期徒刑二年，并处罚金100000元。

案例6 约定受贿而尚未收取属受贿未遂，可比照受贿既遂从轻处罚

案号:（2019）闽02刑终47号

2004年至2015年间，被告人谢某在某集团公司工作期间，利用职务

便利为吴某、康某、陈某等人在工程中标、进度款拨付等方面提供帮助，并收受他人钱款共计 13346038.67 元。其中，2010 年至 2015 年间，被告人谢某利用担任某地产有限公司副总经理、某地产有限公司副总经理、总经理及某地产有限公司总经理，负责某新城首府等工程项目开发建设职务之便，帮助康某以多家公司的名义承接上述项目，在工程项目后续施工、竣工验收、款项拨付等事项中提供帮助，约定收受康某送予的钱款共计 10412193.72 元，其中已经收受现金 2100000 元，尚未收受 8312193.72 元。2011 年间，被告人谢某利用负责工程项目职务之便，接受陈某的请托，帮助其和康某等人以其他公司的名义承接桩基、主体工程项目，约定收受陈某送予 2583844.95 元好处费，迄今未收受。

原判认为，被告人谢某身为国有公司公务人员，利用职务上的便利，为他人谋取利益，非法收受他人钱款，其中已收取 2450000 元，未收取 10896038.67 元，属数额特别巨大，其行为已构成受贿罪。被告人谢某已经着手实施受贿犯罪，其中尚未取得的受贿款 10896038.67 元因意志以外的原因未能得逞，系犯罪未遂，该部分犯罪依法可以比照既遂犯从轻处罚。一审判处被告人谢某犯受贿罪，判处有期徒刑十一年，并处罚金人民币五十万元；与其他罪行数罪并罚。追缴行贿人康某尚未支付的行贿款人民币 8312193.72 元；追缴行贿人陈某尚未支付的行贿款人民币 2583844.95 元。

谢某上诉。二审鉴于上诉人谢某的认罪态度和通过家属代为缴纳受贿罚金 50 万元等情节，决定对其所犯受贿罪再予从轻处罚。受贿罪部分改判上诉人谢某有期徒刑十年，并处罚金人民币五十万元。

案例 7　供电公司采集班长帮助他人窃电收受贿赂

案号：（2018）渝 0241 刑初 163 号

被告人杨某系某供电公司职工，2012 年 6 月以来在该公司营销部工作，历任采集、检测运维班班长，履行电能计算装置检验检测、配合反窃电、营业普查等工作职责。杨某在履职期间，利用职务之便，多次放任或帮助他人窃电，非法收受他人财物35.3万余元，不正确履行职责，造成国有财产损失390余万元。法院判决被告人杨某犯受贿罪，判处有期徒刑三年六个月，并处罚金二十万元，与其他罪行数罪并罚。

二、受贿罪概述

（一）法律规定

《刑法》

第三百八十三条　对犯贪污罪的，根据情节轻重，分别依照下列规定处罚：

（一）贪污数额较大或者有其他较重情节的，处三年以下有期徒刑或者拘役，并处罚金。

（二）贪污数额巨大或者有其他严重情节的，处三年以上十年以下有期徒刑，并处罚金或者没收财产。

（三）贪污数额特别巨大或者有其他特别严重情节的，处十年以上有期徒刑或者无期徒刑，并处罚金或者没收财产；数额特别巨大，并使国家和人民利益遭受特别重大损失的，处无期徒刑或者死刑，并处没收财产。

对多次贪污未经处理的，按照累计贪污数额处罚。

犯第一款罪，在提起公诉前如实供述自己罪行、真诚悔罪、积极退赃，避免、减少损害结果的发生，有第一项规定情形的，可以从轻、减轻或者免除处罚；有第二项、第三项规定情形的，可以从轻处罚。

犯第一款罪，有第三项规定情形被判处死刑缓期执行的，人民法院根据犯罪情节等情况可以同时决定在其死刑缓期执行二年期满依法减为无期徒刑后，终身监禁，不得减刑、假释。

第三百八十五条　国家工作人员利用职务上的便利，索取他人财物的，或者非法收受他人财物，为他人谋取利益的，是受贿罪。

国家工作人员在经济往来中，违反国家规定，收受各种名义的回扣、手续费，归个人所有的，以受贿论处。

第三百八十六条　对犯受贿罪的，根据受贿所得数额及情节，依照本法第三百八十三条的规定处罚。索贿的从重处罚。

第三百八十七条　国家机关、国有公司、企业、事业单位、人民团体，索取、非法收受他人财物，为他人谋取利益，情节严重的，对单位判处罚金，并对其直接负责的主管人员和其他直接责任人员，处五年以下有期徒刑或者拘役。

前款所列单位，在经济往来中，在账外暗中收受各种名义的回扣、手续费的，以受贿论，依照前款的规定处罚。

第三百八十八条　国家工作人员利用本人职权或者地位形成的便利条件，通过其他国家工作人员职务上的行为，为请托人谋取不正当利益，索取请托人财物或者收受请托人财物的，以受贿论处。

（二）立案标准

1997年《刑法》确定的贪污罪、受贿罪起刑点为5000元。《中华人民共和国刑法修正案（九）》取消了贪污罪、受贿罪的定罪量刑的数额标准，代之以“数额较大”“数额巨大”“数额特别巨大”，以及“较重情节”“严重情节”“特别严重情节”。2016年4月18日起施行《最高人民法院、最高人民检察院关于办理贪污贿赂刑事案件适用法律若干问题的解释》，贪污罪、受贿罪起刑点由5000元调整为三万元，规定：

受贿数额在三万元以上不满二十万元为“数额较大”，依法判处三年以下有期徒刑或者拘役，并处罚金；

受贿数额在二十万元以上不满三百万元的为“数额巨大”，依法判处三年以上十年以下有期徒刑，并处罚金或者没收财产；

受贿数额在三百万元以上为“数额特别巨大”，依法判处十年以上有期徒刑、无期徒刑或者死刑，并处罚金或者没收财产。

如果多次索贿的；为他人谋取不正当利益，致使公共财产、国家和人民利益遭受损失的；为他人谋取职务提拔、调整的，认定为“其他较重情节”，降低起刑点。有上述三种“其他较重情节”的，受贿数额在一万元以上不满三万元，依法判处三年以下有期徒刑或者拘役，并处罚金；受贿数额在十万元以上不满二十万元，应当认定为《刑法》第三百八十三条第一款规定的“其他严重情节”，依法判处三年以上十年以下有期徒刑，并处罚金或者没收财产；受贿数额在一百五十万元以上不满三百万元，应当认定为《刑法》第三百八十三条第一款规定的“其他特别严重情节”，依法判处十年以上有期徒刑、无期徒刑或者死刑，并处罚金或者没收财产。

（三）犯罪构成

1. 主体

受贿罪的主体是国家工作人员，即国家机关中从事公务的国家工作人员；在国有公司、企事业单位和人民团体中从事公务的人员；受国有单位委派到非国有单位中从事公务的人员；其他依照法律从事公务的人员。另外，根据《最高人民法院、最高人民检察院关于执行〈关于惩治贪污罪贿赂罪的补充规定〉若干问题的解答》，已离、退休的国家工作人员，利用本人原职权或地位形成的便利条件，通过在职的国家工作人员职务上的行为，为请托人谋取利益，而本人从中向请托人索取或者非法收受财物的，以受贿论处。

2. 主观方面

受贿罪在主观方面是由故意构成，只有行为人是出于故意所实施的受贿犯罪行为才构成受贿罪，过失行为不构成本罪。如果国家工作人员为他人谋利益，而无受贿意图，不能以受贿论处。

3. 客体

受贿罪的犯罪对象是财物。《最高人民法院、最高人民检察院关于办理贪污贿赂刑事案件适用法律若干问题的解释》第十二条，贿赂犯罪中的

“财物”，包括货币、物品和财产性利益。财产性利益包括可以折算为货币的物质利益如房屋装修、债务免除等，以及需要支付货币的其他利益如会员服务、旅游等。后者的犯罪数额，以实际支付或者应当支付的数额计算。

本罪侵犯的客体是复杂客体。主要客体是国家机关、国有公司、企事业单位、人民团体的正常管理活动；次要客体是国家工作人员职务行为的廉洁性。

4. 客观方面

受贿罪在客观方面表现为行为人具有利用职务上的便利，向他人索取财物，或者收受他人财物并为他人谋取利益的行为。

利用职务便利主要有两种情况：一是利用职务上的便利。如前文案例中客户经理利用制定供电方案的便利、总会计师利用掌管资金拨付的便利等，满足行贿人的愿望收受财物。二是利用与职务有关的便利条件。利用与职务有关的便利，即不是直接利用职权，而是利用本人的职权或地位形成的便利条件，而本人从中向请托人索取或非法收受财物的行为。利用与职务有关的便利条件，一般发生在职务上存在制约或者相互影响关系的场合。

受贿罪的客观行为主要有两种形式：一是索贿。是受贿人以公开或暗示的方法，主动向行贿人索取贿赂，有的甚至是公然以要挟的方式，迫使当事人行贿。索贿主观恶性更严重，情节更恶劣，社会危害性相对于收受贿赂更为严重。因此，《刑法》明确规定，索贿的从重处罚。因被勒索给予国家工作人员以财物，没有获得不正当利益的，不是行贿。索取他人财物的不论是否为他人谋取利益，均可构成受贿罪。二是受贿。收受贿赂，一般是行贿人以各种方式主动进行收买腐蚀，受贿人一般是被动接受他人财物或者是接受他人允诺给予财物，而为行贿人谋取利益。

（四）相关界限

1. 受贿未遂的处罚

如案例 6，对未收到的款项部分，因为谢某已着手为康某等人谋取了利益，法院认定为犯罪未遂。根据《刑法》第二十三条，已经着手实行犯罪，由于犯罪分子意志以外的原因而未得逞的，是犯罪未遂。对于未遂犯，可以比照既遂犯从轻或者减轻处罚。

2. 受贿罪与非国家工作人员受贿罪的主要区别是主体要件不同

如前文的案例5，集体企业设计人员吕某单独收受他人财物构成非国家工作人员受贿罪，而与供电公司运维检修部副主任甘某合谋收受他人财物则构成受贿罪。

受贿罪与非国家工作人员受贿罪的区别，除了主体不同外，立案标准和量刑也不同。

一是非国家工作人员受贿罪的立案标准高于受贿罪。根据《最高人民法院、最高人民检察院关于办理贪污贿赂刑事案件适用法律若干问题的解释》第十一条，《刑法》第一百六十三条规定的非国家工作人员受贿罪、第二百七十一条规定的职务侵占罪中的“数额较大”“数额巨大”的数额起点，按照本解释关于受贿罪、贪污罪相对应的数额标准规定的二倍即6万元、五倍即100万元执行。

二是非国家工作人员受贿罪的量刑标准不同于受贿罪。因为非国家工作人员受贿罪的起刑点是受贿起刑点的二倍，所以在量刑方面也有区别。根据《中华人民共和国刑法修正案（六）》，公司、企业或者其他单位的工作人员利用职务上的便利，索取他人财物或者非法收受他人财物，为他人谋取利益，数额较大的，处五年以下有期徒刑或者拘役；数额巨大的，处五年以上有期徒刑，可以并处没收财产。可见，非国家工作人员受贿罪的最高刑是十五年有期徒刑，而国家工作人员受贿罪的最高刑是死刑。

三、防范要点

受贿罪严重影响国家机关的正常职能履行，损害国家机关的形象、声誉，应予严惩。供电企业防范受贿职务犯罪风险，应加强以下防控。

（一）严格落实“三会一课”制度，筑牢思想防线

夯实思想教育基础是筑牢拒腐防变底的第一要务。国有供电企业工作人员特别是党员领导干部，肩负着电力安全稳定供应、能源安全、国有资产保值增值等重要使命，都应树立正确的权力观、政绩观、利益观。任何贪污腐败行为都从放松思想警惕开始。应严格执行“三会一课”制度，党员领导干部时刻牢记党员第一身份，积极参加双重组织生活会，无论职务高低，都以严肃认真的态度、普通党员身份带头参加所在党支部的组织生活会和民主生活会及民主评议党员，带头上廉政专题党课、开展廉政谈话、深化对党风廉政建设重要性必要性紧迫性的认识，增强做好党风廉政建设和反腐败工作的责任感和使命感，夯实反腐倡廉思想基础，筑牢拒腐防变道德防线，努力营造风清气正的良好政治生态。

（二）全面贯彻”三重一大”制度，完善决策程序

“三重一大”决策制度是保证企业管理者依法行使决策权，推进国有企业重大决策规范化、科学化、民主化的重要制度之一。各级供电企业均应在上一级“三重一大’制度的基础上，结合本单位实际，明确重大决策、重要人事任免、重大项目安排、大额度资金运作的具体内容、决策程序等事项，不断完善本单位“三重一大”决策机制。主要领导要带头落实“三重一大”，严格执行主要领导不直接分管人事、财务、物资采购和工程招标和末位表态等制度，凡属“三重一大”都必须经过集体讨论决定，讨论重大事项充分听取班子成员的意见建议，不搞“一言堂”，充分发挥集体智慧，推进民主决策、科学决策。纪检监察机关和履行出资人职责的机构应加强国有企业贯彻落实“三重一大”决策制度的监督检查和协调督办，及时发现和制止“三重一大”决策中违反法律、行政法规和规章制度的行为。国有企业还应把贯彻落实“三重一大”决策制度情况作为向职代会报告和领导人员述职述廉的重要内容，纳入领导班子民主生活会、厂务公开

内容，作为民主评议国有企业领导人员的重要依据，接受广大党员职工的监督，让权力运行在阳光下。

（三）严肃执行领导干部家事、家产申报制度

领导干部的家事、家产情况与领导干部权力行为关联紧密。国有企业党员领导干部要切实增强纪律意识、规矩意识和组织观念，严格按照《领导干部报告个人有关事项规定》和本企业的要求，如实报告情况，如本人婚姻和配偶、子女移居国（境）外、从业和收入、房产、投资等事项，切实做到忠诚老实，自觉接受组织监督。领导人员在履行个人收入申报、重大事项报告时，无正当理由不按时报告、不如实报告或隐瞒不报的，应根据情节轻重，给予批评教育、限期改正、责令做出检查、诫勉谈话、通报批评或者调离岗位、免职等处理；构成违纪的，依照有关规定给予纪律处分。凡不如实填报或隐瞒不报的，不应列入提拔任用、后备人员名单。

（四）用好干部廉政档案

廉政档案是反映干部廉洁自律状况的重要载体，反映了党员领导干部对勤政廉洁、履行党风廉政建设主体责任及执行婚丧喜庆事宜办理、“八小时以外”监督等制度规定的执行情况，是推荐、提拔、任用领导人员的重要书面依据和档案材料之一，在干部管理和奖惩中发挥着日益重要的作用。凡领导人员的考察、任用、调动、组织处理、案件调查等情况，均应查阅领导人员廉洁档案。